佐藤久光◉著

四国遍路の社会学

その歴史と様相

岩田書院

図1◉アルフレート・ボーナー著
『同行二人の遍路』より

写真1◉国内外で最も古い西国巡礼と四国遍路の写真（明治26年）
Journal of The Anthropological Institute of
Great Britain and Ireland, Vol.22.

写真2◉奉納された絵額
（法輪寺 弘法大師と霊験で病気回復した遍路とその仲間）

写真3◉石手寺に詣るハンセン病の遍路
（アルフレート・ボーナー著『同行二人の遍路』より）

写真4◉「遍禮」と刻まれた供養塔
（明治41年）

写真5◉「邉路」と書かれた七ヶ所
詣りの納札（太山寺・前田 卓提供）

写真6◉「へんど道」と刻まれた道標
（喜代吉栄徳提供）

写真7◉重ね印（前田 卓提供）

写真8◉逆遍路の札挟み
（右から左へと書かれている。前田 卓提供）

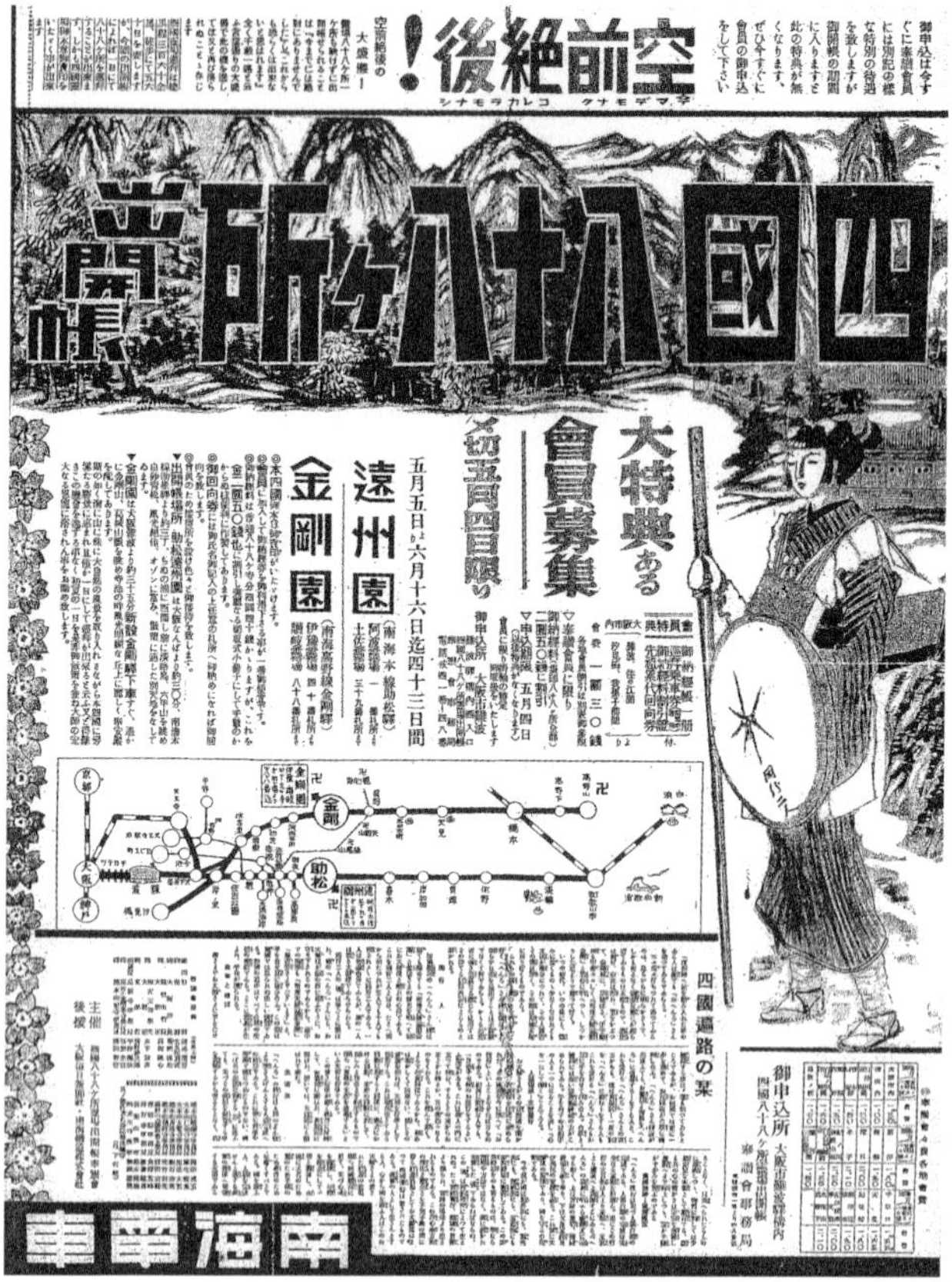

写真9◉総出開帳の広告
（『大阪毎日新聞』昭和12年4月23日付け）

写真10◉昭和初期に北海道から来た遍路。草履の置いてある店の前で
草履の側には竹筒が掛かっておりその上に5銭と書かれた値段が付いている。
（アルフレート・ボーナー著『同行二人の遍路』より）

写真11◉市川団蔵の遍路姿
（『朝日新聞』昭和41年6月5日付け）

写真12◉昭和40年頃の納経所の風景
（前田 卓提供）

写真13◉昭和40年頃の通夜堂「遍照堂」
（前田 卓提供）

はしがき

平成二十六年（二〇一四）は、四国八十八ヶ所霊場が弘仁六年（八一五）に開創されてから千二百年に当たることで、四国霊場会は記念法要を行い、特別の記念印や本尊の「御影」（お姿）を発行し、一部札所では御開帳も行うなどで盛り上がりを見せていた。

四国遍路は昭和末期から平成期にかけて増え出した。その背景にはマス・メディアによる遍路に関する報道や、本四架橋の開通と四国内の高速道路の整備により交通のアクセスが飛躍的に向上したことが挙げられる。増加した遍路の多くはバス、自家用車を利用するもので、中高年層である。その中にあって、衰退していた「歩き遍路」（徒歩巡拝）も昭和末期から見直され、徐々に増加する兆しが見られる。

さて、筆者はこれまで社会学、民俗学の視点で遍路研究を行い、『遍路と巡礼の社会学』（二〇〇四年）、『遍路と巡礼の民俗』（二〇〇六年、共に人文書院）を上梓してきた。ところが、その研究途上で昭和初期の昭和六年（一九三一）にドイツ人、アルフレート・ボーナーが著したWallfahrt zu Zweienに出会い、その内容の素晴らしさに驚かされた。そこで同書を翻訳して『同行二人の遍路』と題して出版した（二〇一二年　大法輪閣）。

ボーナーのWallfahrt zu Zweienは、当時東京都麴町区平河町に所在していたドイツ東洋文化研究協会で講演した原稿をもとにして、同協会の会報誌の別巻　第一二として出版されたものである。その後、ドイツのボン大学に提出された博士論文でもあった。同書は文献研究を枠組みとして、自ら遍路体験を踏まえた実証的研究で、国内外で最も古い遍路の研究書と言える。その研究書はドイツ語で書かれ、会報誌であったことなどから日本人には殆ど知られることはなかった。現在でも数ヵ所の機関に残されるのみの稀覯書である。日本人でも行えなかった研究をドイツ人が行ったことに驚きを覚えるとともに、尊敬の念を抱いた。そこで、筆者は今一度原点に立ち返って遍路研究に取り組む意思を固めた。それが本書を執筆する大きな契機になった。ボーナーの遍路研究については第五章で詳しく触れるとともに、本文中でも随時引用をしている。

今一つ本書を執筆する動機は、『巡拝記にみる四国遍路』（二〇一四年　朱鷺書房）を出版したことで、多様な遍路の姿を知ったことである。『巡拝記にみる四国遍路』は、江戸時代から現代までの巡拝記一〇篇を取り上げて分析した。それによると、遍路は千差万別であり、その動機、目的、体験した出来事にも違いがある。巡拝記はこれまでも遍路研究には断片的に活用されることはあった。筆者は巡拝記を精査することによってその人個人の遍路のあり方、生き方をも捉えることができるのではないかと考えた。研究者が文献研究や自己の眼で観察するにしても限界はあり、巡拝記からは研究者の観点とは違った視点を学んだ。その一部は第四章で記している。

本書では、それ以外にも筆者がこれまで取り上げなかったことを新たにつけ加えた。例えば、遍路の名称・呼称である「へんど」と「へんろ」についてである。このテーマはかつて学者間で論争となったこともある。古い文献や地元住民の呼び慣わしは「へんど」であった。それが、後に「へんろ」と呼ばれるようになり、様々な漢字が当てられてきた。そして再び「ヘンド」が用いられ、「ヘンド」は「へんろ」とは区別され、差別的な用語として用いられる。その変遷を振り返ってみる。また、明治初期の廃仏毀釈に関しては、紛争が長引いた第三十番札所・善楽寺についてはこれまでも触れてきたが、それ以外の札所の廃寺と混乱、その後の復興状況なども述べることにした。

また、アルフレート・ボーナー以外に四国遍路に関心をもった外国人もいた。「御札博士」と呼ばれたシカゴ大学のエレデリック・スタール教授は、納札に興味をもって第五十三番札所・円明寺に残された慶安年間の納札に注目した。アメリカ人ジャーナリスト、オリバー・スタットラーは戦後、軍役で日本に滞在した後に四年間松山市内に住み、二回の遍路体験を行って著作を残し、映画も製作している。近年、再び遍路研究に関心を示す外国人研究者が出始めており、第五章第一節では「外国人と巡礼、遍路」として触れる。

平成期に入って遍路は急激に増加してくるが、果たして年間どれだけの人数であるのか、その動向は筆者の長年の関心のテーマでもあった。昭和五十三年から平成十四年までの二十五年間については既に『遍路と巡礼の社会学』で発表してきた。今回はその後の平成二十六年までの十二年間のデータを追加し、その変化の状況を分析することにした。

現代の遍路でも多様性が見られる。殺人未遂事件を起こした容疑者が遍路しながら俳句を詠み、それを句集として出版した事例、歌舞伎役者・市川団蔵が宿願であった遍路を無事果たし、この世への未練を断って心置きなく入水自殺した事例、遍路を体験した元総理大臣もいた。それらを第七章第四節「現代遍路いろいろ」として取り上げる。

遍路の研究はここ十数年余りで多くの研究者によって取り上げられ、新たな成果も出ている。それらの研究を参照、引用しながら、本書では総合的にまとめた。なお、現在では不適切な用語となっている表現もあるが、当時の状況を知るためにそのまま使用した。また、氏名については富田斅純の提唱する、遍路は等しく平等であるという「平等愛」の視点で尊称は省略した。

本書を上梓するにあたり多くの方々にご指導、資料の提供などでお世話になった。関西大学名誉教授・前田卓を始め、遍路研究者の喜代吉栄徳、小松勝記、写真家・上田雅一には写真などの提供を受けた。第六番札所・安楽寺、第七十三番札所・出釈迦寺にも所蔵の文献、納札の写真の提供を受けた。徳島文理大学のデビット・モートン（モートン常慈）にはチェンバレンの撮影した写真の掲載出典を教えて戴いた。愛媛大学「四国遍路と世界の巡礼」研究会（平成二十七年四月に「愛媛大学法文学部附属 四国遍路・世界の巡礼研究センター」となる）からも貴重な写真の提供を受けた。また、京都外国語大学図書館、フランス国立極東学院・京都支部では欧米人が出版した遍路に関する文献の検索などにご協力を賜った。そして第五十六番札所・泰山寺の先代住職大本祐章、住職大本弘章には長きにわたりいろいろな面でお世話になった。これらの人びとに対して厚く御礼を申し上げます。

合掌

平成二十七年六月

目　次

第一章　四国遍路の起こり

四国霊場はいつ頃、誰によって開創されたのであろうか。その起源を辿る時、信仰面や伝説、史実などに基づく幾つかの説が挙げられる。その中には弘法大師が弘仁六年(八一五)に開創されたという説も流布する。四国遍路の案内書として最も古いのは、宥弁真念によって貞享四年(一六八七)に書かれた『四国邊路道指南』である。そこには「阿州霊山寺より札はじめハ大師御巡行の次第なり」とある。また、京都・智積院の悔焉房澄禅は『四国遏路日記』の中で、「大師ハ、阿波ノ北分十里十ヶ所霊山寺ヲ寂初ニシテ、阿波土佐伊予讃岐ト順ニ御修行也」と記している。これらの記述は大師を開創者とするものである。しかし、それは八十八ヶ所の札所に大師と有縁な霊場寺院が含まれていることや、大師の偉大さを誇張視したものである。それがやがて大師開創説として流布するようになった。

大師が滞在した確証がある札所は三ヵ寺である。それは阿波の太龍寺と土佐の最御崎寺、そして讃岐の善通寺である。大師が十九歳の延暦十一年(七九二)、師であった勤操僧都から授けられた求聞持の法を修行したのが太龍寺であった。南舎心ガ嶽で百日間修行したが、悉地を得られなかった。その悉地を成就したのが最御崎寺の「御蔵洞」であった。このことは『三教指帰』の巻の上で、「阿国大瀧嶽に躋り攀ぢ、土州室戸崎に勤念す。谷響を惜しまず、明星来影す」(『三教指帰　性霊集』日本古典文学大系71　一九六六年)と記されている。そして讃岐の善通寺は大師が生まれた誕生寺である。

大師が滞在した今一つの場所は、讃岐の満濃池である。雨の少ない讃岐には灌漑用の溜池が多くあり、その中でも最大なのが満濃池であった。しかし、度々決壊するので、大師は朝廷から弘仁十二年に修築別当に任じられることになる。阿波、土佐、讃岐には大師の足跡は確認できるが、伊予には大師が滞在したという史実は残されていない。

昭和六年(一九三一)にドイツ人、アルフレート・ボーナー(Alfred Bohner)は、国内外で最も早く遍路に関する研究書Wallfahrt zu Zweien(佐藤久光・米田俊秀訳『同行二人の遍路』二〇一二年)を出版した。その中でボーナーは大師を開創者と見なしていないが、「精神的創設者」と位置付けている。札所寺院の伝説には大師が関わったことや、「同行二人」の一人は大師であることなど、大師信仰が強く影響していることからボーナーは大師をそのように命名している。

大師が遍路の開創者でなければ、果たして誰が霊場、遍路を創設したのか。また創設年代はいつ頃であるのか、など遍路の起こりについて触れてみよう。開創者以外にも「八十八」の数字は果たしてどのような根拠から由来するものか、などをも併せて検討する。

第一節　遍路の開創説

弘法大師が遍路の創設者でないことから、果たして誰が四国遍路を開創したのかについては諸説がある。大師の愛弟子であった真済が師の足跡を慕い廻ったという説がある。真如親王が諸国の巡拝を天皇に願い出て、許しを得て廻ったという説もある。伝説で有名なのは、右衛門三郎が大師に無礼を働いたことを悔いて改心し、許しを乞うために逆廻りで廻ったという説もある。その幾つかを今少し記してみる。

一　真済説と真如親王説

四国遍路を開創したとされる人物として、まず挙げられるのは弘法大師の愛弟子で高雄山の真済が始めたという説がある。宥弁真念と雲石堂寂本が著した『四国偏礼功徳記』(一六九〇年)の「賛録」には次のように述べられている。

遍礼《へんろ》所を八十八ケとさだめぬる事、いつれの時、たれの人といふ事さだかならず、一説に大師の御弟子、高雄山にましませる柿本の紀僧正真済といひし人、大師の御入定の後、大師をしたひ、遺跡《ゆいせき》を遍礼せしよりはじまり、世の人、相遂て遍礼する事となれりといへり、

これによれば、遍路を始めた人ははっきりとは判明しがたいが、「一説」にはと断りながらも真済(八〇〇―八六〇)が大師の遺跡を巡礼したのが遍路の始まりであると、述べている。真済は弘法大師の十大弟子の一人であった。そこで、真済が師匠を慕い、その遺跡を巡拝したと言うものである。しかしながら、『真済伝』によれば、弘仁十一年(八二〇)に真済が大師に供して関東に下ったことは明らかであるが、四国に渡ったという史実は見当たらない(景浦直孝「円明寺と四国遍路」『伊予史談』第三巻第二号　一九一七年)。『四国偏礼功徳記』も何を根拠に真済が四国巡礼をしたかは述べていない。従って、それは単なる言い伝えに過ぎない。

今一つの開創者として、真如親王が諸国を巡歴したいと願い、貞観三年(八六一)に勅許を得て南海道に下ったのが、遍路の始まりであるという説もある。平城天皇の第三皇子高岳《たかおか》親王は薬子の乱(弘仁元年)に巻き込まれ、皇太子を廃され、その後仏門に帰依し、沙門として東大寺などで修行をした。その後、弘法大師の弟子となって名を真如と改める。真如親王は求法の念に燃え、各地への巡礼を望んでいた。そして貞観三年三月に、次のように天皇に上表している。

真如出家してより以降四十余年、三菩薩を企てて一道場に在り、竊に以らく菩薩の道を求むる必ずしも一途ならず、或は住し或は行き、乃ち禅し乃ち学す。（中略）願ふ所は諸国の山林を跋渉し、斗藪の脈跡を渇仰せん。（『三代実録』）

真如親王の願いに対し、天皇から貞観三年三月三十日に勅許を得て南海に下ったことが、『勅撰三代実録』第五巻に「三十日甲辰聴三伝燈修行賢大法師真如向二南海道一」（卅日甲辰、伝燈修行賢大法師真如の南海道に向《おむ》くを聴《ゆる》しき）と記されている（『三代実録』『国文国史』第八号　一九三五年）。

真如は善通寺に写経を納めたことや、観自在寺には父の平城天皇の菩提のために建立した五輪の宝塔などの足跡を残している。また、清瀧寺も真如親王と深い関わりがあった。境内には親王自らが建立した逆修の塔を残している。寂本の『四国徧礼霊場記』には、「本堂の左に鎮守社、右に大師の御影堂、此傍に真如親王の墓といふあり」と書かれている。

真如は更に求法を強固にして中国・唐に渡り、その後インドにも足を延ばしたとされるが、羅越国（マレー半島南端、シンガポール周辺）で死去されたと言われる。そのことなどから、南海道とは四国を指すものかという疑問点もある（高橋始「四国八十八箇所展相」『松山高商論集』第五号　一九四二年）。先の貞観三年の勅許は入唐の許しであり、翌年に出発している。真如親王が大師の遺跡を巡拝したとしても遺跡そのものの数が少なく、かつ断片的であって、それを遍路の起源とするには無理がある。

二　右衛門三郎伝説

信仰や伝説で伝えられる遍路の開創説として有名なのが右衛門三郎譚である。伊予の国浮穴郡荏原郷の豪族であっ

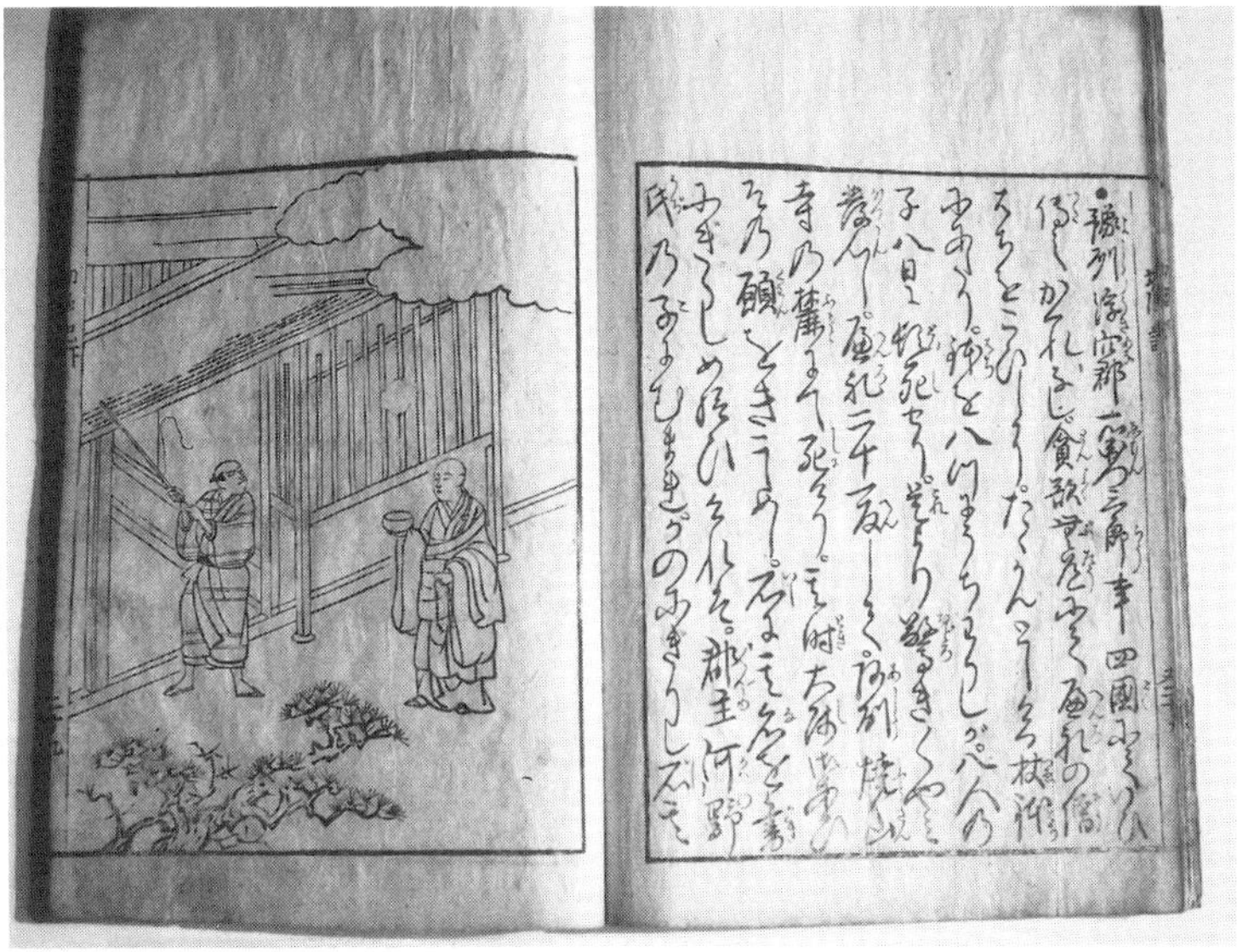

右衛門三郎が弘法大師の鉢を割るイラスト（『四国偏礼功徳記』）

たという河野右衛門三郎は、河野一族の田畑を管理し、小作人から年貢を取り立てる任にあった。しかし、右衛門三郎の性格は貪欲無道で神仏に背を向け、世間からは嫌われていた。ある時、修行僧が托鉢で布施を乞うたが、右衛門三郎は持っていた鍬を振りかざしてその僧を追い返した。僧侶は鍬を鉄鉢で受けとめたが、鉢は八つに割れて落ちた。その後、右衛門三郎の子供たち八人は八日間のうちに次々に死亡した。

右衛門三郎は子供たちを失って世を嘆き、悲しむ日々を送っていた。ある時、夢枕に立った弘法大師の教えに従い、心を悔い改め、発心して四国遍路に出て、子供たちの菩提を弔い二一回巡拝したといわれる。しかし、大師には出会うことは出来ず、その最期は逆廻りで詣って大師に出会い、悔い改めを述べて許しを得て息を引き取った。その場所は第十二番札所・焼山寺山麓の「杖杉庵」として残されている。右衛門三郎が大師に出会ったのは逆に廻ったことから、逆廻りをすると大師に出会える、という伝説も起こった。

右衛門三郎に関しては今一つ有名な伝説が残されている。

伊予の領主河野息利《おきとし》に生まれた子供の左手が固く握ったまま開かなかった。領主は困り果てて安養寺の住職に祈禱をしてもらった。すると子供の手は開き、小石を握っていた。その石には「右衛門三郎」と刻まれていた。その子は右衛門三郎の生まれかわりとされた。その後、安養寺は「石手寺」と改名されることになる。

しかしながら、この話はそれ以前の説話の祖型に基づく伝説の域を出ないものである。これらの開創説は信仰的な側面の強調であり、史実に基づく説とは言いがたい。

三　史実による開創説

信仰、伝説による開創説に対して、遍路の萌芽、先駆けと見られる事実を記した文献がある。そこには僧侶の修行として四国の山野、海辺を巡歴する原型があった。例えば、十二世紀初めの『今昔物語集』（巻第三十一の第十四）には、

今ハ昔、仏ノ道ヲ行ケル僧三人伴ナヒテ、四国ノ邊地ト云ハ伊豫・讃岐・阿波・土佐ノ海邊ノ廻也。其ノ僧共其ヲ廻ケルニ、思ヒ不懸ズ山ニ踏入ニケリ。深キ山ニ迷ニケレバ、浜邊ニ出ム事ヲ願ヒケリ。

と記されている。僧侶一行が修行のために四国の「邊地」を廻って、山に踏み入り道に迷って海辺に出ようとした、と述べるものである。

また、十二世紀末の『梁塵秘抄』（巻第二）にも、

われらが修行せし様は　忍辱袈裟をば肩に掛け　また笈を負ひ　衣はいつとなくしほたれて　四国の辺地をぞ常に踏む

と書かれ、僧侶が修行で「四国の辺地」を廻っていた。『今昔物語集』は源隆国による撰とされ、遅くても嘉承年間（一一〇六—〇八）頃に成立している。『梁塵秘抄』の成立は治承三年（一一七九）である。また、名の知れた僧侶による

四国巡見もあった。『保元物語』（金比羅宮本）には、西行法師が四国を巡見したことの記述が二ヵ所出てくる。その一つには、

　仁安三年の秋の比、西行法師諸国修行しけるが、四国の邊地を巡見の時、讃岐国に渡、

とある。今一つは、「此西行は四国邊路を巡見せし、霊魂を崩御の後に尋奉る」と記されている。仁安三年は一一六八年で、「邊地」「邊路」と記されている。「邊路」は「片田舎の道」即ち「辺地」である。

　従って、これらの文献の記述から、平安時代末期には僧侶による修行として四国の山野、海辺などの「辺地」を廻る巡礼が行われていたことがわかる。

　これらの文献に見られる「辺地」とは、辺境地とか片田舎と解釈されるが、それに加えて四国の場合には、『今昔物語集』の「海邊ノ廻也（中略）思ヒ不懸ズ山ニ踏入ニケリ」とか、『梁塵秘抄』では、「しほたれて（潮たれて）」とあることから、海沿いを廻る道＝浦路という意味が含まれていたようである。鎌倉初期の建仁二年（一二〇二）頃の作とされる『南无阿弥陀仏作善集』には、俊乗坊重源が四国を修行したことが記されている。そこには「生年十七歳之時・修‐行《ス》二四国邊《ノフチヲ》一」と述べられ、「邊」をフチと振り仮名付けにしている。四国は海に囲まれ、遍路の大半は山岳と海の辺境を廻る行程であったことから、このように呼ばれたものであろう。

　この頃には「辺地」以外にも「邊土」が同じ意味で用いられていた。世阿弥元清の謡曲『蝉丸』には「邊土遠境《へんどゑんきょう》」「邊土閭人《へんどりょじん》」などと出てくる。邊土は異境、田舎の地の意味で、それが異境の聖地を巡拝する人という意味に転化したとも考えられる（高橋始　前掲論文）。

　また、後に述べるように文明二年の墓に「女邊土」と刻まれている。江戸時代の文献にも「へんと」というのが見られる。江戸初期の寛永八年（一六三一）の古浄瑠璃『せつきやうかるかや』には、「四こくへんと八八十八か所と八申

すなり」と記されている。

そして『醍醐寺文書』の弘安三年(一二八〇)の頃と思われる文献では、

一　不住院主坊事者、修験之習、以両山斗藪瀧(籠)山千日坐厳屈(窟)冬籠、四国邊路三十三所諸国巡礼遂其藝、(後略)(『大日本古文書』家わけ十九ノ二　一九七一年覆刻)

とある。これは頼遍という僧が修行として両山斗藪などのほかに、四国遍路、西国三十三ヵ所などを行っていたことを記したものである。そこでは「邊路」と記されている。

平安末期には既に僧侶たちによる修行として「辺地」を巡ることが行われていた。しかしながら、遍路の用語や八十八ヶ所の設定などに関しては確立していなかったようである。いわば平安末期の「辺地」を巡る僧侶の修行は、遍路の萌芽、前駆的形態であった。村上護は仏教の修行の一つに行道《ぎょうどう》を挙げている。それは一定の地を右回りに旋繞《せんにょう》するものである。四国ではその一つの例として、東寺と呼ばれた最御崎寺から真下の御蔵洞、御蔵洞から海辺を通って不動岩、西寺と呼ばれた金剛頂寺、そして再び東寺へと廻る行道があった、と指摘している。その上で、村上は霊場ごとに行道する修行僧がいて、それが系列化されて八十八ヶ所の霊場として整備されたものであろう、と捉えている(『四国偏礼霊場記』原本現代訳　一九八七年)。

しかし、『四国偏礼功徳記』で述べるように、「いつれの時、たれの人といふ事さだかならず」で、特定の人物が開創したとは断定することが難しい。

西国三十三ヵ所巡礼の開創にも同様なことが言えよう。西国巡礼の創始者として三井寺の覚忠僧正が有力視されている。『寺門高僧記』巻六の覚忠伝によれば、「応保元年正月三十三所巡礼即記之」と題した文が記されている。覚忠は七十五日かけて三十三ヵ所の霊場を廻り、その途上の穴太寺と谷汲山華厳寺で詠んだ和歌が『千載和歌集』に二首残されている。穴太寺では、「見るま丶に涙ぞ落つる限りなき命に替る姿と思へば」と詠み、谷汲山華厳寺では、「世を照らす仏のしるしありければ　まだともし火も消えぬなりけり」という和歌を残している。覚忠は史伝と和歌を残していることから信憑性が高い。

また、覚忠の史伝では僧行誉の編である『壒嚢鈔《あいのうしょう》』にも「久安六年庚午長谷僧正参詣之次第也」とあり、「長谷僧正」とは山城国北石蔵長谷《ながたに》に退隠していた「覚忠」を指し、覚忠の最初の巡礼であった（岡田希雄「西国三十三所観音巡拝攷続貂」（第一回）『歴史と地理』第二一巻第四号　一九二八年）。久安六年（一一五〇）と応保元年（一一六一）とには十一年の差はあるが、平安末期には既に西国巡礼は成立していた。

しかし、覚忠以前にも多くの僧侶が修行として観音霊場を廻っていたと、考えられる。ただ覚忠は参詣した観音寺院の名前と本尊名を書き記したこと、和歌を詠んだこと、そして高僧であったことで創設者として挙げられることになったと言える。

四国遍路では覚忠のような人物は現れず、それに代わって弘法大師が人びとに強く印象付けられている。札所寺院の縁起などには大師との結びつきが述べられ、大師が村人を救った、あるいは戒める大師伝説が広く流布している。例えば、第三十六番札所・独鈷山青龍寺には、大師が唐から投げた独鈷杵が奥の院の松の樹にとどまっていた。大師が帰朝後に巡錫して独鈷杵が松にかかっているのを見て、堂宇を建立して、波切不動明王の尊像を刻み、それが本尊とされている。山号は独鈷山で、寺号も恵果阿闍梨の住んでいた青龍寺を付している。

第四十二番札所・仏木寺にも大師との関わる縁起が残されている。大師は老翁が曳く牛に乗って丘を越える時、楠の大樹に一𤥭の宝珠がかかっているのを発見した。それは唐の青龍寺の宝珠で大師が唐から独鈷杵とともに投げたものであった。そこで、大師は楠で大日如来の尊像を彫り、眉間に宝珠を納めた。そこから山号が一𤥭山と呼ばれている。

それ以外にも村人が大師にいやがらせをしたことから、戒めに「喰わず芋」「喰わず貝」などの伝説が残されている。また、伊予の大洲付近を大師が巡錫している時、宿を乞うたが断られ、村はずれの土橋の下で野宿した。吹雪の舞う冬の寒い一夜であったが、十夜にもまさる思いをしたという。そこから「十夜《とや》ケ橋」と名付けられ、橋を渡る時は杖を突かないという伝説が生まれた。そのほかにも四国札所には大師に関わる縁起や大師伝説が多く残されている。

第二節　八十八ヶ所霊場の成立と八十八の由来

平安時代末期に遍路の萌芽的、前駆的形態は起こっているが、八十八ヶ所の霊場寺院の名前や順番などの具体的な形態は不明であった。しかしながら、僧侶などが遍路を行っていることについての記述は文献に残されている。既述の『醍醐寺文書』の一節は「辺地」から「邊路」へと変化している。それは辺境、僻地、片田舎という「辺地」から「邊路」となって、「行う」という行為の意味で用いられている（新城常三『社寺参詣の社会経済史的研究』一九六四年）。『勝尾寺文書』の天正年間（一五七三―九二）の事項でも、「此両人為辺路罷儀候」とか「我々辺路望儀候へ共」と、二ヵ所に「辺路」が出てくる（『箕面市史』資料編二　一九七二年）。

札所に残る落書きにも「邊路」と書かれたものが見られる。讃岐国分寺の本堂に残る永正十年（一五一三）の落書きや、第四十九番札所・浄土寺の本堂厨子に残る大永五年（一五二五）、七年、八年の落書き、更に土佐一の宮の壁板の落書き（元亀二年（一五七一））には「四国邊路」とか「四国中邊路」などと書かれている。伊予の浄土寺の落書きは落書きとしては早いもので、「邊路」に混じって「遍路」も書かれ、「辺（邊）路」と「遍路」が混在していた。

現在使われている「遍路」の最も古いものは、鹿児島県川内市の戸田観音堂の「観音像裏壁板墨書」に応永十年（一四〇三）の日付けで、「奉納／大乗／妙典／六十六部／日本／四国／遍路／錫伏／□仏／修業／□□」と書かれている（『川内市史』一九七四年）。その後、天文六年（一五三七）の作とされる『東勝寺鼠物語』にも「谷汲にて札を納め、又四国遍路、坂東順礼なとして」と記されている（『室町ごころ中世文学資料集』一九七八年）。

一　八十八ヶ所霊場の成立

それでは四国霊場が八十八ヶ所として成立したのはいつ頃であろうか。現在の札所と一致するか否か不明であるが、八十八ヶ所になったのは室町時代前期ではないかと考えられる。新城常三は『社寺参詣の社会経済史的研究』（一九六四年）の中で、また近藤喜博は『四国遍路』（一九七一年）でその説を述べている。両者の説の根拠を裏付ける有力な史料は、高知県土佐郡本川村越裏門《えりもん》（現在の「いの町」）の地主地蔵堂に寄進された鰐口の銘文が手懸りとされる。その鰐口は面径一三・八センチ、毛彫りで次のように彫られている。

表面　（左廻り）大日本国土州タカヲコリノホノ河、（右廻り）懸ワニ口福蔵寺エルモノ大旦那、（憧座に）福嶋季クマ、
　　タカ寿、妙政

裏面　（左廻り）大旦那村所八十八ヵ所文明三天　（右廻り）右志願者旹三月一日　（撞座に）妙政□□□

この銘文の内容は、文明年間に土佐国高岡郡本河の越裏門の大旦那である福嶋季クマ、タカ寿、妙政が当時の福蔵寺と呼ばれていたと思われる地主地蔵堂に鰐口を寄進したことを述べている。ここで注目されるのは、裏面に書かれた「村所八十八ヵ所」である。これは一村内に設けられた八十八ヶ所であり、本来の四国八十八ヶ所ではない。しかし、銘文に「八十八ヵ所」と彫られていることは、それ以前に四国八十八ヶ所が成立していたと考えられる。その結

越裏門地蔵堂の鰐口（旧本川村教育委員会保存提供）

果、文明三年（一四七一）以前に四国八十八ヶ所が成立していたことが裏付けられる。

この鰐口が発見されたのは大正時代で、武市佐市郎編著『土佐考古志』（一九一九年）に初出された。その後、『高知県史要』（一九二四年）や木崎愛吉『大日本金石史』（一九七二年）、『本川村史』（一九八〇年）などにも掲載された。鰐口は歳月が経って一部刻印が磨耗して明確ではなく、判読が難しかった。しかも『本川村史』では、戦時中にこの鰐口は軍需品を造るために供出したとかで今は存在しない、と述べている。現物の存在が確認されないことから、この鰐口の銘文をめぐっては疑問視する見方も出た。

しかしながら、昭和五十九年（一九八四）に『本川村史』第二巻―社寺・信仰編（一九八九年）などの編纂のために行った調査で地蔵堂の奥から鰐口が発見された。それを再調査すると、『土佐考古志』に掲載されたものとでは、「…タカヲカコリ…」は「タカヲコリ」であること、「…エルモノ大旦那（不明）…」の「（不明）」は「タカヲコリノホノ河」であること、「奉心願者（不明）」は「右志願者旹《（時）》」であるなどの相違点が明らかになった（岡本桂典「土佐国越裏門地蔵堂の鰐口と四国八十八ヵ所の成立」『考古学叢考』中巻　一九八八年）。しかし、年代や「八十八ヵ所」に関しては内容的に問題はなかった。

この鰐口の銘文が四国霊場の成立を考える際に重要な手懸りとなる。その一つは、その銘文に「八十八ヵ所」と彫られていることから、当時既に四国霊場は八十八ヶ所になっていた、と捉える見解が出された。但し、この銘文に刻まれている「村所」は、一村内に設置されたもので、本来の四国霊場ではない。しかし、「村所八十八ヵ所」ができているならば、それ以前に四国霊場は既に八十八ヶ所になっていたと捉えることができる。この見解が四国霊場の原型を解き明かす糸口として注目された。

しかしながら、鰐口の所在が長らくわからなかったことから、銘文をめぐって疑問視する見方もあった。その一つに、「村所八十八ヵ所」は「札所八十八ヵ所」と読むべきであるという説が出された（『本川村史』一九八〇年）。そして、「村所八十八ヵ所」は江戸時代に全国各地に移植された八十八ヶ所霊場ではないか、という見解もあった。

今一つ、最も重要な事項は年代に関することである。「文明」は「天明」の誤読ではないか、という説も出た（新城常三　前掲書）。しかし、地蔵堂に残されていた鰐口を再度判読すると既述のようになる。調査に加わった岡本桂典によると、本川村の集落には、集落ごとに地蔵堂、観音堂があって、室町時代の鰐口が幾つか残されている。その一つに越裏門の隣集落・寺川の地蔵堂には村びとによって寄進された青銅の鰐口があり、それには「文安三年六月七日」と刻まれている（岡本桂典「高知県新発見の鰐口と経筒」『いにしえ』第三号　一九八〇年）。文安三年（一四四六）は文明三年から二十五年後である。これを考えると、越裏門・地蔵堂の鰐口の銘文が文明三年であっても不自然ではない。

また、放浪俳人・種田山頭火は二回目の遍路をした昭和十四年秋に、第六十五番札所・三角寺の山麓の藪に捨てられた墓を発見している。山頭火と同行した俳人仲間であった高橋始はそれについて触れている（高橋始　前掲論文）。

墓の上部は朽ちていたが、「女邊土供〇〇」と刻まれていた。その裏面には「文明三年五月〇日〇」とあった、と述べている。山頭火は、行き倒れた女の邊土を哀れんで篤志家が建立した墓である、と結論付けたという。

ところが、近年この鰐口をめぐって再び疑問視する見解が出ている。内田九州男は平成十七年(二〇〇五)に、デジタルカメラで鰐口の銘文を克明に写真撮影した。それを判読すると、岡本桂典が判読した文字で読めないものが数多く出たという。「八十八ヵ所」は「八十八」としか読めず、「文明三」の年号も読むことができない、と指摘している。そして内田は従来の文明年間以前の霊場開創説が否定されなければならないとしている(内田九州男「高知県いの町(旧本川村)所在鰐口銘文の紹介と検討―八十八ヶ所成立論根拠資料の再吟味―」平成十八年度愛媛大学公開シンポジウムプロシーディングズ　二〇〇六年、内田九州男「四国八十八カ所の成立時期」四国遍路と世界の巡礼研究会編『四国遍路と世界の巡礼』二〇〇七年)。

しかし、この鰐口の銘文が最初に発見されたのは大正年間(一九一二―二六)で、戦時中から昭和後期まで行方不明であった。それが昭和五十九年に堂内に放置されていたものが再発見され、判読された。銘文の判読には磨耗もあったことから誤読されている文言もあった。その時に重要な文言である「村所八十八ヵ所」や「文明三」は読まれている。その後、内田のデジタルカメラでの撮影までには二十余年が経っている。その間に磨耗、劣化が更に進行していた可能性も高く、判読がより困難となったことも考慮されなくてはならない。

これらの史実から、四国霊場は室町時代前期の文明年間以前に八十八ヶ所として成立していた様相が窺えると言えよう。ところが、八十八ヶ所の寺院の具体的な名前が出てくるのは江戸時代になってからで、巡拝した僧侶の著述によるものである。その最も古いのは京都・智積院の澄禅が承応二年(一六五三)に著した『四国邉路日記』である。澄禅の日記には札所の所在地、順路、行程などが書かれ、寺院の堂宇の情況、住職の在・不在などにも触れている。但

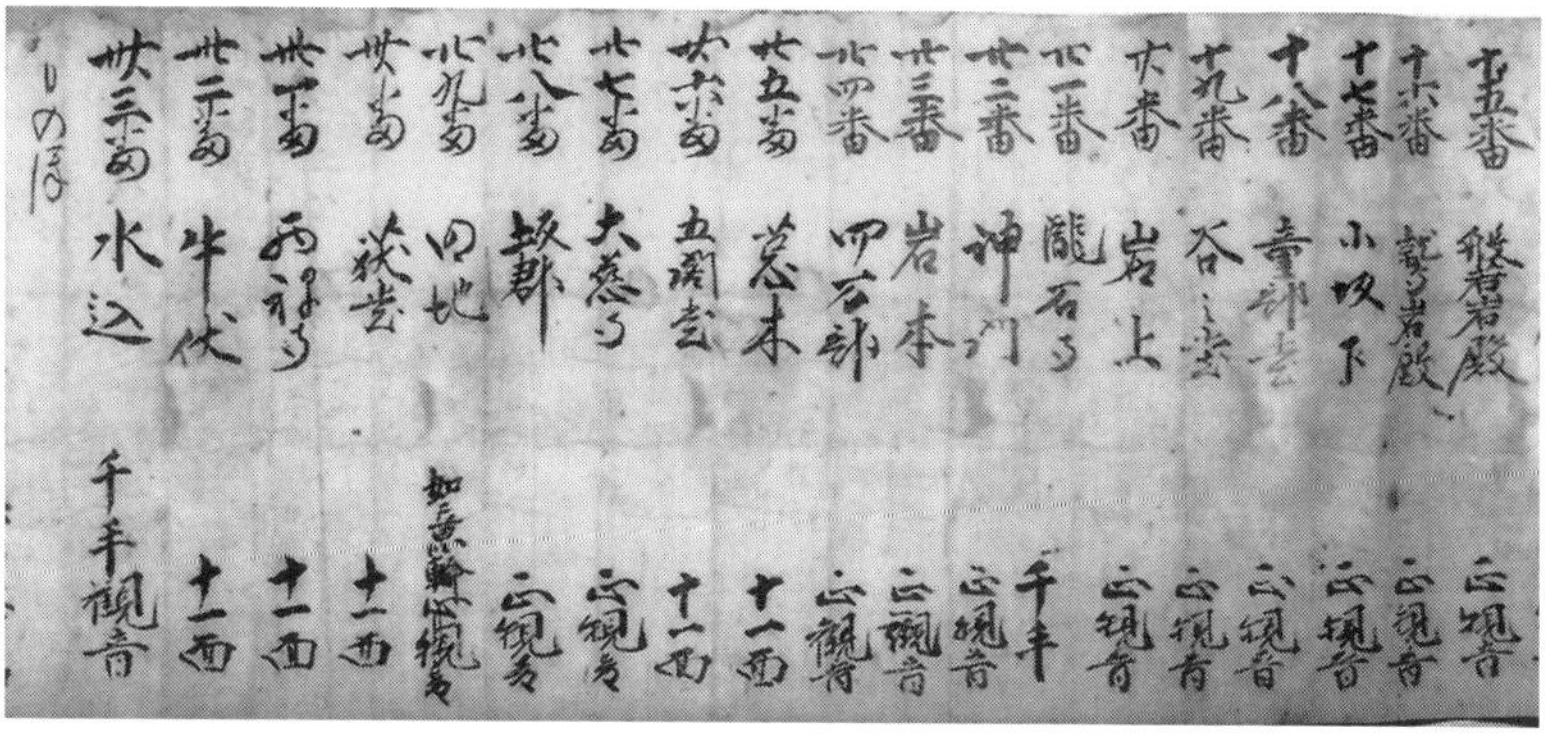

秩父札所の『長享番付』（法性寺蔵）

し、文明年間から承応年間までは約二百年、その間の史料が欠落しているために詳しいことは判明しない。しかし、既述のように山頭火が発見した「女邊土」の墓碑、室町期の『醍醐寺文書』や『勝尾寺文書』などの文献、及び寺院に残された落書きには「辺路」「邊路」「四国中邊路」などと書かれていることから、僧侶を中心とした遍路が行われていたと思われる。

二　八十八の由来

我が国の巡礼の起こりは、平安時代末期に成立した西国三十三ヵ所観音巡礼である。観音霊場は、『観世音菩薩普門品』に依拠して、観世音菩薩が三十三の姿に化身して衆生を済度することから「三十三ヵ所」で形成されている。現在では秩父観音霊場は三十四ヵ所であるが、長享二年（一四八八）の『長享番付』では三十三の寺院名が記されている。それが江戸時代になって、西国霊場、坂東霊場と肩を並べて「日本百観音霊場」とするために、三十四ヵ所に変更されたと考えられる（佐藤久光『秩父札所と巡礼の歴史』二〇〇九年）。

それに対して四国霊場は八十八ヶ所で形成されている。「八十八」という数字は何に由来するのか。「八十八」の数字の由来については、世間に広まる俗説や宗教的意味付けをした説、古代日本人の数に関する見解など諸説が挙げられる。俗説には男女と子供の厄年を合計した数であるとか、八十八は

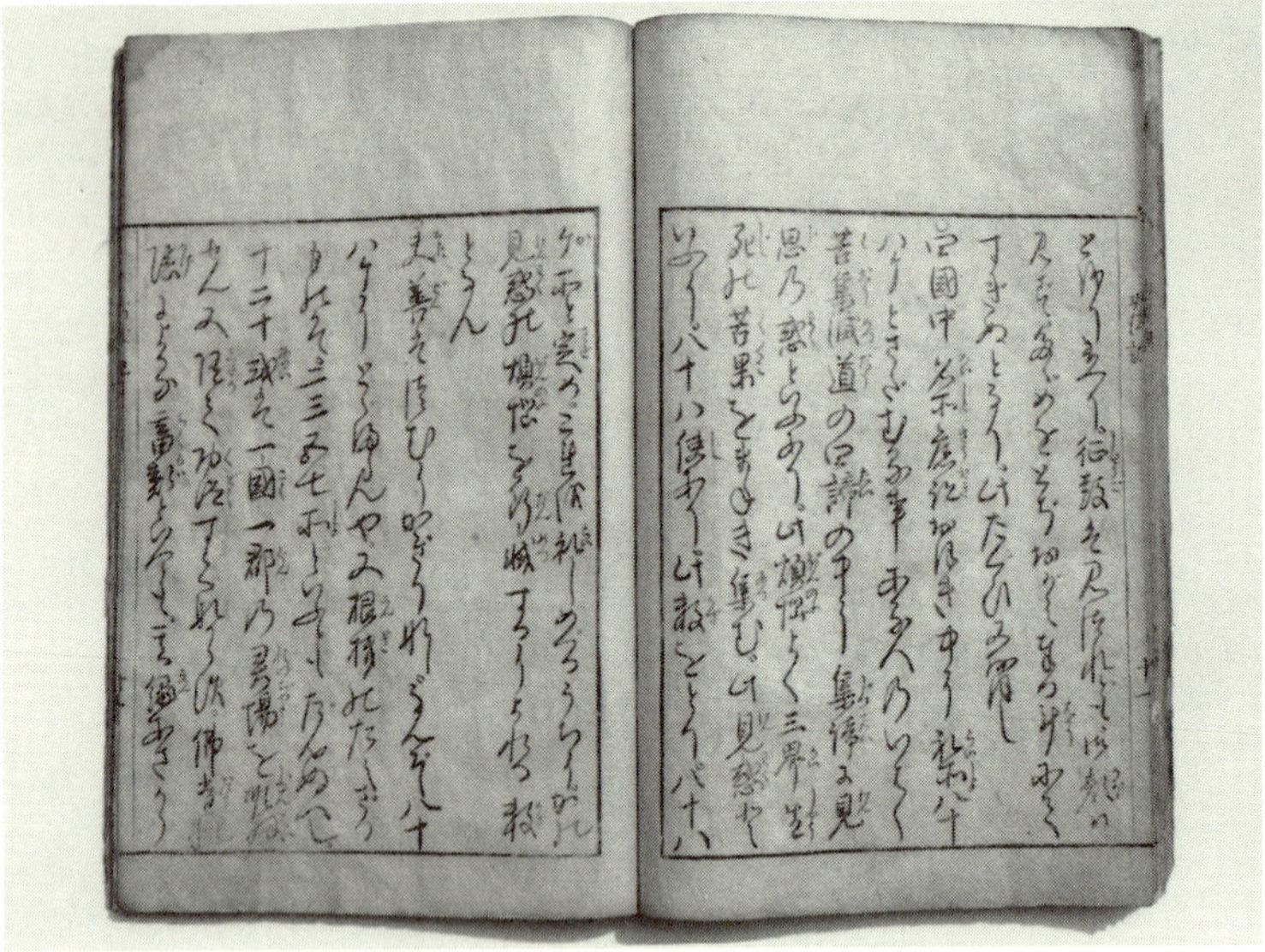

『四国偏礼功徳記』の贅録（関西大学図書館蔵）

「米」の字に通じ、五穀豊穣を祈る数字である、などとも言われる。更に八十八は米寿の歳で縁起がよい数字である、という説もある。

それに対して、宗教的な意味を加えた説がある。その一つが、寂本と真念による『四国偏礼功徳記』では、『具舎論』で説く三界四諦の理に迷う邪見の煩悩八十八使とみて、次のように述べている。

四国中名所旧跡おほき中に、礼所八十八ヶとさだむる事、ある人のいはく、苦集滅道の四諦の中に、集諦に見思の惑といふあり、此の煩悩、よく三界生死の苦果をまねき集む、此見惑といふに、八十八使あり、此数をとて、八十八ヶ所と定め、これを礼しめぐるうちに、かの見惑の煩悩を断滅するによれる数となん。

これによると、三界生死の苦果は八十八使であり、そこから「八十八ヶ所と定め」とある。遍路の信仰的な側面における最も理に叶った説明をしている。

今一つの宗教的意味付けは、宝暦十三年（一七六三）に細田周英によって作られた四国遍路の初めての地図である

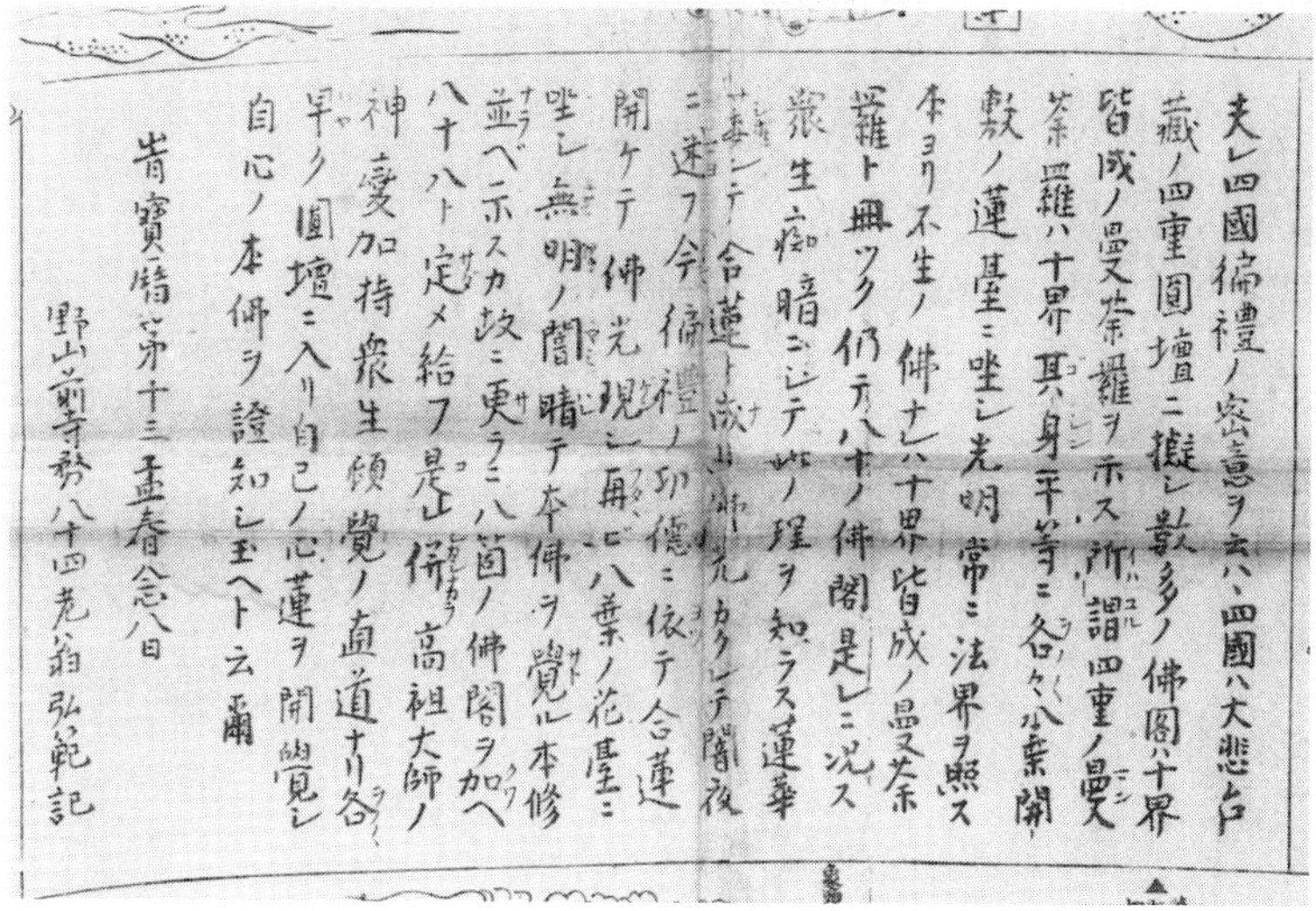
夫レ四國徧禮ノ密意ヲ云ハ、四國ハ大悲胎
藏ノ四重圓壇ニ擬シ數多ノ佛閣ハ十界
皆成ノ曼荼羅ヲ示ス所謂四重ノ曼
荼羅ハ十界其身平等ニ各々八葉開
敷ノ蓮臺ニ坐シ光明常ニ法界ヲ照ス
本ヨリ不生ノ佛ナレハ十界皆成ノ曼荼
羅ト冊ツク仍テ八十ノ佛閣是レニ况ス
衆生癡暗ニシテ此ノ理ヲ知ラス蓮華
十ニ華シテ合蓮ト成ル佛光カクレテ闇夜
ニ迷フ今徧禮ノ功徳ニ依テ合蓮
開ケテ佛光現シ再ヒ八葉ノ花臺ニ
坐シ無明ノ闇晴テ本佛ヲ覺ル本修
並ヘ示スカ故ニ更ラニ八箇ノ佛閣ヲ加ヘ
八十八ト定メ給フ是レ偏ニ高祖大師ノ
神變加持衆生頓覺ノ直道ナリ各
早ク圓壇ニ入リ自己ノ心蓮ヲ開覺シ
自心ノ本佛ヲ證知シ玉ヘト云爾
旹寶暦第十三孟春念八日
野山前寺務八十四老翁弘範記

細田周英『四国徧礼絵図』の中央部分の拡大（神戸市立博物館蔵）

『四国徧礼絵図』の文言に、八十八は密教的意味を持っているという指摘である。その絵図の中央には、高野山・前寺務広範の文が載せられている。その内容から、四国を胎蔵曼荼羅に配し、十界ごとに存在する八葉で、八十を言い表し遍礼の功徳によって仏が八葉に現れる八を加えて、八十八を導き出したという説である（景浦直孝「円明寺と四国遍路」『伊予史談』第三巻第二号　一九一七年、松尾剛次「四国遍路八十八札所の成立」『宗教研究』第七六巻第二輯　二〇〇二年）。しかし、この説は牽強付会でこじつけであるという批判もある（西園寺透源「四国霊場考」『伊予史談』第一三三巻第四号　一九三七年）。いずれにしても宗教的意味付けによる八十八も決定的な説とは言いがたいところがある。

近藤喜博は四国霊場の八十八の根拠の一つに、八塔の倍数に基づくものとして、インドの遺跡巡拝の習慣を挙げている。釈尊の死後、仏骨は八ヵ国に配分されて、それを込めて仏塔が建立された。これが根本八塔で、インドでは根本八塔を巡拝する風習が古くからあった。八塔の十倍に根本八塔を加えて、八十八としたという。しかし、その説よりも近藤喜博自身は私案として、熊野王子の九十九に準じたものであるとみている。「九十九」（実際は九十四）は数の極限として用い、それに次ぐ限定数として「八十八」を霊場の数とした、と述べている（『四国遍路』一九七一年）。

他方「八十八」は仏教教理上では明確な根拠をもつ数字ではなく、「八十八ヵ所」は観音巡礼の三十三ヵ所や、六十六ヵ国をめぐってその一ノ宮に法華経を奉納して歩く六部（六十六部）、それに熊野詣で神の遙拝所としての九十九王子などに倣ったものではないかという説もある（小嶋博巳「遍路と巡礼」『四国遍路と世界の巡礼』二〇〇七年）。

宮崎忍勝は俗説や『四国偏礼功徳記』の『具舎論』、それに従来から伝えられる釈尊の霊跡八ヵ所に建てられた八大霊塔を根拠にした説を紹介している。しかし、それらは定説ではないとしている。宮崎忍勝は自説として、古代日本人は八を満数、もしくは無限大を意味する呪的な聖数とみなしていた。それは『日本書紀』『古事記』の中に、「八雲立つ、出雲八重垣、妻籠みに、八重垣作る、その八重垣を」と詠われていることや、八島、八神、八百万神などが記されていることを挙げている。そして、「八十島《やそ》祭の名は八に十を重ねて満ち足りた嘉数の観念をあらわしたものである」として、「四国八十八ヵ所の霊場も、八十の嘉数にもう一つ聖数八をつけたもので、日本民族古代の聖数もしくは呪数をあてたもの」と述べている（『四国遍路　歴史とこころ』一九八五年）。

以上のように「八十八」の数字の由来については人生の節目の年齢や農業にまつわる俗説、宗教的、信仰的な意味付けを根拠にした説、そして古代日本人の数の持つ感性などと、多くの研究者によって諸説が述べられている。しかし、未だに定説にはなっていない。

八十八の由来には定説がないが、八十八の寺院の選定や順番についても不明なことが多い。八十八ヶ所の成立は、既述のように鰐口の銘文などから文明三年（一四七一）には既に制定されていたと思われる。しかし、その霊場寺院は記されておらず、それが判明するのは江戸時代に入ってからである。江戸時代には僧侶による巡拝記が出される。その最も早いものが承応二年(一六五三)に、京都・智積院の悔焉房澄禅による『四国邉路日記』ある。そこには次のように記されている。

大師ハ、阿波ノ北分十里十ヶ所霊山寺ヲ寂初ニシテ、阿波土佐伊予讃岐ト順ニ御修行也、夫ハ渭津ヨリ巡道悪キ迚、中古ヨリ以来、阿波ノ北分十里十ヶ所ヲ残シテ、井土寺ヨリ初テ、観音寺、国分寺、常楽寺ト巡行シタルカ能ト、持明院ヨリ伝受也、廿五日辰ノ刻ニ持明院ヲ立テ、西ニ行事一里ニシテ井土寺ニ到ル、

大師は霊山寺から巡礼したが、澄禅は持明院から伝授されたところに従って、阿波の北分は道が悪いので後廻しにして、井土寺(井戸寺)から始めている。最後は霊山寺で終わっている。

真念も『四国邊路道指南』で、「阿州霊山寺より札はじめ大師御巡行の次第なり、但十七番井土寺より札はじめすれバ、勝手よし」と述べて、澄禅と同じ順路を書いている。真念自身は一番霊山寺から廻っている。

それに対して、寂本は『四国徧礼霊場記』において、

八十八番の次第、いづれの世、誰れの人の定めあへる、さだかならず。今は其番次によらず、誕生院ハ大師出生の霊跡にして、遍礼の事も是より起れるかし。故に今は此院を始めとす。

と述べて、大師の誕生寺である善通寺から始めている。しかしながら、霊山寺の項では「此寺四国巡拝の寂初といふ。或は道場寺井土寺より始拝す、みな路次の勝手によれるならはし」とも記している。

寂本は八十八番の次第は「さだかならず」とし、自身は誕生寺の善通寺から廻り始めているが、既に当時霊山寺が一番札所とされていたことは判明する。札所の順番は既に決まっていたが、順路は様々で、真念は「委く徳島にて可レ被レ尋、讃州丸亀城下へわたる時は、宇足津道場寺より札はじめよし」と述べている。四国に着いた場所によって巡拝を始める寺院が異なっていた。地元四国の人を始めとして、山陽や九州からの人は第一番札所・霊山寺からでは

なく、上陸した場所に近い札所から始めている。大正期に娘遍路を体験した高群逸枝は、熊本を発って大分港から豊予海峡を渡って八幡浜に上陸する。そして、第四十三番札所・明石寺から逆廻りで札打ちを始めている。

四国霊場にまつわる開創者は誰なのか、八十八ヶ所の成立年代はいつ頃か、そして「八十八」の数字の根拠はどこにあるのかなど、札所の選定及び順番・番号の決定など未だに解決されていない問題が残されている。

第二章　江戸時代の四国遍路

四国遍路は中世から江戸時代初期までは僧侶や修験者の修行とされていた。しかし、やがて庶民が加わり、その数も増加するようになる。その背景には社会の変化が影響している。長きにわたり混乱していた戦国の世は徳川幕府によって統一された。それに伴って治安が良くなり、農民たちも農業に専念でき、徐々に所得が向上する。人の往来も盛んになり、街道の整備、宿泊施設の整備などが進むようになる。しかしながら、四国遍路に関しては西国巡礼などに比べて立ち遅れていた。そこには四国霊場の置かれた特殊性があった。

庶民が遍路に出かけるようになると、海に囲まれた四国霊場に全国各地から人びとが集まるようになる。庄屋の身分から貧者や国元を追われた人びとまでと様々な階層が遍路に出かけるようになる。そして、遍路のガイドブックや地図が大坂や地元四国の書肆から出版されるようになる。江戸時代は遍路の流行期でもあった。その江戸時代の遍路の様相を見て行くことにする。

第一節　江戸初期の四国霊場

江戸時代の四国遍路の詳しい状況を捉える前に、江戸時代初期の状況を簡略に述べてみる。江戸時代初期は中世からの流れを受け継ぎ、各霊場は荒廃し、道路も整備されず、庶民が巡拝するには困難が横たわっていた。当時の状況は京都・智積院の悔焉房澄禅が承応二年（一六五三）書き記した『四国遍路日記』に詳しく述べられている。併せて最初の案内書である真念の『四国邊路道指南』（貞享四年〈一六八七〉）や寂本『四国徧礼霊場記』（元禄二年〈一六八九〉）を手懸りに、江戸初期の四国霊場の状況や劣悪な道路事情、不備であった宿泊施設などを見ていくことにする。

一　荒廃する四国霊場

澄禅が巡拝した江戸初期の四国霊場は荒廃し、その中には、住職が不在で妻帯した山伏が住持する寺も少なくなかった。とりわけ阿波と伊予の札所寺院の荒廃が激しかった。その様子を『四国遍路日記』から摘記すると次のようになる。

〔阿波の寺院〕

☆七番十楽寺　是モ悉ク退転ス、堂モ形斗、本尊阿弥陀如来御首シ斗在リ、

☆九番法輪寺　堂舎寺院悉退転シテ少キ草堂ノミ在リ、

☆十一番藤井寺　二王門モ朽ウセテ裾ノミ残リ、寺楼ノ跡本堂ノ裾モ残テ所々ニ見タリ、今ノ堂ハ三間四面ノ草堂也、二天二菩薩十二神二王ナトノ像朽ル、堂ノ隅ニ山ノ如クニ積置タル、

☆十五番国分寺　少キ草堂、是モ梁棟朽落テ、仏像モ尊躰不具也、昔ノ堂ノ跡ト見ヘテ、六七間四面三尺余ノ石トモナラヘテ在、哀レナル躰也、

☆十六番観音寺　是モ悉ク退転ス、少キ草堂ノ軒端朽落テ、棟柱傾タル在、是其形チ斗也、

☆十七番井戸寺　堂舎悉ク退転シテ、昔ノ裾ノミ残リ、二間四面ノ草堂在、是本堂也、（中略）寺ハクズ家、浅マシキ躰也、住持ノ僧ノ無礼野鄙ナル様、難レ述ニ言語一、

☆二十三番薬王寺　先年焔上ノ後再興スル人無フシテ、今ニコヤカケ也、二王門焼テ、二王ハ本堂ノコヤノ内ニ在、

〔伊予の寺院〕

☆四十三番明石寺　本堂朽傾テ本尊ハ少キ薬師堂ニ移テ在リ、(中略)寺主ハ無ク、上ノ坊ト云山伏住セリ、妻帯也、

☆四十六番浄瑠璃寺　昔ハ大伽藍ナレトモ、今ハ衰微シテ小キ寺一軒在リ、

☆四十七番八坂寺　今ハ是モ衰退シテ、寺ニハ妻帯ノ山伏住持セリ、

☆五十番繁多寺　此寺ハ律寺ニテ、昔六十六坊ノ所ト也、(中略)本堂二王門モ、雨タマラス、塔ハ朽落テ、心柱九輪傾テ衰至極ノ躰ナリ、

☆六十一番香薗寺　寺ハ在トモ住持無シ、

☆八十八番大窪寺　堂ノ西ニ塔在、半ハ破損シタリ、是モ昔ハ七堂伽藍ニテ、十二坊在シカ、今ハ無縁所ニテ、本坊斗在、

このように阿波、伊予の大半の霊場寺院は荒廃が激しく、住職も不在で、代わりに妻帯した山伏が住持する有様で、寺院としての機能を失っていた。それに対して、土佐、讃岐の寺院では一時荒廃はしたものの、藩の援助を受けて再建、再興していた。その幾つかを摘記すると次のようになる。

☆二十四番最御崎寺　大師修行シ玉イタル求聞持堂在リ、何モ太守ヨリ再講《(興)》シ玉フナリ、(中略)本尊虚空蔵菩薩左右ニ天ノ像在リ、堂ノ左ニ宝塔有、何モ近年太守ノ修造セラレテ、美麗ヲ尽セリ、

☆二十五番津照寺　是モ太守ヨリ再興ニテ結構ナリ、

☆二十九番国分寺　近年堂塔破損シタルヲ、太守ヨリ修理シ玉フ、其普請最中ニテ大工数十人居タリ、

☆三十一番竹林寺　本堂ハ太守ヨリ修造セラレテ、美麗ヲ尽セリ、塔ハ当寺主宥厳上人ノ造工ナリ、鐘楼・御影

堂・二王門・山王権現ノ社、何モ太守ノ願ナリ、

寂本も『四国徧礼霊場記』の中で土佐の寺院について、「凡此州の霊場はみな太守より修補せらるとなり」と述べていることから、土佐藩主は寺院の再建に力を注いでいたことがわかる。

讃岐の寺院に関しては、『四国遍路日記』では全般的な視点で次のように述べている。

凡讃岐一国ノ風儀、万与州ニ似タリ、サスカ大師以下名匠ノ降誕在シ国ナル故ニ、蜜徒ノ形義厳重也、当国ニ六院家トテ、法燈ヲ取寺六ヶ所在、(中略)其外所々寺院何モ、堂塔伽藍結構ニテ例時勤行丁重ナリ、

四国八十八ヶ所は文明年間(一四六九―八七)には成立していたと見られるが、それから江戸初期までは約二百年経ち、寺院の建物は老朽化していた。阿波、伊予の寺院と、土佐、讃岐の霊場寺院の状況には違いはあるが、共に寺院の建物が朽ち落ちたり、火災で荒廃している点は共通していた。阿波、伊予ではその再建ができていなかったが、土佐では藩主の熱意で再建されている様子が判明する。

二　劣悪な交通事情

江戸初期までの四国遍路では陸上交通の障壁、特に河川の渡渉に難渋した。また、海辺の道は危険で命を落とすことも少なくなかった。阿波、土佐の河川には橋がなく、澄禅も渡渉に困惑したことを綴っている。

第二十番札所・鶴林寺を出て那賀川を渡る時、「此川ハ大河ナレトモ舟モ無ク、渡守モナシ、上下スル舟人ニ向テ手ヲ合、ヒサヲ屈シテ二時斗敬礼シテ、舟ヲ渡シテ得サセタリ」と述べ、那賀川には渡し舟がなく、川を往来する舟の船頭に頭を下げて頼み込んで渡っている。第二十九番札所・国分寺の手前の言云川と眠り川の河渡りにも難渋している。それを次のように述べている。

(前略)道筋ヲ教ヘラル、其如ノ行程ニ彼言云川ニ至ル、水ハ未出来ラ子トモ、石高ク水早シ、渡リ悪キ川也、河中ヨリ大雨降来リ、中々蓑モ笠モタマラヌ程ナレハ、民家ニ立寄、雨ノ晴間ヲ待、夫ヨリ少晴ケレハ、家ヲ出テ行、爰ニ国分寺ノ近所ニ眠リ川ト云川在、此ハ一睡ノ間ニ洪水出ル川ナリ、前季ノ大雨ニ洪水出来テ、歩渉ノ事ハ不㆓申ニ及㆒、舟ニテモ難㆑渡リ大水也、近所ノ人サエ渡リ兼テ、河原ニ立渡テ在(中略)暮迄待ケレトモ、又雨降ケレハ不㆑及㆓是非㆒、近辺ノ田嶋寺ト云寺ニ一宿ス、(後略)

言云川(物部川)は流れが速く渡りにくかった。その名は一言話をしているうちに洪水となる川から付けられたものである。眠り川(国分川の異名)も一睡の眠りの間に洪水になっていた、というところから名付けられた。そして第三十七番札所・岩本寺手前の平節川でも、「五社ノ前ニ大河在リ、少シ雨降ケレハ、五日十日渡ル事ナシ、舟モ橋モ無シテ第一難所ナリ、洪水ニハ五社ノ向イヘ、坂中ヨリ札ヲ手向伏拝テ過ナリ(中略)東路ノ大井川ニ似テ、石高ク水早シ、渡リ悪キ河也」とあって、平節川(平串川)とは四万十川で洪水の時は渡ることが出来なかった。それは「東路の大井川」つまり東海道に横たわる有名な大井川で、それによく似ていた。そこで札を流し、遙拝して済ませている。

四国では、山岳地に降った雨は一気に下って海に注ぐので河川が多かった。その河川には橋も舟もなかったので、渡ることは困難で水が引くまで待機させられた。澄禅の巡拝は七月から九月にかけての時期で、雨も多く一ヵ所に数日逗留することが多かった。

河川の渡し以外にも遍路道には難所が幾つかあって人の往来を妨げることになった。その一つに第十一番札所・藤井寺から焼山寺までは山道で、上り下りの道程であった。澄禅は次のように記している。

(前略)阿波無双ノ難所也、先藤井寺ノ南ノ山エ上ルニ、峯ヲ分雲ヲ凌、一時辛苦シ大坂ヲ上リ、峠ト思キ所ニ到テ見ハ、其サキニ又跡ヨリモ高キ大坂在リ、(中略)自他トモニ退屈シテ、荷俵ヲ道中ニ捨置テ休息ス、又思立テ件ノ坂ヲ上リテ、絶頂ニ至テ見ハ、向ノ山ニ寺楼見ヘタリ、是コソ焼山寺トテ嬉ク思エハ、寺トノ間ニ深谷在リ、道ハ其谷ノ底ニ見タリ、爰ニテ飯ナトイタシ、（中略）又三十余町上テ焼山寺ニ至ル、（後略）

僧侶である澄禅は感情を抑えた表現をしているが、さすがに焼山寺に至る道程では「辛苦」とか荷俵を道中に捨て置いて休息する、寺楼を見て真近と思ったがその手前に谷底があった、などと記述している。その道程に相当苦労した様子が窺われる。

今一つの難所は、第二十三番札所・薬王寺から第二十四番札所・御最崎寺までの長丁場に「飛び石はね石ごろごろ石」と呼ばれる危険な場所があった。澄禅は次のように綴っている。

彼ノ音ニ聞、土州飛石ハ子石ト云所ニ掛ル、此道ハ難所ニテ三里カ間ニハ宿モ無シ、（中略）或ハ又上ノ山ヨリ、大石トモ落重テ幾丈トモ不知所在リ、ケ様ノ所ハ、岩角ニトリ付、足ヲ爪立テ過行、誠ニ人間ノ可通道ニテハ無シ、此難所ヲ三里斗往テ、仏崎トテ奇巌妙石ヲ積重タル所在リ、爰ニテ札ヲ納、各聚砂為仏塔ノ手向ヲナシ、読経念仏シテ巡リ、（中略）此道六七里ノ間ニハ、米穀ノ類カツテ無シ、兼テ一鉢ノ用意無テハ難叶所也、（中略）七日ハ、猶海辺ヲ三里斗往テ、土州室戸ノ崎に至ル、薬王寺ヨリ是迄廿一里也、（後略）

澄禅は「飛び石はね石ごろごろ石」の難所は余りにも危険な所で人間が通る道ではない、と述べている。既に命を落とした人もあったであろうか、その弔いなのか、石を積んだ仏塔があって、澄禅は札を納めて読経をしている。室戸岬までは宿がなく米、穀類もなく、しかも二一里（約八四キロ）の長丁場であった。

このように、遍路道は険しい山道に入り上り下りをしなくてはならなかった。そして海辺は石ころだらけの道で命の危険もあった。その上、河川には橋はなく渡し舟もなかったので、渡渉に苦労して浅瀬を渡るか川の水が引くのを待たなくてはならなかった。

三　宿泊施設の不備

四国遍路は交通事情が劣悪であった上に、宿泊施設が殆ど整備されず、庶民が廻るには大きな障害であった。西国巡礼は京、奈良、大坂などには旅館、木賃宿が整っていた。郊外に位置する札所も名刹・名所で参詣者があったことから、その門前には宿泊施設が整っていた。

ところが、四国遍路では江戸初期までは宿泊施設は整わず、寺院や御堂で通夜したり、民家で泊まることになった。澄禅は僧侶であったので寺院での宿泊や民家で善根宿の接待を受けている。その上で道中の大師堂でも泊まっている。寺院での宿泊では、伊予の日和佐で「地蔵寺ニ一宿ス」とか、土佐の青龍寺では「今日ハ日暮ヌ、明日トテ頻ニ留ラル故、此寺ニ一宿ス」とあり、土佐清水では「正善寺ト云浄土宗ノ寺ニ一宿ス」とある。更に土佐の国分寺付近では「近辺ノ田島寺ト云寺ニ一宿ス、住持八十余ノ老僧也（中略）夜モスカラ昔物語トモセラレタリ、天性大上戸ニテ自酌ニテ数盃汲ル、也、大笑」などと記し、澄禅は僧侶であったことから寺院から便宜を受けている。

道中では大師堂でも宿泊している。阿波の南部では、室戸岬までの長丁場であったので、「海部ノ大師堂ニ札ヲ納ム、是ハ辺路屋也」とか、「野根ノ大師堂トテ辺路屋在リ、道心者壱人住持セリ、此ニ一宿ス」ともある。伊予の宇和島では「追手ノ門外ニ大師堂在リ是辺路家ナリ」と書かれている。

それ以外には民家に宿を借りている。第二十番札所・平等寺を参拝後、「前ニ大河在リ、折節雨天ニテ、帯ヲヌラス程ノ洪水ナリ、此ヲ渡リテ河辺ノ民家ニ一宿ス」とある。第二十三番札所・薬王寺を過ぎて、「貧キ在家ニ一宿ス」と民家に宿を借りている。最も長丁場の室戸岬に向かう途中でも、「彼是六里斗往テ、漁翁ニ請テ一宿ス」とある。土佐の安芸でも「赤野ト云所ノ民屋ニ一宿ス」と述べている。雨降りでは早々に宿を確保することが無難で、土佐の青龍寺を出て、「山下井ノ尻迄下リケレトモ、雨天故、漁父ノ小屋ニ宿ス」とある。

同じ民家でも宿主の接待としての善根宿の提供も受けている。澄禅は持明院を出発して井土寺（井戸寺）から巡拝するが、その夜は早速善根宿に泊まる。それを「一里斗往テ日暮ケレハ、サンケ村ト云所ノ民屋ニ一宿ス、夫婦ノ者殊外情在テ、終夜ノ饗応慇懃也」と記している。伊予の宇和島でも善根宿の提供を受けて、次のように述べている。

其夜ハ宇和嶋本町三丁目、今西伝介ト云人ノ所ニ宿ス、此仁ハ齢六十余ノ男也、無二ノ後生願ヒテ、辺路修行ノ者トサエ云ハ、何モ宿ヲ借ル、ト也、若キ時分ヨリ奉公人ニテ、今ニ扶持ヲ蒙テ居ル人ナリ、

今西伝介は信心深い男で生活も豊かで遍路の人には宿を提供していた。今一人信心深い人から善根宿を受けている。明石寺を廻った後に、庄屋の清右衛門宅に一泊するが、「此清右衛門ハ、四国中ニモ無隠後生願ナリ、辺路モ数度シタル人ナリ」と綴っている。民家で善根宿の提供を受けたことは僧侶ならではのことでもある

真念も『四国邊路道指南』で善根宿に触れている。第三十七番札所・岩本寺付近の窪川で、「くほ河村、此町しもゝと七郎兵衛やどをかし、善根なす人あり」とある。それ以外にも土佐の足摺岬に向かう途上で「此かやうら太郎左衛門其外やどかすなり」とか、阿波から土佐への入口である甲浦付近では「五郎右衛門やどをかす、其外志有人多し」などと述べている。

真念自身は宿泊施設が不備であったことから「真念庵」と呼ばれる大師堂を建立することに力を注いでいる。それを『四国徧礼功徳記』の跋辞で次のように述べている。

四国のうちにて、徧礼人宿なく艱難せる所あり、真念是をうれへ、遍礼屋を立、其窮労をやすめしむ、又四国中まぎれ道おほくして、佗邦の人、岐《ちまた》にたゝずむ所毎に、標石を立る事、をよそ二百余所なり、

それを『四国邊路道指南』では、「市野瀬村、さが浦より是まで八里、此村に真念庵といふ大師堂、遍路にやどを

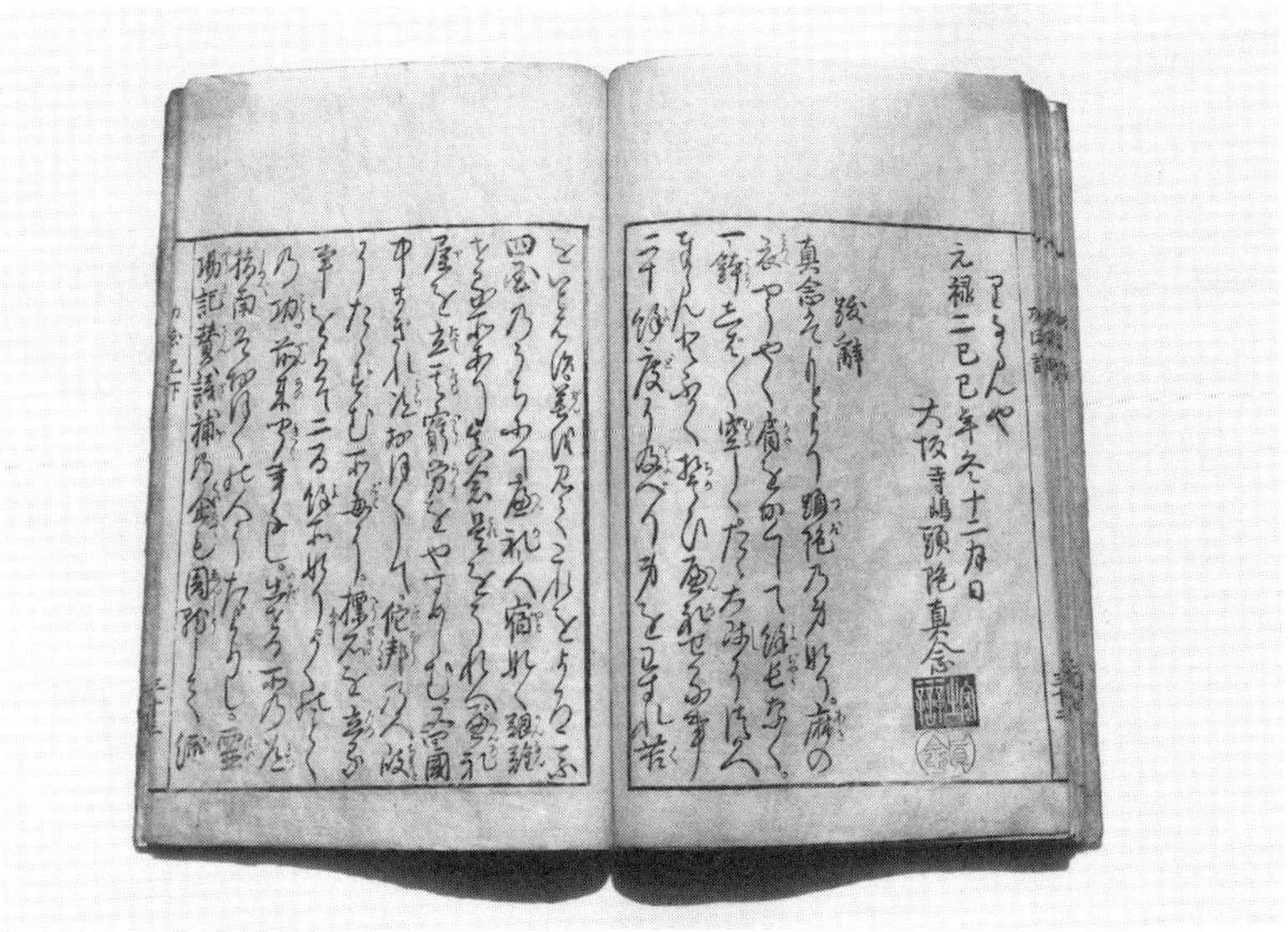

『四国徧礼功徳記』の跋辞

かす、これよりあしずりへ七里」とあって、佐賀浦から足摺までの一五里の中間に自身が真念庵を建立したことを記している。

江戸時代初期までは、以上のように霊場寺院は荒廃し、道路事情も悪く、且つ宿泊施設も整っていなかった。そのために、庶民が札所を廻る状況ではなかった。それを憂えた真念の尽力で遍路屋の建立や道標の設置で、巡拝する環境が徐々に改善されていった。併せて真念や寂本、細田周英などによる案内書や地図の発行によって、庶民にも遍路が出来る機運が広まっていった。

第二節　案内書、地図の出版

江戸時代に庶民が遍路に出けるようになった要因には、治安が安定して農民層が経済的に豊かになったことが挙げられる。それに加えて真念の遍路屋の建立や道標の設置、更に案内書、地図が発行されたことである。

京都・智積院の澄禅は承応二年（一六五二）に四国遍路を

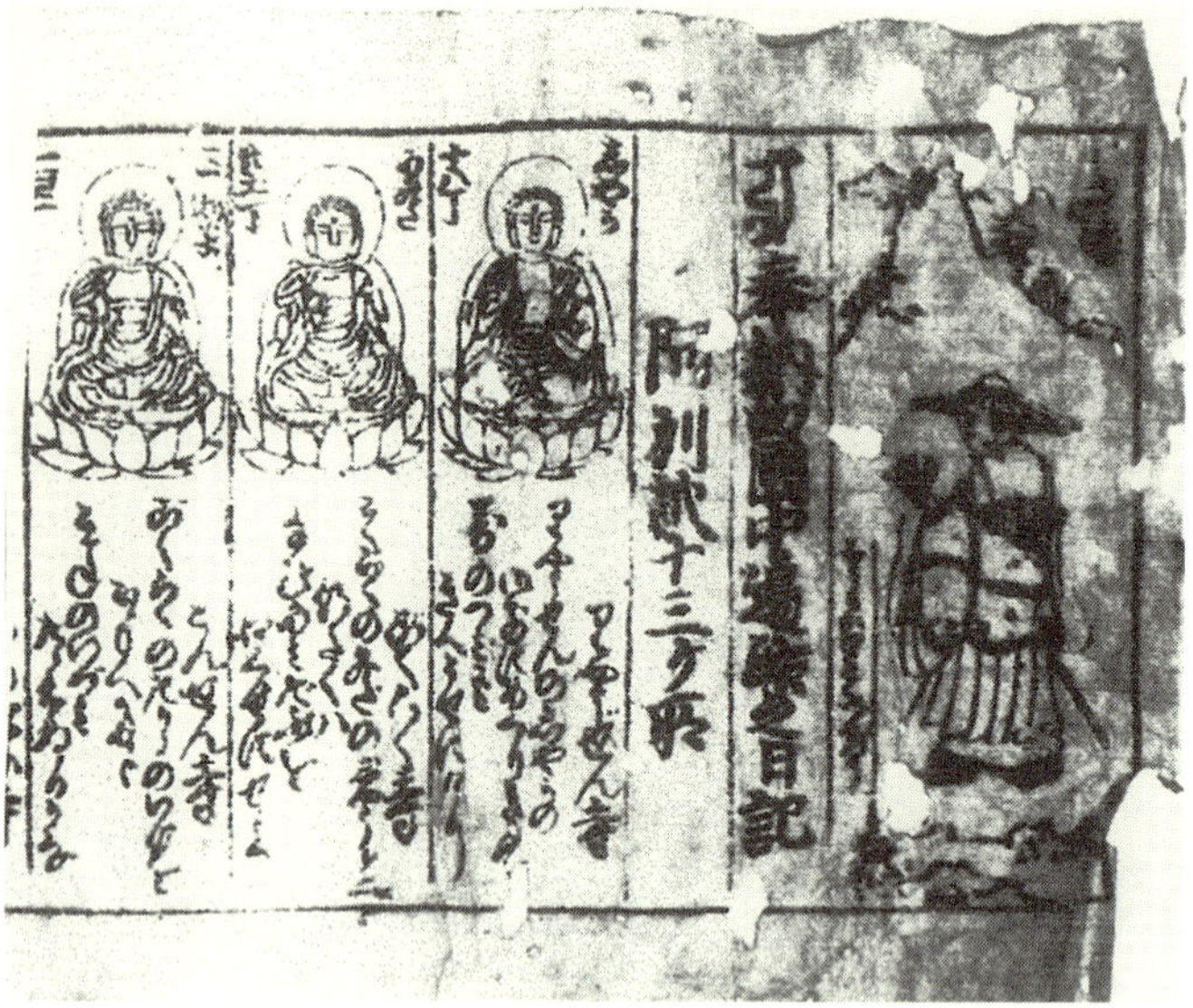

『奉納国中邉路之日記』（愛媛大学「四国遍路と世界の巡礼」研究会提供）

体験した記録『四国邉路日記』を残している。その内容は私的な日記であるが、寺院の名前、本尊名を記し、堂宇の状況にも詳しく触れている。そして道中の道程も河川の渡しや海辺、山道の険しさなどが記されている。従って、『四国邉路日記』は日記とは言え、案内書でもあった。しかしながら、『四国邉路日記』は手書きされたもので、それが写本として宮城県石巻市の塩竈神社に残されていた。それが昭和四十年（一九六五）頃、近藤喜博によって発見されて世に出ることになった。そのために、それ以前には同書を知る機会はなかったと言える

　但し、澄禅は阿波・日和佐の薬王寺を参拝後に、海部の大師堂に札を納め、「爰ニ邊路札所ノ日記ノ板有、各買之也」と記している。また崇徳天皇の項や日記の末尾で「世間流布ノ日記」と記している。このことからそれ以前に案内書が広まっていたことが考えられる。内田九州男は愛媛県伊予市中山町の玉井家文書の中に、「札所ノ日記」ではないかと思われる文献『奉納四国中邉路之日記』を発見している。これは版木で刷られたもので、案内書の形式を

とっており、寺院名、本尊名（図入り）、御詠歌、次の札所までの距離を記している。『奉納四国中邉路之日記』には「元禄元年土州一ノ宮　長吉飛驒守藤原」と記されている。元禄元年（一六八八）は澄禅が巡拝した承応二年より三十余年後である。澄禅が「世間流布ノ日記」と記していることから、内田九州男は、『奉納四国中邉路之日記』以前にそれと類似したものが出回っていたのではないかと推測している（内田九州男「資料紹介『奉納四国中辺路之日記』」二〇〇八年）。

それに対して、真念は貞享四年（一六八七）に『四国邊路道指南』という案内書を出版した。これが四国遍路の最も早い案内書であった。澄禅の『四国邉路日記』から三十四年経っての出版物であった。同書は大坂心斎橋筋北久太郎町の本屋平兵衛が発行したものである。その後、増補されて明和四年（一七六七）に「新板大字　四国遍んろ道志るべ」という表題で出版される。その後も文化十一年（一八一四）、十二年、天保七年（一八三六）に『四国徧礼道指南増補大成』として発行されることになる。明治時代になっても明治四年（一八七一）、十四年、十五年に再版され、息の長い案内書であった。

同書はタテ一五センチ、ヨコ一一センチの小型の一冊本で、携帯に便利であった。内容は序文で「用意の事」として、札はさみ板、納札の書き方、そして寺院では光明真言、大師の宝号、御詠歌を唱えることなどを記している。本文の札所については札所番号と寺院名、本尊名と大きさ、製作者、御詠歌が書かれ、最後に次の札所までの距離数、通過する村の名が記されている。その上に、善根宿を接待してくれる村や人名も出てくる。

前田卓は真念の同書が度々再版されたことは、案内書の内容が殆ど進歩しなかったことを意味している、と指摘している（『巡礼の社会学』一九七一年）。しかし、真念の同書は今で言うベストセラーともいえるものであった。それに貢献したのは「頒布所」であった。「頒布所」は貞享四年頃には、「此の道指南《しるべ》并霊場記うけらるべき所は」として、版元の本屋平兵衛を始め、大坂江戸堀の阿波屋勘左衛門、阿州徳島新町の信濃屋理右衛門、讃州丸亀塩飽町の鍋屋伊兵衛、予州宇和島の万願寺などを挙げている。

真念の『四国邊路道指南』が出版された後、高野山宝光院の雲石堂寂本（一六三二―一七〇一）が『四国偏礼霊場記』（全七巻）を元禄二年（一六八九）に出版する。学僧であった寂本は一度も遍路を体験していなかったが、経験豊かな真念から資料の提供を受け、真念と遍路した高野山護摩堂の本樹軒洪卓の描いた寺院の略図をもとに、寂本が編著したものである。

表題は『四国霊場記』と書かれているが、内題では「四国遍礼霊場記」という表現や、「四国偏礼霊場記」という書き方をしている。「偏礼」や「遍礼」は寂本が考案した造語とも言える（近藤喜博『四国霊場記集』別冊 解説 一九七四年）。遍路は片田舎、辺鄙などの意味をもつ「辺地」「邊土」から由来するが、寂本は大師への尊崇の念が強く、宗教的な高揚を狙って「あまねし」を含んだ「偏礼」「遍礼」を使用したのではないか。書き出しも霊山寺からではなく、大師の誕生寺の善通寺から始めている。伝統の真言密教の事相、教相に精通していた学僧で、阿闍梨としての寂本は簡略過ぎた真念の『四国邊路道指南』に各札所の詳しい縁起を追加し、洪卓の下絵を基にイラストも自ら筆をとって描き、格調高い案内書に仕上げている。元禄二年の初版以後、宝暦二年（一七五二）、年代不明の再版と版を重ねている。真念も『四国邊路道指南』の初版では「邊路」としているが、その後の増補大成では「偏礼」を用いるようになる。

その後、寂本と真念は、真念が蒐集した遍路の功徳譚を題材にした『四国偏礼功徳記』（上・下二冊）を元禄三年に発行する。功徳譚は右衛門三郎譚を始め二七篇の説話が載せられている。寂本が長文の「序」と「贅録」そして「付録」を記している。功徳譚には随所に絵が挿入されているが、寂本が描いたものではないかと推測される（伊予史談双

『四国遍んろ道志るべ』
（国立国会図書館蔵）

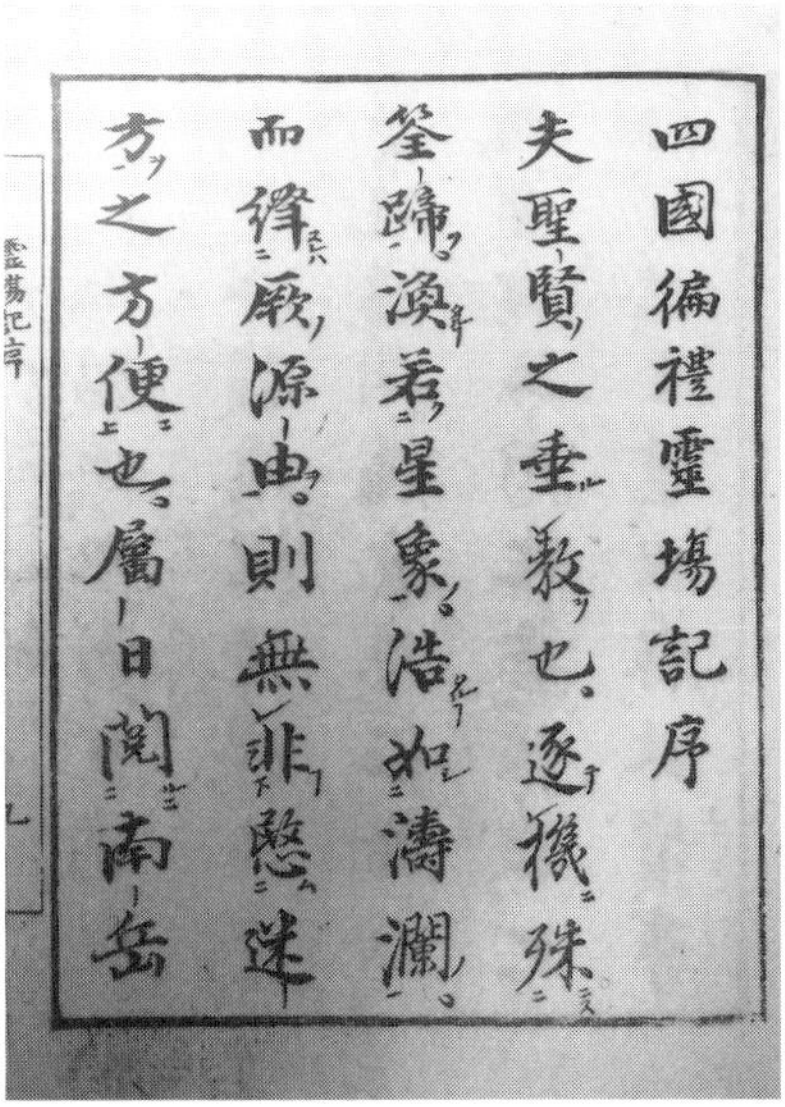

『四国霊場記』序
（内題「四国徧礼霊場記」）

『四国霊場記』（安楽寺蔵・提供）

書第三集『四国遍路記集』解題　一九八一年）。同書は寂本と真念との共著とも言える。これらの著作は頒布所で売られていた。元禄三年以降の頒布所として『四国偏礼功徳記』上の巻末に、

右此功徳記、四国礼場記、同路指南、大師讃義補、品々出す所

▲大坂心斎橋北久太郎町　ほんや　平兵衛

▲同所北御堂前　かわちや新三郎

▲高野山小田原　ふしや　加兵衛

▲阿州徳嶋新町　しなのや利右門

▲土州種崎町　こんたや源兵衛

▲与州宇和嶋袋町　ほけつや甚兵衛

▲讃州丸亀塩飽町　なんや　伊兵衛

と記されている。貞享四年から足掛け四年で、二つの頒布所が変更されたが、全体で二つ増えている。

近藤喜博は頒布所ができたことは、「四国邊路、引いては大師信仰への道俗の民衆的な冀求が昂まってきたと、理解しなくてはならぬものがあると思う」と、民衆の要望があった背景を述べている。その上で高野山に頒布所が設けられたことは、大師廟に参詣してから遍路に出かける習俗が定着していたことを示すものと指摘している（『四国霊場記集』別冊解説）。

寂本は元禄十年に『四国徧礼手鑑』をも編集出版する。これは曳尾子《えいびし》の名前になっているが、雲石堂寂本の隠遁の名である。同書は真念の委嘱で、『四国邊路道指南』を骨子に改編したものである。真念の『四国邊路道指南』に書かれていた本尊仏絵と御詠歌を省き、挿入されていた功徳譚や挿入図も省略され、より簡略化された縮小版の案内書

で、真念没後に出されている。

高野聖ともいわれる真念と学僧であった寂本との二人のコンビによる遍路の著作が出され、それが好評で後年に度々版を重ねている。この著作物が遍路に関する出版の基礎となったと言える。

その後、時代は江戸後期の寛政十二年(一八〇〇)に、『四国遍礼名所図会』(全五巻)が発行される。その作者は九皐主人とされる。同書の巻五の奥書に「寛政十二年庚申年五月吉日　九皐主人写」とあり、「河内屋武兵衛蔵書」と書き加えられている。昭和四十七年に同書の写本を所蔵していた久保武雄は復刻の序で、河内屋武兵衛が祖父に当たることを記している。

『四国遍禮名所図会』の内容は、巡拝した日時、札所名を書き込んだ巡拝記形式になっている。寛政十二年三月二十日に出発して第二十番札所・鶴林寺から始まり、五月三日に帰宅し、七十三日を要している。しかも、札所の所在場所、本尊名、寺院境内の堂宇の説明、御詠歌、次の札所への道程が詳しく書かれた案内書でもあった。

同書の特徴としては札所の全景や、名所の絵図が一頁、あるいは見開き二頁を割いて大きく描かれていることである。実際に写生したものと思われ、素晴らしい絵でもある。同書はタテ二五・五センチ、ヨコ一七・七センチと大判で五巻に分冊されて、携帯には向かないが、案内書としてはこれまでの真念の案内書とは異なっている。

出版物の今一つは絵図(地図)の発行であった。西国巡礼には古くから地図があった。しかし、四国遍路には地図がなかったので細田周英が宝暦十三年に出版する。その製作趣旨を『四国偏礼絵図』の左下に次のように記している。

高野大師讃州に御降誕在しニより、讃阿土豫一洲の四国に法化の著しき事、非情の木石にも餘れり、周英延享四年の春真念の道しるべを手鏡として大師の遺蹤を拝礼せしに、西国卅三所順礼等には絵図あれとも、四国偏礼にはなきことを惜しんで略図となし、覚峰闍梨の偏礼にかたらひ改めて一紙の細見図となし、普く偏礼の手引きに

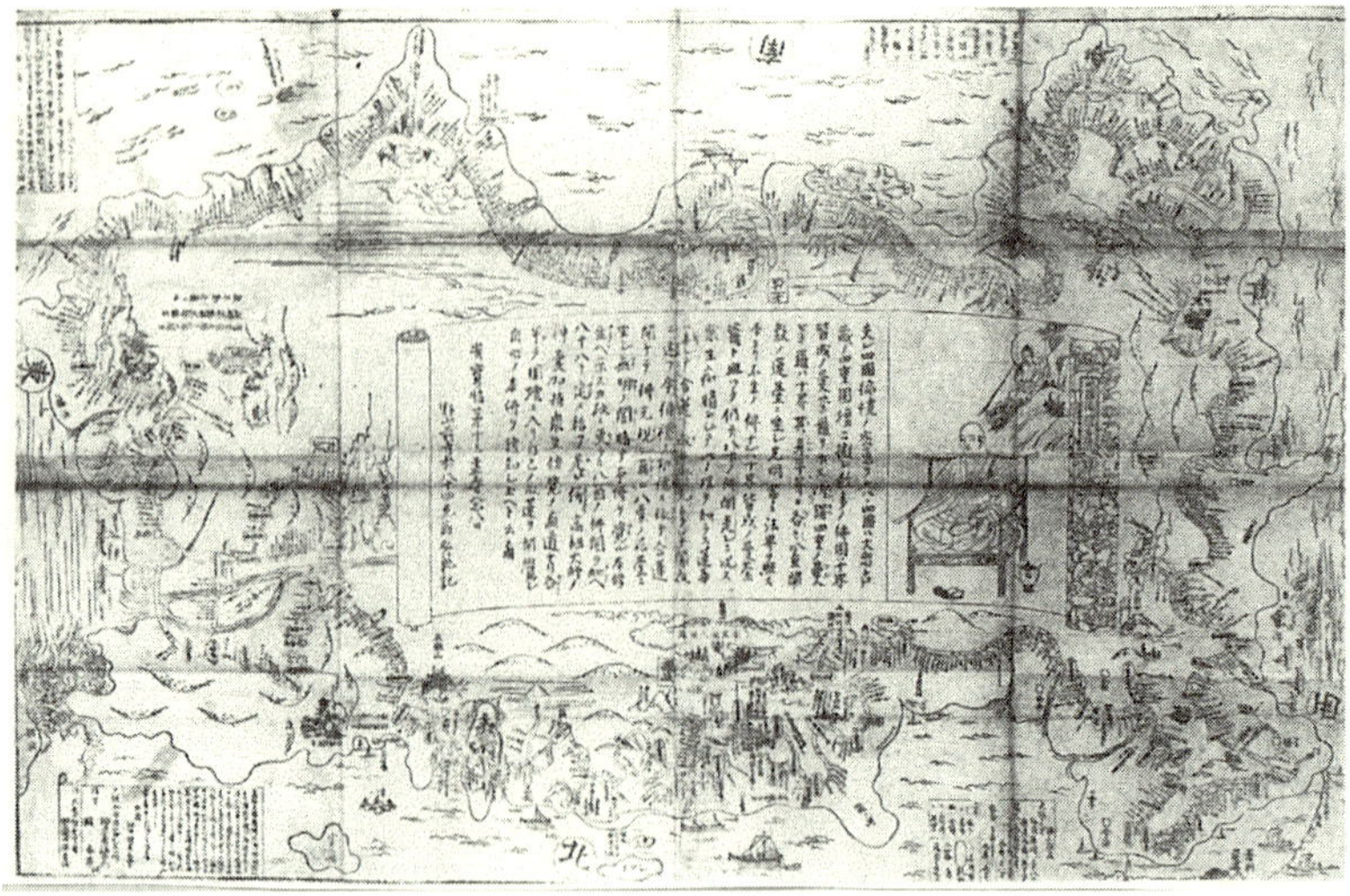

細田周英『四国偏礼絵図』の全体像

なれかしと願ふものぞかし、

宝暦十三ひつし春

但陰

細田周英敬豊

『四国偏礼絵図』には、中央に「四国偏礼之序」として、高野山前寺務弘範による遍路の密教的意味付けが述べられている。中央右には大師の坐像が描かれている。方角の南北は上下になって四国全体の図が一枚（タテ五八・三センチ、ヨコ九三センチ）に納められている。そして札所や金比羅宮、白鳥大明神社などの名所、主要な都市名も記されている。その上、通過する村の名、舟渡しなどと、詳しい記述になっている。

『四国偏礼絵図』は宝暦十三年一月二十八日に、大坂柏原屋清右衛門、同与一、田原屋平兵衛たちによって木版墨刷で発行された。細田周英による絵図の出版を機に『四国社寺名所八十八番』（色刷）や『四国八十八箇所順拝略図』『象頭山参詣四国八十八番』などの絵図が数多く出版されるようになる。その中でも『四国偏礼絵図』と「絵図」を省略した『四国偏礼』（内題）の地図が最も多く、サイズの異なるものが度々再版されている。遍路をする人は一枚（一帖）の絵図を折り畳みそれを携帯して歩いた。

筆者は『遍路と巡礼の民俗』の中で、江戸時代の出版物の一覧を製作したことがある。遺漏もあろうが、それによると年代が判明する出版物は寛永十五年（一六三八）から安政三年（一八五六）まで四七件五二冊あった。年代不詳の絵図は四〇件ある。併せて八七件を数える。それらは年代不詳の絵図は『四国偏礼』『四国八十八箇所絵図』『四国八十八箇所順拝略図』などが再版されたものである。年代が判明するものだけで見ると、寛政年間から文化、文政、天保期（一七八九―一八四四）に多くの出版物が出されている。出版物のはしりとなったのは貞享、元禄期（一六八四―一七〇四）の真念、寂本などの著作である。それに細田周英の絵図が発行され、それらが再版されたものである。

因みに、西国巡礼に関する出版物に触れてみると、江戸時代に出版された件数は年代不詳の五五件を含めて総数で二七四件ある。元和三年（一六一七）から慶応三年（一八六七）までの二百五十年間で、年間一冊の割合で発行されたことになる。その内容は案内書や縁起を中心とした霊場記、御詠歌の解説本、道中図、道中日記などバラエティーである。その中には好評を得て度々再版された書籍も多くあった。

西国巡礼の出版物に比べると、四国遍路に関する出版物は総数の少なさと、内容面では案内書中心に偏っている点などで見劣りするのは否めない。その背景には西国巡礼と四国遍路の目的の違いや、人びとの階層の違いなどの諸条件が関わっている。しかしながら、これまでは僧侶の修行とされてきた遍路が、江戸時代に出版物が出回ったことで、農民、商人たちの遍路への誘い水となったことは確かである。

第三節　江戸時代の遍路の動向

真念による遍路屋の設置や道標の建立、そして案内書の出版、絵図の発行などと、江戸時代になると僧侶以外の人びとが遍路に出かけられる環境が徐々に整備されてきた。それでは果たしてどれだけの人びとが遍路に出ていたのであろうか。また、江戸時代でも社会情勢によって遍路の動向に変遷があった。その動向をみていくことにする。

遍路の年間の総数、動向について注目した先学者があった。その一人が社寺参詣を社会経済史の視点から研究した新城常三である（『社寺参詣の社会経済史的研究』一九六四年、『新稿　社寺参詣の社会経済史的研究』一九八二年）。新城常三は伊予小松藩の『会所日記』の記録に注目し、記載記録から当時の遍路の動向を捉えている。『会所日記』には、寛保二年（一七四二）から文久二年（一八六二）までの期間に、四十年間分の同藩から遍

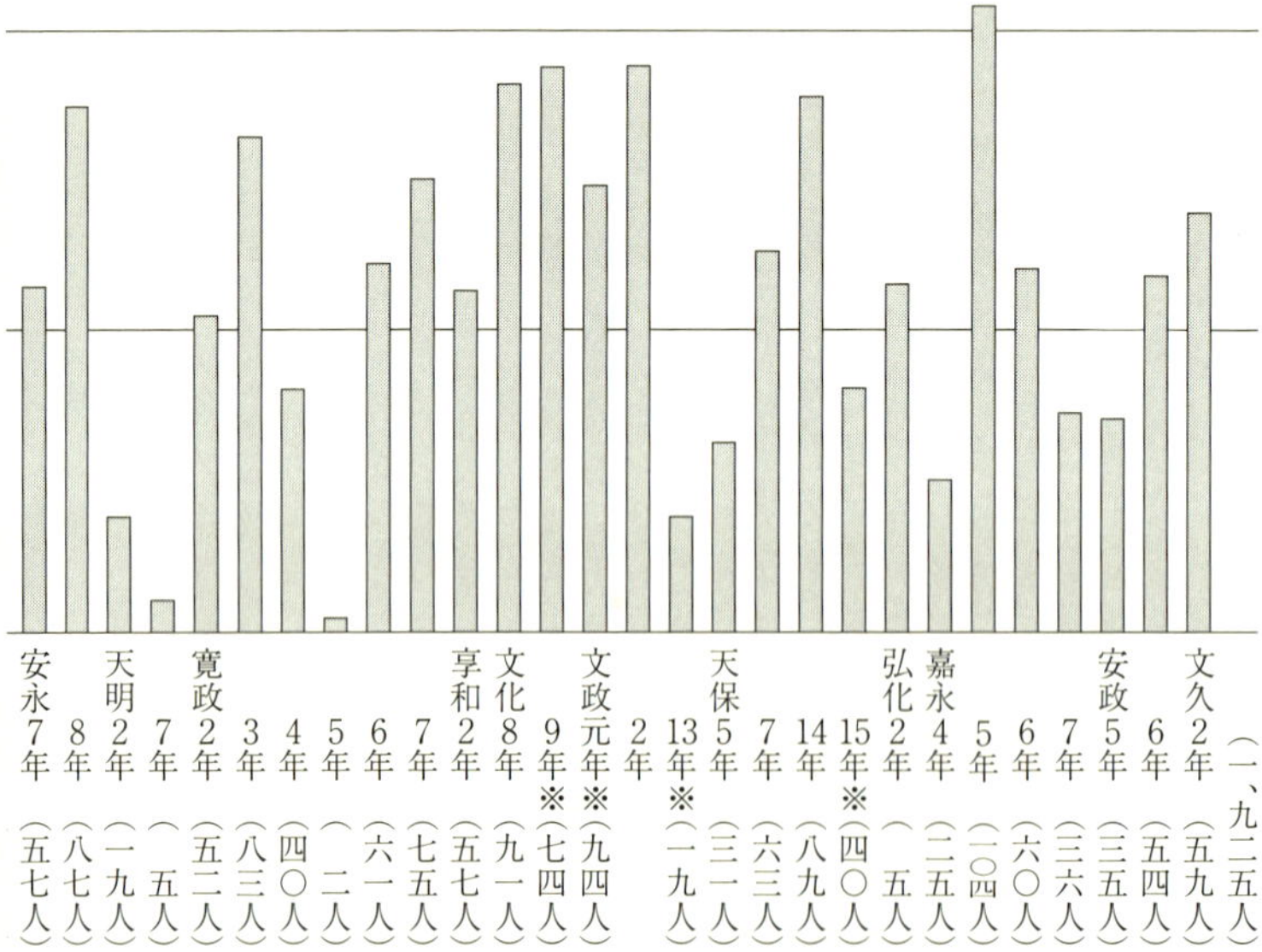

※印は一年間ではなく、一定期間のみである。
註　新城常三『新稿 社寺参詣の社会経済史的研究』を基に作成。

路に出た人数が記録されている。遍路の数は一九二五人を上回り、年平均四八人となる。それを図式化したのが図1である。

それを分析すると、遍路は元禄前後にはまだ多くなかった。宝暦、明和から安永年間にかけて相当数になり、この頃に一応の頂点に達したものと言える。天明の飢饉では一時的に落ち込むが、寛政以降に再び増加し、文化、文政初期に第二のピークを迎える。これを基に新城常三は年間の遍路総数を推計すると次のようになると捉えた。

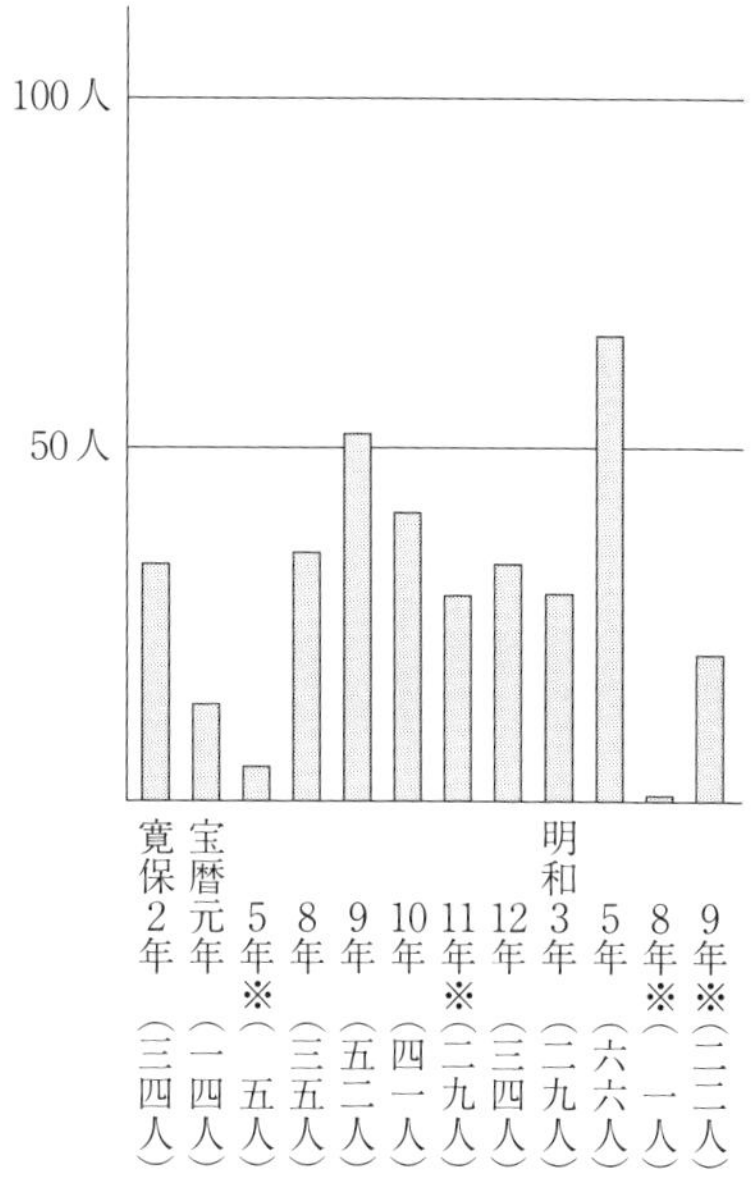

図1　伊予小松藩からの遍路数

享保十一年（一七二六）の小松藩の人口は一万一二二二人とみられ、年間平均遍路を四八人とすれば、二三四人に一人の割合で遍路に出かけたことになる。小松藩の遍路数を四国の各藩の平均値として試算すれば、四国全体の遍路は五〇〇〇人台から七〇〇〇人台と考えられる。その上で、四国全体の遍路と四国以外からの遍路の比率を勘案して年間の遍路の総数を推計すると、比率を同率とすれば一万人台から一万四〇〇〇人台となり、四国以外の比率を二倍にすれば一万五〇〇〇人台から二万一〇〇〇人台になるだろう、と捉えている。

西国巡礼の年間の総数は『熊野年代記』によると、江戸中期以降の文化、文政年間（一八〇四―三〇）では一万五〇〇〇人台から二万人台であった。四国遍路も西国巡礼に近い人数があったとみることができる。

江戸時代の遍路の動向について注目した研究者の今一人は前田卓である。前田卓は当初遍路墓の調査を試みたが、文字の判読が困難なことや遍路墓が霊場以外に無数あることからそれを断念する。それに代わって、四国霊場に残された過去帳を手懸りに、一三四五人（そのうち江戸時代は一一八五人）の遍路を抽出し、年代別に考察した。それによると、寛文年間（一六六一―七三）に江戸からの遍路が初めてみられ、元禄年間（一六八八―一七〇四）には隔年ごとに阿波、讃岐、備中などの遍路が出てくる。次の宝永年間（一七〇四―一一）には毎年遍路が見出せる。しかし、その人数は極めて少なかった。その数が増加し始めるのは十八世紀中葉の寛保、延享、宝暦の頃である。宝暦元年（一七五一）、二年には五人であったが、六年、九年には八人となる。明和元年（一七六四）には二桁の数字となる。この死亡した遍路の数と、遍路道にある丁石も宝暦、明和年間に建てられたものが多くそのことと符号する、とも指摘している。宝暦、明和年間には遍路講が各霊場付近の村落に発生したことも盛行の一因として挙げている。

やがて寛政年間（一七八九―一八〇一）から急激に増え、享和年間（一八〇一―〇四）には更に増加する。江戸の後期の文化八年（一八一一）から嘉永四年（一八五一）までの間には年間二〇〇人から三〇〇人の遍路を記録するほどであった。その結果、前田卓は、江戸時代の遍路の最盛期は、文化、文政時代であろうと捉えている。

前田卓の研究は過去帳に記録された死亡した遍路であるが、その他の資料とも符号するところがある。土佐藩が遍路規制をしたのは寛文三年（一六六三）であり、それ以前は遍路の数も問題にされなかったが、遍路が増加したために規制したものである。そして既に述べたように真念の『四国邊路道指南』が貞享四年（一六八七）に発行され、以後真念と寂本の書物が発行されたことや、細田周英による『四国偏礼絵図』の発行などが遍路の呼び水になった。

『会所日記』の記録を分析した新城常三の試みと、過去帳を手懸りにした前田卓のデータとには似通った傾向が見受けられる。宝暦、明和年間（一七五一―七二）から安永年間（一七七二―八一）にかけての時期が遍路の第一のピークであった。第二のピークは文化、文政初期である。

今一つ近年の研究として、札所で接待を受けた記録を基に動向を分析した試みがある。井上淳「近世後期における四国遍路の数量的考察―「於仏木寺接待」の分析―」（『巡礼と救済―四国遍路と世界の巡礼』二〇〇七年）では、第四十二番札所・仏木寺で行われていた接待の記録から江戸後期の遍路の動向を捉えている。文政八年（一八二五）から嘉永七年（一八五四）までの約三十年間（天保元年、同二年は欠落）で四一六六人の遍路が接待を受けている。年平均では一六一人であるが、最も多いのは天保三年（一八三二年）で三六五人、少ないのは弘化二年（一八四五）の四六人であった。注目すべきことは、天保三年から同十年までは二〇〇人を超える年が多いことである。それは前田卓の過去帳による調査とも符合している。

このような遍路の動向、年間総数の推計を裏付ける資料が残されていることが近年判明した。江戸時代後期の寛政年間に土佐藩佐川領を見廻りした役人の記録に遍路数の記載が残されていた。明治大学博物館に所蔵されている『寛政十三年改亨和元年　酉春西郷浦山分廻見日記』の下横目三八には、寛政十三年（改元されて亨和元年〈一八〇一〉）の項に次のように遍路の人数が記されている。

遍路通行当時一日ニ弐百人位、去年分縮高弐万千八百五拾壱人、内千七百九人逆遍路
但盛ニ通行仕候時者一日ニ三百人及申候事

これによると、一日当たりの遍路数は二〇〇人程度で、最盛期には三〇〇人にも及ぶこともあった。その上で、寛政十二年の「縮高」を二万一八五一人と詳細に記している。そのうち札所を逆に廻る「逆遍路」は一七〇九人と正確に記している。

土佐藩は遍路を厳しく取締り、出入り口を阿波からは甲ノ浦口、伊予よりは宿毛口の二ヵ所に限り、それ以外の口からの出入りを認めなかった。土佐藩が発した遍路に関する法令で最も古いのは寛文三年（一六六三）で、遍路が増え始めた頃であった。「辺路御境目出入改方之事（一）」では次のようにある。

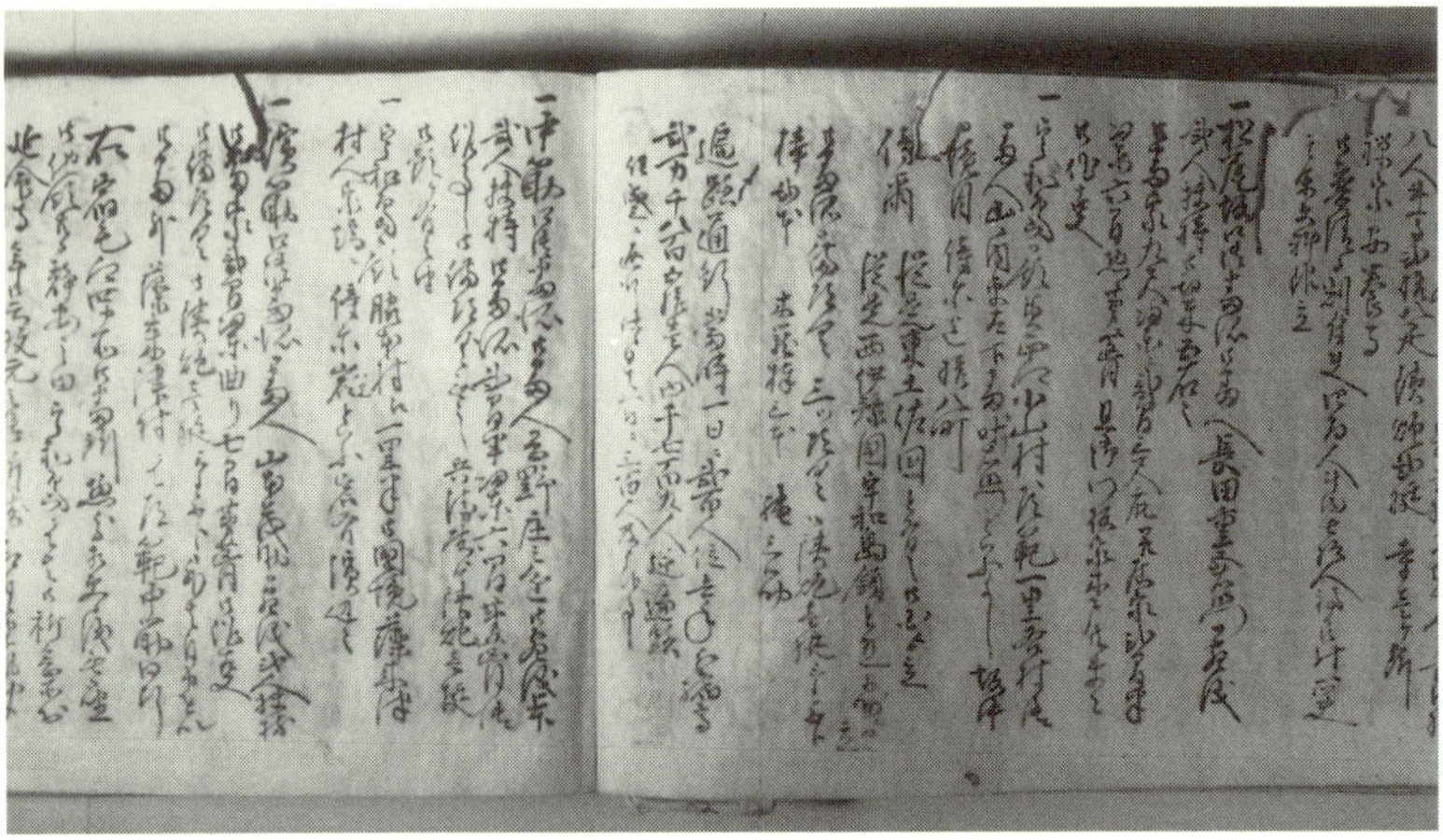

『寛政十三年改享和元年　酉春西郷浦山分廻見日記』（明治大学博物館蔵）
（中央部に遍路数が記されている）

一辺路は札所順路ニ而候間、甲ノ浦口・宿毛口ヨリ入可申候、其外之道口ヨリ堅入申間敷候、右番所ニおゐて、辺路令所持候国手形見届入可申、御国中於村〻ニ無用ニ数日滞留之節は、其所之庄屋江相断、先〻江通可申事、

右寛文三卯八月廿一日

（広江清編『近世土佐遍路資料』一九六六年）

土佐藩では国手形（往来手形）を持つ者に限り入国を認め、滞在日数も三十日と制限していた。日数を超える場合は庄屋に届けるように命じていた。これと同じ主旨の通達は寛文四年、延宝元年（一六七三）、元禄、宝永などに度々発している。土佐藩は出入口の番人への取り扱い心得として、天保八年には次のような通達を発している。

辺路改方之義、生国往来切手ハ不及沙汰、納経幷路銭有無共入念相改、若納経無之者ハ乞食ニ紛敷ニ付、速ニ追返可申事、

（広江清編　前掲書）

土佐藩は国手形の所持以外に、納経帳を所持している者だけを遍路とみなし、それ以外は乞食とみなして追い払っている。その理由は、冬の寒い時期に暖かい土佐に多数の遍路が入り込み、住民の治安が乱れることを警戒したことによる。

そのような土佐藩が記録した『寛政十三年改享和元年　酉春西郷浦山分廻見日記』は、当時の役人が人数を正確に記載したもので、資料の信憑性は極めて高いものである。この資料が四国遍路の年間総数を記録した唯一の貴重なものである。寛政年間は新城常三や前田卓の調査でも遍路が増加する時期で、当時二万人を上回る遍路があったと捉えることができる。

このように幾つかの資料を手懸りに江戸時代の四国遍路の動向、年間の総数を分析すると、江戸時代初期には道路、架橋が整備されず、宿の施設もなく、遍路の数も少なかった。中期以降には遍路屋の宿泊施設が造られ、巡拝の案内書や絵図が出版されて、遍路の数は増加する。その後も時代によって変動はあるが、年間二万人前後の遍路があったと言える。

第四節　遍路の出身地と階層

江戸時代の中・後期には、狭い四国に霊場を廻るために約二万余りの人びとが集まってきた。果たしてその人びとはどこから来ていたのか、その出身地(国名)を見てみることにする。併せてどのような身分、階層の人が廻っていたのかも捉えてみることにする。そこには西国観音巡礼とは違った四国遍路の特徴も見られた。それらを知る手懸りには古文書の文献以外に、過去帳や納札などがあった。

一　遍路の出身地

遍路の出身地・国元を調べた調査は、前田卓の過去帳調査による成果が注目される。それによると、国元が判明した一〇七一人の中で最も多かったのは阿波で約一割(一二五人)である。次いで、紀伊(八四人)、讃岐(七九人)、備中(七三人)、摂津(六七人)と続き、これら五ヵ国が上位グループである。それに次ぐのは播磨(四九人)、伊予、安芸、備後(共に四五人)である。遠隔地では武蔵(二五人)、尾張(一一人)、奥州(八人)などが挙げられる。

その結果、遍路の国元では土佐を除く地元四国の阿波、讃岐、伊予と、その対岸にあたる近畿の紀伊、摂津、播磨、そして山陽道の安芸、備中、備後などが多いことがわかる。

遍路の国元を納札を手懸りに調査したのは喜代吉栄徳である(「辺路札について」『四国辺路研究』第二号 一九九三年)。喜代吉栄徳は高知県と愛媛県の三ヵ所に残された江戸時代後期から幕末までの納札を出身地別に整理した。高知県幡多郡大月町の西田家に保存されていた納札が最も多く、資料価値も高かった。それによると弘化二、三年(一八四五、四六)頃の納札八五六八の半数にあたる五一%は地元四国の出身者であった。その内訳は阿波が最も多く、一九・八%を占め、次いで伊予が一二・九%。讃岐九・八%、土佐八・六%となっている。四国以外では近畿地方が二〇%、中国地方が一八・八%と続く。この三つの地方で全体の九割を占めている。四国以外で遍路を多く輩出している地域は、対岸の備中(五三四人)、紀伊(四〇〇人)、備後(三七五人)などである。

納札で遍路の国元を調べた成果の今一つは、クワメ・ナタリー(Kouamé Nathalie)と内田九州男の研究である。二人は喜代吉栄徳と同じ手法で、善根宿を提供していた愛媛県今治市の越智家に残された納札を調べた(「江戸時代の一、三〇八枚の史料について―伊予国阿方村越智家の遍路札―」『愛媛大学法文学論集 人文学科編』二 一九九七年)。解読できた六五八枚の札の出身地別を見ると、四国地方が二二〇枚(三三・四%)で、その内訳は阿波八〇枚、伊予七八枚、讃岐四五枚、土佐一七枚となる。次いで中国地方が二〇五枚(三一・一%)、近畿地方が一一七枚(一七・七%)と多く、以下九州は六八枚、関東二三枚、中部一九枚、東北六枚と少なくなっている。四国と中国地方それに近畿地方を合わせると八割を超える。

接待の記録を手懸りにして江戸後期の遍路の動向を試みた井上淳も、遍路の出身地について言及している。総数四一四〇人の中で圧倒的に多いのが仏木寺の所在する伊予で、全体の一四三八人で三四％を占めている。次いで土佐（二七二人）、讃岐（二六四人）、阿波（一八二人）と四国の国が占めている。以下安芸（一四二人）、紀伊（一三五人）、摂津（一二九人）、山城（九二人）の順になる。いわば四国四県で五二％を占めている。それに対岸の紀伊、摂津、播磨、安芸、備前、備中、備後などの地域が多い。

しかし、この仏木寺の接待の記録には特殊性があることを井上淳は触れている。それは接待を施した三引高月家は吉田藩の御用商人であって、接待は経済的に深く結ばれていた地域への社会還元の意味合いが強かった。毎年七月二十五日に接待することは近郷に宣伝していた。併せて、記録には「七ヵ所」や「三ヵ所」の記述があって、日帰りや一泊程度で三ヵ所や七ヵ所の札所詣をする遍路も含まれていた。そのためデータに偏差が生じていると判断した井上淳はデータを修正している。吉田藩領を除外するなど伊予藩からの遍路数を三七〇人と大幅に減じた。再集計したところ四国地方は三五％、近畿地方が二一％、中国地方が一九％、中部と九州地方は各九％となる。このデータは前田卓による過去帳の調査に近いものであった。

これらの各種の調査結果を見ると、地元四国と対岸の各国の遍路が多いことで、それは妥当である。伊予小松藩では年平均四八人の遍路を輩出しているが、それは地元の遍路の多かったことを示す根拠でもある。その中にあって土佐の遍路が少ないことがわかる。その理由は、既述のように土佐藩は遍路の入国を厳しく制限したが、併せて自国から遍路に出ることも制限したことによる。「土佐の国人は他国へ不出と云〻」（「歳番日記」『日本都市生活史料集成』七一九七六年）とか、寛政三年（一七九一）には自国からの遍路を規制する次のような通達を発している。

（前略）壱ヶ村より惣代として壱人宛近村申合可願出候若近村同行無之時ハ弐人可願出候無益ニ銀銭を他国江持出遣捨候儀御趣意ニ不相叶、（後略）

（広江清編　前掲書　傍点は筆者）

これは一村から総代が一人として、近隣の村の総代と二人で出かけることとしたものである。近隣の同行がいない場合は、一村から二人を認める内容である。土佐藩の庄屋であった新井頼助と西本兼太郎はそれぞれ巡拝日記を残している。それによると、新井頼助は彦兵衛と二人で廻っている。彦兵衛の身分は記されていないが、頼助は信仰と行楽・見聞を兼ねた旅であったので、荷物も多かった。彦兵衛はその荷物を背負っていたので、多分奉公人であったと思われる。

西本兼太郎も同行人を記していないが、途中隠語で「ごます」と呼ばれていた酒を買い求め呑んでいる。そして、「京屋申酒屋ニてごます買弐合五勺三十六文弐人組いろ〳〵有よき町也」（傍点は筆者）と綴っている。このことから多分二人で廻っていたと言える。土佐藩が自国から遍路に出ることを制限した理由には、「無益ニ銀銭を他国江持出遣捨候」とあることから、他国に銀銭を持ち出して使い捨てることを避けたい意向もあった。

四国以外の対岸の山陽道も多かった。新城常三は備中浅口郡乙島村から遍路に出た記録を調べ、天保十四年（一八四三）から明治三年（一八七〇）までの十六年間（一部の年代は欠落）で三六五人あった。それは年平均二三人となる。浅口郡は遍路が盛んで、接待講が近年まで行われていた。文政二年（一八一九）に土佐藩の庄屋・新井頼助は奉公人と思われる彦兵衛と二人で遍路をした。新井頼助は道場寺に向かう折に接待を受け、「所々備後ヨリ摂待ニ来る人〻夥敷銭或ハわらぢ等也」（広江清編　前掲書）と記している。安芸藩からの遍路も多いが、その例として文政八年には江田島村から遍路に出た男性四六人と女性三人の四九人であった。安芸藩は伊勢参宮や西国巡礼を度々禁止しているのもかかわらず、抜けるように出立して未帰還者が五人あった（『新修広島市史』第四巻　一九五八年）。

紀州からも多くの遍路があった。紀州には弘法大師が開いた高野山があって、入定した祖廟・奥の院もある。紀州の人びとは大師信仰に篤く、遍路に出かけるばかりではなく、接待講を組織して四国に多くの品々を運んで札所で接待するほどであった。紀州接待講は第二十三番札所・薬王寺の門前で春彼岸の終わった後に一、二週間接待を行った。有田接待講と野上接待講は第一番札所・霊山寺の境内において接待船で運んだ三宝柑、草鞋、手拭い、下着などを接待してきた。

江戸時代には本州から四国に渡るルートの一つに紀州・加太浦より阿波・撫養、岡崎に上陸する経路があった。その船便には遍路も多く含まれていた。船賃は一三里三匁であったが、船主は遍路には船賃を軽減している。それは弘化三年（一八四六）の「阿州江之渡海船引受候者共仲間定」に、「但、難渋之四国遍路者定外ニ軽キ船賃ニて渡海為致極々難渋者ハ無銭ニて乗合取計候筈」と記されている（「渡海船一件留」『和歌山県史』近世史料　一九七七年）。

大坂の摂津は商都して栄え、多くの人口を抱えて、全国各地から物資が集まってきていた。大坂はいわば「天下の台所」と呼ばれた。人の往来も盛んで、四国とは船便が発達していた。真念の『四国邊路道指南』は大坂心斎橋筋北久太郎町の版元で出版されている。同書の中では、摂州大坂より阿波徳島への渡海ルートと讃州丸亀への渡海ルートの二つを挙げ、案内・仲介者の名前や船賃（徳島、丸亀ルートともに「白銀弐匁」）と距離数も記しているほどである。真念は遍路に出る人の便宜を考えて案内書に書き添えている。

播州から遍路に出た数も多かった。その一例として加東郡le田村（現在の兵庫県小野市）から遍路に出た記録が古文書として残されている。それを研究した山田正雄によると、姫路の東に位置する黍田村から四国遍路に出た事例は六例あった。最も早いのは明和五年（一七六八）で、六十九歳の太郎兵衛という老人であった。それ以外の人びとも父や兄の供養、二人の亡き妻の供養などと真摯な信仰の発露であった（『黍田村に生きる人々』一九八四年）。

有田接待講の接待船（昭和45年）（前田卓提供）

有田接待講の本部（昭和40年代）（前田卓提供）

以上のように、四国遍路には地元四国と対岸の山陽道の備前、備中、備後、安芸の各藩、次いで紀伊、摂津、播磨など、地理的に四国に近い地域の人びとの多かったことがわかる。

それに対して、遠隔地になるにつれて遍路の数は少なくなる。その中にあって、尾張や武蔵からの遍路が比較的多い。名古屋では元禄二年（一六八九年）の町触に、「近年、御城下町中男女、西国順礼四国辺渡仕候者共年々多ク罷成、去年当年は別而多罷出候由相聞へ候、（中略）年々右通り御領より大勢遠国へ罷出候ニ付」とあり、相当数が巡礼、遍路に出かけたことがわかる（『名古屋叢書』第三巻　一九六一年）。

東国の人は四国遍路を単独で廻ったのではなく、伊勢参宮や西国巡礼と兼ねて遍路を行った。例えば、文化九年（一八一二）に常陸国久慈郡高柴村（現在の茨城県久慈郡大子町）の農民益子廣三郎ら四人が西国巡礼した際の日記「西国順礼道中記」が残されている（『大子町史料』別冊9　一九八六年）。それによると、益子らは江戸に出て東海道を上り、伊勢に参宮して後に西国巡礼を始めた。那智山から巡礼を始め、紀州、奈良、大坂、近江を廻り、京に入洛して名所見物をする。その後、西に進んで中山寺を詣って高砂に出た。そこから四国の丸亀へ渡り、金比羅宮に参拝している。その足で「四国辺路札所へ行」と記して、善通寺、甲山寺、曼荼羅寺、弥谷寺などにも参詣している。四国から備前の下津井に上陸して再度西国巡礼を開始している。東国から西国に出かけ、ついでに四国まで足を延ばしたのである。

更に遠い奥州からの遍路もあるが、その数は極めて少ない。四国の西に当たる九州では北九州の豊後、肥後、肥前などからの遍路は比較的多い。それに対して、南九州の大隅、薩摩などは低調であった。

二　遍路の階層

四国遍路には、女性や社会の下層の人びとが比較的多かった点が注目される。女性遍路の多さは、伊予小松藩の

『会所日記』の四十年分の記録を分析した新城常三によると、一九二五人の男女比率は六七％対三三％で、三分の一が女性である。備中の乙島村の場合は女性が半数近くに及んでいる（新城常三　前掲書）。女性遍路が多い理由には、女性が大師講の講中として信仰心に篤かったことや、遍路が女性の通過儀礼と結びついていたことなどが挙げられる。松山、宇和島などの四国各地や瀬戸内島嶼などには嫁入り前に遍路に出かけ、大人の仲間入りをする習慣があった。また、経済力の弱かった女性にとっては、遍路の費用が安かったことも増加の一因でもあった。

西国巡礼では、大坂で芝居の観劇や飲食、京においては祭りや内裏見物など行楽的要素が含まれていた。宿泊も一泊二食付の旅籠で高い値段であった。そのために、巡礼者は武士階級や富裕な上層の町人、農民であった。それに対して、四国遍路では様々な階層の人びとが霊場を廻っていた。土佐藩の安芸郡奈半利村の庄屋であった新井頼助や、土佐郡朝倉村の庄屋・西本兼太郎も遍路し、その道中や支出した金銭の記録が残されている。その他にも、伊予上野村の庄屋・玉井元之進や、讃岐の庄屋・佐伯藤兵衛、阿波名西郡上山村の庄屋・粟飯庄太夫なども遍路をした記録を残している。彼らは庄屋の身分であったことから他国の見聞を広める目的も含まれていた。松山や徳島の城下の見物、芝居の観劇をして、他国の街並みやその地方独自の文化にも触れている。そして札所以外の神社仏閣などにも参拝していた。

他方、病気を患いその回復を願う人、不始末や借財を抱えて国元を追われた人も少なくなかった。それらの人びとは金銭の持ち合わせはなかった。和歌山藩士で学習館の教師の妻・小梅の日記には、「誠ニ此節一統セ間一さく也、かろき者ハ病或ハこじき又ハ四国へ出る見聞も哀至極之事共也」と書かれている。かろき者とは貧者で、下層の人びとは四国遍路に出かけたことが述べられている（「小梅日記」『和歌山県史』近世史料Ⅱ」）。生活に窮した人びとは遍路へと出かけたことから、土佐の風俗について述べた次のような文献もある。

辺路とハ、専ら下等之賤民仏教熱心の余り（中略）毎年春夏の間ハ、信仰の民夫妻・子弟、若くハ隣人相伴ふて郷里を出て、各本業を廃棄なすニも拘らす、懇ニ山間僻郷を廻くり、到る処仏号を唱し福利を祈り、各札所ニ納むるに其名札を以テス。如此きもの年々廻国度数を重ぬるを以て冥福を得るとなし、頗る其徒の栄となすに至る。

（「私本土佐国風俗記附録」『高知県史』民俗資料編　一九七七年）

これは遍路の階層が「下等之賤民」として、貧困者が農業を放棄して山間僻地を廻って救いを求める姿が見られ、それが盛行であったことを述べている。

貧困層が多く押し寄せると、その中には悪質な輩も出たり、更に落ちぶれて乞食遍路となることも少なくなかった。土佐藩の文政二年（一八一九）の「覚」には、「近年他国者辺路ニ事寄御国内江入込、盗業且奇妙ヶ間敷致仕業諸人を誑し候者数有之赴《（趣）》」（『高知県史』民俗資料編）と記されている。これは遍路を語った偽遍路が悪事を働き、その数が多かったことを伝えるものである。

これらの下層の人びとの割合についての記述もある。阿波藩が貞享四年（一六八七）に他国から来る遍路について述べた「他国辺路」には、次のように書かれている。

（前略）然とも寺持之出家外ハ、俗人男女又者道心法主、或ハ百人之内九拾人も貧賤之町人土民、殊更其内奥州九州辺よりも罷越候、路銀丈夫ニ不持躰ニ相見、辺路之内於所々乞食仕、四国廻リ候様ニ相見へ候へは、（後略）

（「阿淡御条目」『徳島県史料』第二巻　一九六七年）

これは貧賤民が遠く奥羽や九州からも押しかけ、窮すると乞食をして廻ると述べている。その割合は一〇〇人中九〇人と記している。遍路の九割が貧民とは若干過大視、誇張されていると思われるが、傍目にはそのように映るほど多かったのであろう。新城常三は江戸時代の遍路の年間総数について、一万五〇〇〇人から二万人程度と試算している。その上で、乞食遍路はその一割強にも相当していたであろうと捉えている(新城常三 前掲書)。

これらの貧困層が遍路を続けられた背景には、幾つかの要因が考えられる。その一つは遍路の経費が他の巡礼に比べて格段に安かったことである。四国遍路では宿泊施設が十分に整わず、遍路たちは堂宇に寝泊りしたり、野宿をした。それを憂いた真念は遍路屋(真念庵)を各地に建立している。遍路は「修行」と呼ばれる「門付け」をしてその日の食糧を調達した。喜捨されたもの以外に米、味噌を買い求めて自炊しながら巡拝することができた。それに加えて地元住民や対岸の紀州、備中などの接待講による接待の品々で経費を切り詰めることができたからである。

八十八ヶ所の霊場を一巡するとどれぐらいの費用がかかっていたであろうか。庄屋たちが残した日記によると、玉井元之進は六十日間の遍路で四貫文かかっている。それは金一両に相当する。同じく庄屋の佐伯藤兵衛も四十三日間で銀二一匁九分八厘で、これも金一両に相当していた。彼らは庄屋でありながらも、質素な木賃宿を利用しての費用である。西本兼太郎は「飛脚遍路」で日数を少なくし、その上数ヵ所で善根宿の提供を受けているので総額は二六五四文と、玉井、佐伯両名の二分の一で済ませている。

経費の節約には宿賃が低額であったこともある。当時の遍路宿は木賃宿で米を持ち込み、炊飯の薪代を払うものであった。米を持っていない場合は料金を払わなくてはならなかった。副食は漬物の類で宿のサービスであった。土佐藩土佐郡朝倉村の庄屋・西本兼太郎は文化二年(一八〇五)に遍路した日記『四国中道筋日記』を残しているが、そこには木賃と米代金が記されている。それによると、米代金は土地や相場で変動するが、土佐では「壱升九十」とあって、これが米代の基本であった。実際に購入したのは「米七合五勺七十八文」となっている。木賃は六文から一五文と幅があった。食事、宿泊以外に必要経費は舟渡しの代金であった。これも、二、三文から三〇文までと差があった。これは川幅の長さや雨天による増水などで変動するものであった。

信者宅の娘と撮影した中務茂兵衛の写真（大正６年頃）（喜代吉栄徳提供）

貧困層が遍路に出かけられた今一つの要因は、四国の住民や紀伊、備中などから訪れる接待講による接待があったことである。地域住民は、米、餅、季節の野菜、果物などを始めとして、草履、手拭い、下着、舟渡し賃などを接待した。そして最高の接待は善根宿であった。善根宿では御馳走が振る舞われ、安心してゆっくりと休むことができた。

住民の接待で一生涯遍路を続ける人も珍しくなかった。周防国・山口県椋野《むくの》村生まれの中務茂兵衛は、幕末の慶応二年（一八六六）に二十二歳の時に出奔して四国遍路に出て以来、大正十一年（一九二二）に亡くなるまで国元に一度も帰らずに遍路を続けている。その間、喜捨や善根宿で遍路を続け、資金調達に施主を求め、自らが願主となって標石を建立するなどして二七九回の巡拝を重ねた。単純計算すると、一回の遍路に要する日数は約五十日で、年に七回廻ったことになる。茂兵衛が残した「諸日記」（明治四十二年―四十四年、大正八年、大正九年―十一年）によれば、宿泊した家の氏名が記されている。長年の遍路経験から茂兵衛は定宿をもっていたが、それは住民の善根宿でもあった。

中務茂兵衛のように篤い信仰心をもち、標石を建立するなど二〇〇回以上も遍路をしたのは例外として、貧困な遍路の末路は行き倒れであった。文政二年に遍路した庄屋の新井頼助も道中で行き倒れの遍路の死に出会っている。それを「七番十楽寺此寺より行道辺路の死人有り(中略)道〻そう〳〵ニも行合是程死人を見ると心細く思ふ事也」(『四国巡拝日記(仮称)』広江清編　前掲書)と記している。

貧困層が遍路、巡礼、六十六部などに出かけ、住民の喜捨、接待で生き延びた。そしてその末路について、文化十三年の『世事見聞録』には次のように記されている。

あるいは稼穡《かしょく》の業、その果《はて》は六十六部・四国回り・西国坂東順礼・千ヶ寺詣・二十四拝など、足弱の妻子を引き連れ、また老衰したるその身の独り立ちて、当《あ》て所《ど》もなく回国に出で、乞食・物貰ひになりて、知らぬ遠国辺土に回りゆき、野に伏し山に伏し、または堂社の境内・辻堂などに日を送り、あるいは番太といへる穢多・非人等に追ひ出され、あるいは暑寒飢渇の苦痛に堪へかねて煩ひを生じ、病苦を養生致すべき隙もなく場所もなく、今に死すべき身の置き所なく、一滴の水をも呑むこと能はずして路次に倒れ死《じに》するなり。

(武陽隠士『世事見聞録』一九九四年)

何らかの理由で国元を追われた人びとは、妻子を連れて全国各地にある霊場巡拝に出かけ、命を永らえた。『世事見聞録』は更に続けて、「窮民は他所へ稼ぎに出るか、または回国そのほか非人・乞食となりて他所へ出て、露命をつなぐほかなし」と述べている。

遍路には貧困層に加えて、疾病者も少なくなかった。天保九年(一八三八)の土佐藩の布告では、「老幼並びに病体之者ども数百人行掛かり病死せしめ、実に御厄介絶えざることに御座候間」と記され(平尾道雄「四国遍路と一考説」『日本歴史』第一六五号　一九六二年)、多数の病死者の対応に苦慮していることが述べられている。幕末の『聚類近世風俗志』にも、「最病人多し」とある。

身体に障害をもった人はその病の回復、救済を願って遍路に出かけた。彼らは松葉杖や箱車で霊場を廻っていた。その中には幸いにも病状が快復して松葉杖などを札所に奉納する人もあった。しかしながら、病気の中でも伝染する病気は家族や地域から放逐されて、行き場所を求めて四国遍路に出た。その病気の一つがハンセン病であった。貧困層や病人が住民からの接待で生き延びられたとしても、栄養状態も悪く、安眠することも出来ず、健常者に比べると落命する確率は高かった。

遍路は身元を証明する「往来手形」を所持する必要があった。往来手形は檀那寺、組頭、庄屋が発行していた。その上で、諸国の関所では通行を認める「添手形」が発行された。最も入国が厳しかった土佐藩の元禄三年（一六九〇）の布告には、

一辺路其身之国手形見届札所順路ニ而候ハ、甲浦口宿毛口より入可申也、其外之道口ハ堅可差留、右東西弐ヶ所之番人より添手形を出し、出国之節番人受取置通し可申候、（広江清編　前掲書）

とある。これは国元からの往来手形に加えて甲浦口と宿毛口で発行する「添手形」を入国の時に受け取り、出国では番人に返すことを伝えるものである。併せて土佐藩は滞在日数を三十日と制限して、それを超える時は庄屋が届け出ることを命じている。更に遍路は何時何処に宿泊したかを記した「日限書」を貰い、関所を出る時に番人に渡した。このように土佐藩は遍路の取締りが厳しく、遍路たちには「土佐は鬼国　宿がない」と恐れ嫌われながらも、多くの遍路が秋から春の時期には暖かい土佐に押し寄せてきた。

国元で発行された手形は、身元保証の内容が書かれているが、その文面はある程度定まっていた。書面の冒頭では当寺の檀家であるとか村人であることを記し、関所の番人に通行の許しの願いを書いている。また、夕暮れ時には宿

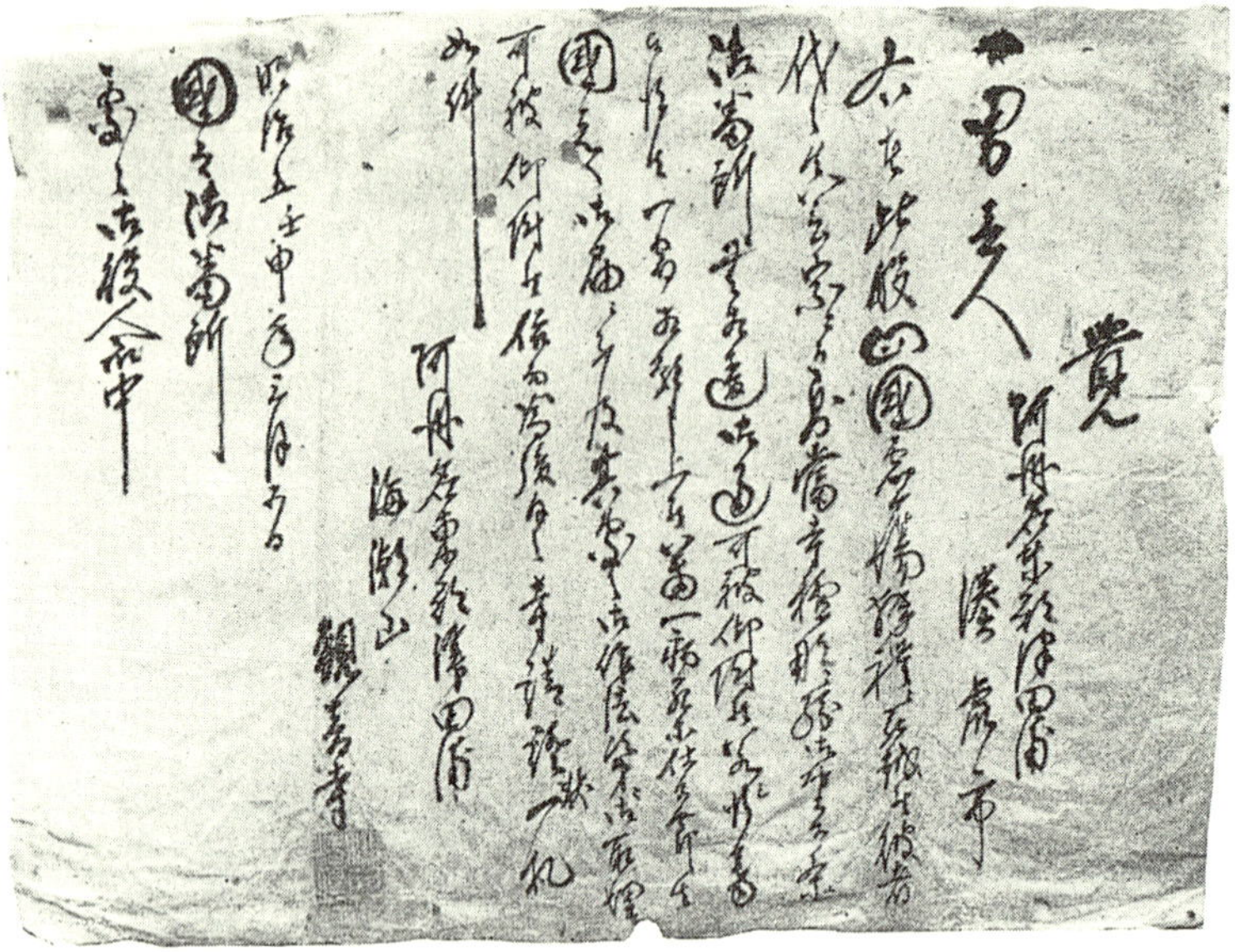

捨往来手形（前田卓提供）

の提供依頼を記した手形もあった。最後に「万一病死等仕候節者国元へ御届ニ不及／其処ノ御作法次第ニ御取埋可被付け候」などとも書かれている（前田卓　前掲書）。これは、「万一、病死した場合には国元に届けるに及ばず、その所の習慣に従って埋葬して下さればよい」と言うものである。この最後の文言からして、国元に帰らないこと念頭にしているので、これは「捨往来手形」と呼ばれた。「捨往来手形」は、途中で死亡する可能性が高い遠隔地参詣では通常に書かれるものである。地元四国の遍路の手形にはその文言は少ない。既述のように遍路の出身地は地元以外の畿内、対岸の山陽道などと広範囲であった。遠隔地からの遍路の持つ往来手形には「捨往来手形」も多くあった。「往来手形」は身分証明書であると同時に、通行、宿泊、埋葬の依頼状でもあった。「添手形」は各藩の通行許可書でもあった。

　同じ遍路でも路銀を持ち合わせて病気で命を落とした遍路の場合は、村人たちが残された路銀で墓石を建立して篤く供養した。しかし、接待で命をつなぐ貧困な遍路は盛り土の上に、笠杖などが差し置かれた簡素な墓であった。大正七年に娘遍路を体験した高群逸枝は、第三十八番札所・金剛福寺に向かう時、市瀬の真念庵に泊まった。そして「ここには取りわけ遍路墓が多い。遍路墓で殊にあわれなのは、道々、あるいは岡辺、あるいは渚辺の土饅頭の上に、ただ笠杖などの差し置かれてあるのをみることであった」（『お遍路』一九三八年）と、貧困層の遍路の末路の哀れさを綴っている。

江戸時代の四国遍路には下層の貧困層が多かったが、その傾向はやがて明治期にも受け継がれることになる。明治期には近代国家として治安面を担当する警察が設けられる。遍路でも偽遍路、乞食遍路が横行すると、警察はそれらを取り締まる「遍路狩り」を行った。それについては後の章で触れることにする。

第三章　「へんろ」の用語と「へんど」「へんろ」論争

四国八十八ヶ所の霊場を巡拝することを「遍路」といい、廻る人も「遍路」「お遍路さん」「お四国さん」と呼ばれている。現在では「へんろ」を「遍路」という漢字を当てている。

しかしながら、古文書や納札、石碑、札所寺院の壁、柱などに書かれた落書きを見ると、中世では「邊《辺》路」が使われ、近世に入ると「偏礼」「遍礼」「遍路」「徧路」などと様々な漢字が当てられている。そこには時代によって用語に幾つかの変遷があった。

また、「遍路」は元来「邊土」で、「へんど」と読み慣わすべきであるという見解もある。四国霊場を巡拝する「遍路」を「へんろ」とするか、それとも「へんど」とするべきか、その語源をめぐっては学術的な論争も起きている。更に「へんど」「へんろ」論争とは別の次元であるが、地元四国では「へんど」が呼称として使用されてきた。しかし、後に「遍路」が普及したことで「へんろ」が一般的になる。それに関連したのか「へんろ」という呼称と「ヘンド」を区別し、「ヘンド」を忌み嫌う風習もあった。

そこで、現在使われている遍路に関する用語についての時代的な変遷と、学者間における「へんど」「へんろ」論争について触れる。その上で、「ヘンド」が蔑視され、忌み嫌れた用語となった経緯について取り上げることにする。

第一節 「へんろ」の用語の変遷

遍路に関する記述は平安時代末期頃から出てくる。十二世紀初期の文献である『今昔物語集』では、「四国ノ邊地ト云ハ、伊豫・讃岐・阿波・土佐ノ海邊ノ廻也」と書かれている。同じく十二世紀末の『梁塵秘抄』には、「われらが修行せし様は、忍辱袈裟をば肩にかけ（中略）四国の辺地をぞ常に踏む」とある。そして『保元物語』（金比羅宮本）には西行法師の巡見が見られ、次のように述べている。

仁安三年の秋の比、西行法師諸国修行しけるが、四国の邊地を巡見の時、讃岐国に渡、とある。そして今一つには、「此西行は四国邊路を巡見せし」と書かれている。「邊地」と「邊路」を「片田舎の道」という同じ意味で使っている。

五来重は『今昔物語集』の「邊地」は「邊路」であって、「辺鄙な土地、あるいは海辺の土地という意味」であったとし、四国以外の伊豆の国の記述でも「極テ悪キ辺地也」とあるとして、「邊地」は「邊路」と書くべきである、と指摘している（『遊行と巡礼』一九八九年）。

鎌倉期（建仁三年〔一二〇三〕頃）の作として、東大寺大勧進聖人であった俊乗房重源の『南无阿弥陀仏作善集』には、「生年十七歳之時・修‐行《ス》二四国邊《ノフチヲ》一」とあり、振り仮名が付けられている。その「邊」は周辺の意味で「邊地」を指しているものと考えられる。

この頃には「辺地」以外にも「辺土」が同じ意味で用いられていた。『今昔物語集』には、「極楽世界ノ一辺地也」「定メテ極楽ノ辺土ニ、疑ヒ無ク至リニケム」とあり、「邊《(辺)》地」「邊《(辺)》土」の双方が使われている。世阿弥元清の謡曲『蝉丸』にも、「邊土《へんど》遠境《ゑんきょう》」「邊土《へんど》閭人《りょじん》」などと出てくる。

「邊地」とは場所を指しているので、廻る行動が含まれていなかった。それが『醍醐寺文書』には、鎌倉期の弘安三年（一二八〇）頃と思われる文書では、修験者の修行について、

一　不住院主坊事者、修験之習、以両山斗藪瀧（籠）山千日坐厳屈（窟）冬籠、四国邊路三十三所諸国巡礼遂其藝、（後略）

とある。新城常三は、この文言から「邊路」は場所を示すこれまでの用法とは異なり、「四国を邊路するという行動を示すもので」あると述べている（新城常三　前掲書）。

『勝尾寺文書』にも、天正年間（一五七三―九二）の事項で、

此両人為辺路罷儀候、一宿等之儀被仰付候て給候者、可為祝着候、我々辺路望儀候へ共、（後略）
（『箕面市史』資料編二　一九七二年）

浄土寺の落書き（前田卓提供）

と、二ヵ所に「辺路」が出ていて、「廻る人」となる。
札所に残る落書きを見ると、「邊（辺）路」と書かれたものが多くなる。第八十番札所・讃岐の国分寺の本堂に残る永正十年（一五一三）の落書きや、第四十九番札所・浄土寺の大永年間（一五二一―二八）の落書き、土佐一の宮の壁板の落書き（元亀二年（一五七一））には、「四国辺路」とか「四国中辺路」などと書かれている（西園寺源透　前掲論文）。
平安時代では遍路は「邊地」と呼ばれて辺鄙な場

所の意で使われていたが、鎌倉期や室町期には「邊路」「辺路」と書かれてくる。その上で、場所の意味から行動する意味、「廻る人」に変化するようになる。それが江戸時代に入ると、様々の漢字が当てられていく。

漢字の用語ではないが、江戸時代初期の寛永八年（一六三一）の浄瑠璃『せつきやうかるかや』には、「四こくへんとハ八十八か所とハ申すなり」とあり、「へんど」が出てくる（天理図書館善本叢書和書之部第五十巻『古浄瑠璃続集』一九七九年）。漢字として書かれた「へんろ」の用語は案内書、絵図などにも出てくる。

遍路の最初の案内書は貞享四年（一六八七）に宥弁真念によって書かれるが、その題名には『四国邊路道指南』とある。その後、元禄二年（一六八九）に高野山の宝光院住の学僧・雲石堂寂本は真念の蒐集した資料で編集した『四国偏礼霊場記』を出す。寂本は翌年に『四国偏礼功徳記』をも出版する。寂本は更に「曳尾子」の名前で元禄十年に『四国偏礼手鑑』を著している。

四国霊場の最初の地図は、宝暦十三年（一七六三）に細田周英敬豊によって発行されているが、そのタイトルも『四国偏礼絵図』となっている。真念の『四国邊路道指南』は好評を得たので、その後増補して「増補大成」として度々発行されることになる。それは今で言うベストセラーであった。例えば、明和四年（一七六七）の再版では表題が『新板大字　四国遍ろ道志るべ』とあって、内題は『四国偏礼道指南増補大成』となっている。また、文化十二年（一八一五）の再版の表紙では『四国偏礼道指南増補大成』と題名を変更している。

寂本はこれまでの邊土、邊路を改めて「偏礼」「遍礼」を用い、「へんろ」と振り仮名をしている。表題の『四国霊場記』は外題であって、内題として「四国偏礼霊場記序」と「四国遍礼霊場記叙」の二つを使用し、その後本文中では「遍礼」に統一されている。偏礼、遍礼は寂本の発案であると考えられる。寂本は元禄三年に『四国偏礼功徳記』を出版するが、外題は「偏礼」としながら、贅録の冒頭では「遍礼《へんろ》八十八ヶとさだめぬる事」とあって、その後にも

「遍礼の事」「四国遍礼」などと書かれている。いわば「偏礼」と「遍礼」の二つを用いている。

寂本が「偏礼」「遍礼」を用いた背景には、信仰的高揚を心掛けたものと思われる。寂本が信仰的高揚を狙った一つに、『四国偏礼霊場記』の巻一は、「讃州上」で「五岳山誕生寺善通寺」から始まっている点に見出せる（近藤喜博『四国霊場記集』別冊　解説　一九七四年）。寂本は弘法大師を尊崇し、大師の誕生寺である善通寺から『四国偏礼霊場記』を書き始めた意図が伺える。

真念が貞享四年に出版した最初の案内書『四国邊路道指南』では「邊路」としている。そこには寂本は関わっていなかった。寂本が関与した『四国偏礼霊場記』やその後の『四国偏礼道指南増補大成』での表記には「偏礼」と変更している。細田周英による『四国偏礼絵図』も「偏礼」を使用している。それは寂本、真念の影響と言えよう。細田は絵図の左下に地図の製作趣旨として、

高野大師讃州に御降誕在しニより、（中略）周英延享四年の春真念の道しるべを手鏡として大師の遺蹤を拝礼せしに、西国卅三所順礼等には絵図あれとも、四国偏礼にはなきことを惜しんで略図となし、（後略）

とある。細田にも大師への尊崇の念と、寂本、真念の影響があった様子が伺える。

「偏礼」は寂本が発想して、真念、細田などが使用したものである。しかし、細田が地図を発行した後、大坂と地元四国の版元から発行された地図が多く出まわる。細田の地図の版元である大坂の佐々井治郎右衛門や柏原屋清右衛門、地元の明石寺茶屋や伊予宇和島領虎屋喜代助の版元から出された地図には「四国偏礼」と題が付けられている。その後、寛政八年（一七九六）の九皋主人写『四国遍礼名所図会』にも「遍礼」が使われている。

文献以外に「偏礼」「遍礼」を用いた事例として、納札、石碑、納経帳にも見られる。第七十三番札所・出釈迦寺には文化八年に納められた札が残されている。その札には、肥後熊本の遍路六人が「同行六人」と記し、中央には

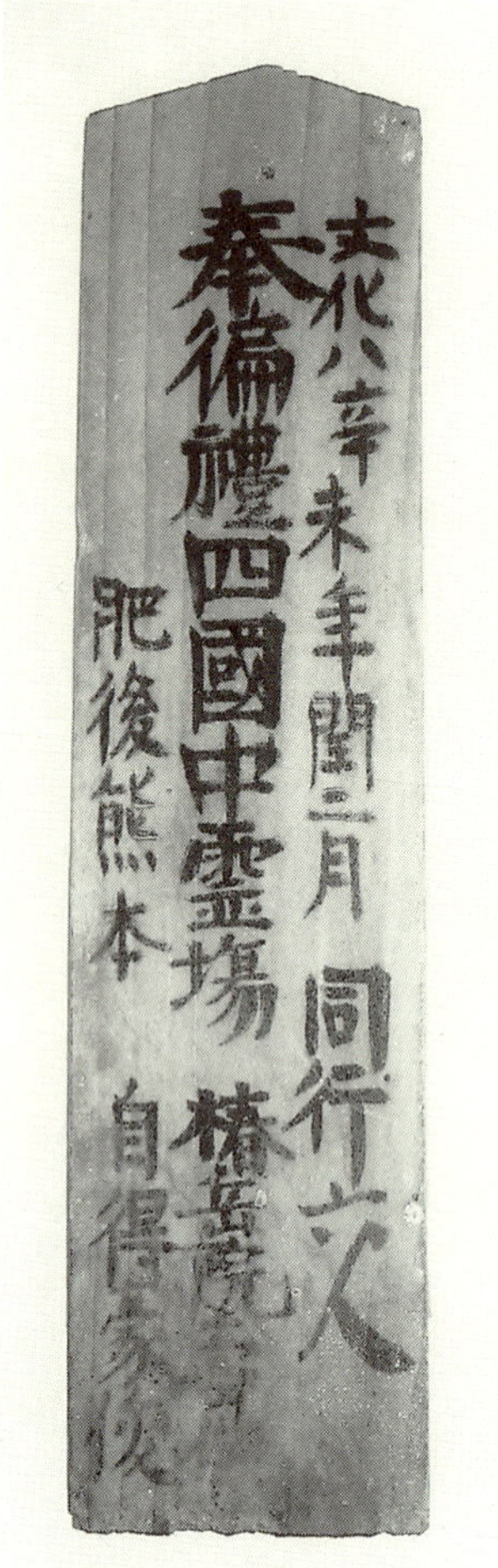

出釈迦寺に納められた「奉偏礼四国中霊場同行二人」と書かれた札（同寺提供）

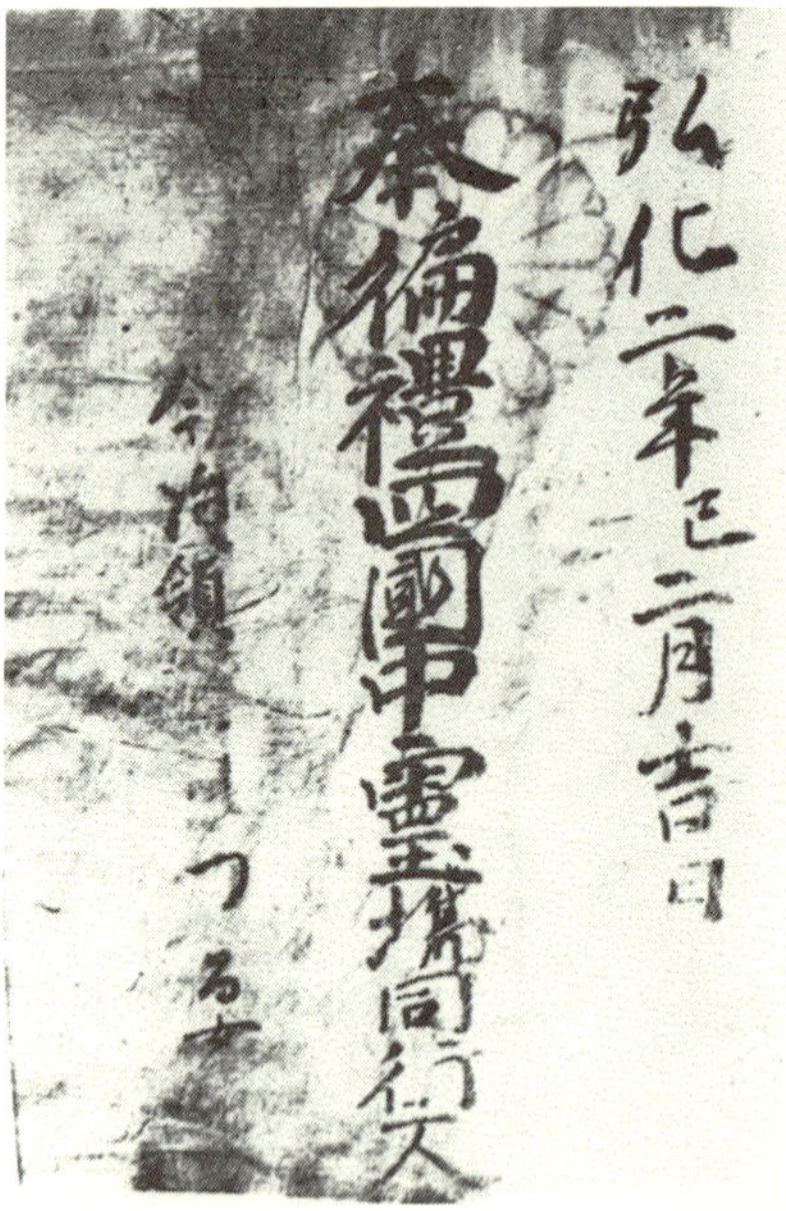

弘化２年の納経帳。表紙には「奉偏礼四国中霊場同行二人」と書かれている
（前田卓提供）

「奉偏礼四国中霊場」と書かれている。弘化二年の納経帳にも「奉偏礼四国中霊場同行二人」とある。これは伊予の今治領の「つる女」が残した納経帳に記されたものである（前田卓　前掲書）。

第十番札所・切幡寺の麓にある墓碑には「奉供養四国偏礼二十一度ノ為無上菩薩」と刻まれている（白井加寿志　日本印度仏教学会第55回学術大会シンポジウム「四国遍路」の発表資料）。石碑の人物は二一度も遍路していることから大師信仰に篤かったようである。また、明治四年（一八七一）の供養塔にも「遍礼」と刻まれている。それは信濃国北安曇野郡神城村の関口信義の供養塔で「奉四国西国神社仏閣遍礼供養」（口絵4）とある。

「偏礼」「遍礼」は、寂本、真念、細田周英の文献などを眼にした人には使われたが、さほど普及しなかったようである。むしろこれまでの「邊《(辺)》路」が使われ、納札や落書き、巡拝記の中にも多く見られる。

その中にあって、「遍路」という漢字を使う用例が出始める。現存する四国遍路の札で破損の少ない古いものは第五十三番札所・円明寺に納められた銅板の札である。この札は慶安三年（一六五〇）に京の平人家次が納めた札である。その中央には「奉納四国仲遍路同行二人」と刻まれている。これまで使われていた「邊路」から「遍路」へと移る兆しである。

この納札は大正初期に円明寺の住職・小笠原秀定が発見したものである。住職から連絡を受けた景浦直孝が、改めて調べて雑誌『歴史地理』第二四巻第一号（一九一四年）に掲載した「四国遍路」で初めて公表された（同論文では「家次」が「宗次」となっていたが、大正六年（一九一七）の『伊予史談』第三巻第二号の「円明寺と四国遍路」では「家次」と訂正されている）。

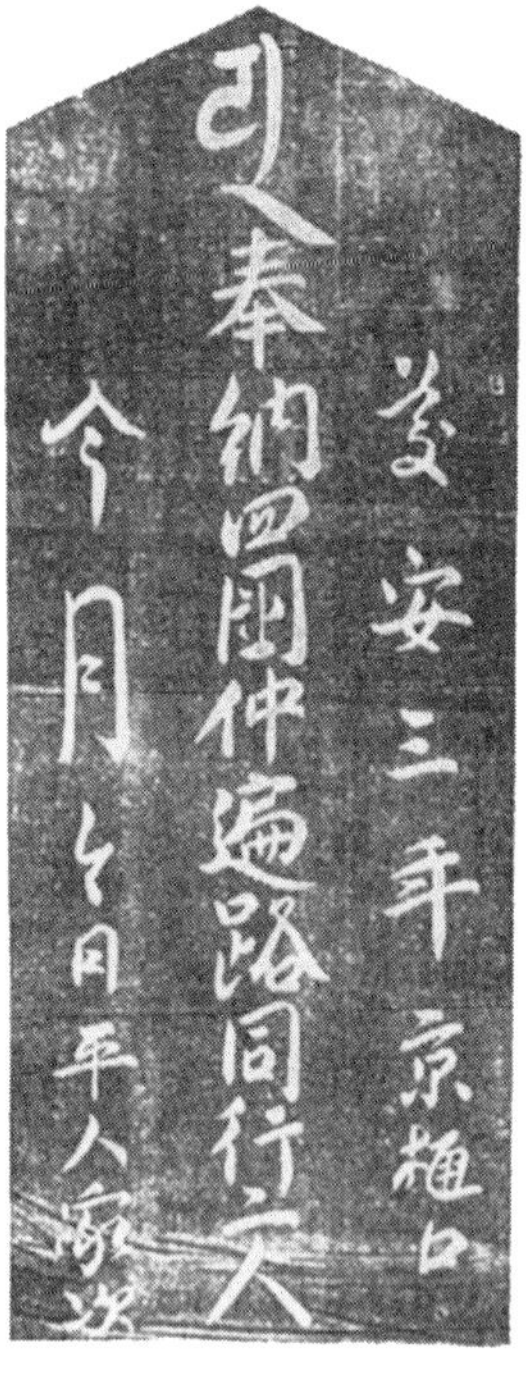

円明寺の銅板の納札
（前田卓提供）

ところが、近年この納札について疑問視する見解が出てきた。遍路研究家の小松勝記は、札が納められたのは奉納者・樋口平太夫の没後である、と指摘している。伊勢生まれの樋口平太夫の出生年代は不明であるが、小松が樋口の位牌や供養塔の刻印を詳しく調べたところ、没年は寛永二十年(一六四三)であった。寛永二十年は慶安三年の七年前で、その札は生前に樋口が納めたものではなく、歿後に納められたことになる。

また、札の刻印には「平人家次」のほかに「平人家」(島浪男『札所と名所　四国遍路』)の二通りがある。このことから、小松はこの納札は後世に捏造されたものではないか、と述べている(「円明寺銅板納札について」『土佐史談』第二五六号　二〇一四年)。

札の真偽とは別に、これに先駆けて「遍路」の文字は使われていた。それは鹿児島県川内市中村町にある戸田観音堂に祀られた尊像の墨書に見られた。観音堂の裏壁板の墨書には、応永十三年(一四〇六)の日付で「奉納/大乗/妙典/六十六部/日本/四国/遍路/錫伏/□仏/修業/□□」と書かれている(『川内市史　石塔篇』一九七四年)。その後、天文六年(一五三七)の作とされる『東勝寺鼠物語』にも、「谷汲にて札を納め、又四国遍路、坂東順礼なとして」とある。江戸時代以前にも既に「遍路」は使われていた。しかし、「遍路」の用語は多くは使用されず、それが普及するのは江戸時代の寛永、慶安の頃(一六二四—五二)ではないかとみられている(前田卓　前掲書)。

なお、それ以外「へんろ」の漢字として、「邉路」と書き記した事例がある。承応二年(一六五三)に、京都の智積院の悔焉房澄禅が四国遍路をして書き残した日記がある。澄禅は高野山に参拝した後、和歌山から四国に渡り、七月二十五日に井土寺から巡拝を始めている。要した日数は九十一日であった。澄禅の遍路日記は本格的な巡拝記と言える。その書名は『四国邉路日記』と記されている。納札でも「邉路」と書かれた札がある。第五十二番札所・太山寺に納められた「七ヶ所詣」の札にも「邉路」と書かれている(口絵5)。

その他にも「へんろ」の漢字として別の字を当てたものがある。文化十年には大坂の佐々井治郎右衛門が発行した『四国編路御詠哥道案内』では「編路」を用いている。十辺舎一九の『四国偏路独案内』には「偏路」が使われている。なお、「へんろ」を「へんど」と呼ぶべきである、という見解もあって、その時に漢字として「邊土」を当てる場合がある。放浪俳人・山頭火は昭和十四年(一九三九)に三角寺山麓で朽ちた墓を発見した。その墓石には「女邊土□□」と書かれていた。その詳しいことについては次節で述べることにする。

以上のように、平安時代末の「邊《辺》地」に始まり、中世では「邊《辺》路」が使われ、「邊《辺》路」はその後も使われるが、江戸時代にはそれに加えて「偏礼」「遍礼」「遍路」「遈路」「偏路」などの様々な漢字が使われていた。明治期以降は、一部の例外を除くと書名や俳句などの文献では「遍路」に統一され出す。それがやがて人びとに定着することになった。しかし、地元四国の人びとには「へんど」という呼称が残され、用語として「へんろ」か「へんど」か、をめぐって論争が起きることになる。

文化11年の『四国編路御詠哥道案内』
(関西大学図書館蔵)

第二節　「へんど」「へんろ」論争と「ヘンド」

遍路の研究は明治期になって始まる。遍路研究に最も早く着目したのは歴史学者の原秀四郎で、明治四十二年（一九〇九）の雑誌『有聲』（第三二号）で「八十八ヶ所の研究に就て」という一文を載せ、研究の重要性を指摘している。原は伊予の越智郡に生まれ、家の宗旨が真言宗であったことから、祖母から弘法大師の伝説を聞かされて、子供の頃に廻ってくる遍路に対して布施をした記憶もあった。そこで、遍路文化の重要に気付き、広く識者に研究を呼びかける提唱をしている。

一　「へんど」「へんろ」論争

遍路研究の口火を切ったのは喜田貞吉（一八七一―一九三九）であった。東京帝国大学の講師、京都帝国大学、東北帝国大学の教授を務めた喜田貞吉は、明治三十二年（一八九九）に自ら「日本歴史地理研究会」（後の「日本歴史地理学会」）を発足させ、機関誌『歴史地理』を発行している。

喜田貞吉は明治四十五年に『読史百話』を出版し、その中の「四国邊土」では次のような「邊土」説を展開している。

四国八十八ヶ所の霊場巡拝の行者を邊土《へんど》と云ふ。人其の字義を知らず。何時の頃より生賢《なまざかしら》の人の書き出しけん、之を遍路と書き、路を遍《めぐ》るの義なりと云ふ。今にては僧も俗も皆此の字を用ひ、口にはヘンドと唱へながら、文字には遍路と書く。中にはヘンドと云ふは方言の訛りなりとて、之を賤しみ、文字あるものは殊更にヘンロと唱

ふるあり。されど邊土と云ふこと古き称へなりしが如し。沢庵和尚の鎌倉記に、
浄智寺に入りて見れば、三間四面の堂一宇古き仏を安置して、何方《いづく》を開山塔と云ふべき様もなく、末流邊土の僧一人来りて、かつがつ茅屋小さく営み傍にあり。
とある邊土の僧是なるべし。又今昔物語に、
今は昔、仏の道を行ける僧三人伴ひて、四国の邊地と云ふは、伊予・讃岐・阿波・土佐の海邊の廻りなり。其の僧共其れを廻りけるに、思ひがけず山に踏み入りにけり。
とありて、邊地の僧三人鬼の栖家《すみか》に入りて馬となりたる奇談を載せたり。こゝに邊地とは海邊の廻りなりと云ふこと、（中略）此等の霊場を順拝すること、既に平安朝の比よりありて、之を邊地と称せしものなるべし。而して邊土と云ふは「地」の「土」と改まりたるものならんのみ。要するに邊土を遍歴する修行者の義にして、（中略）四国八十八ヶ所巡拝者に就いて特に斯く云ひしものなるべし。
喜田は沢庵和尚の『鎌倉記』に「邊土」が出てくること、それ以前の『今昔物語集』にも「邊地」とあることなどから、「邊土」が正しい使い方であると主張した。それを「生賢き」人は「ド」は「ロ」の訛ったものであると、こじつけしていると述べている。
その後、喜田は大正二年（一九一三）、『歴史地理』の第二二巻第一号の小欄「国土産」で同様の趣旨を述べているが、論調は一層厳しくなる。その題名は「四国へんど」として、これまでの「へんろ」という呼称に真っ向から反対するものであった。その冒頭で、「なまじ文字の知識ある連中は、文字になづみて土語を賤しみ所謂訛音匡正方言訂正の聲の中に之を改め様とする弊がある」と、当時の風潮を戒める論調になっている。これまでの「へんろ」という呼び方や「偏礼」「遍礼」「遍路」などの漢字を当てることに対する批判的見解である。そして小論では次のように続けて

いる。

（前略）四国には有名なる八十八箇所の霊場があつて、之を巡拝する所謂巡礼なるものが諸国から入り込んで来る。彼れ等は体よく云へば法捨を受けつゝ、体悪く云へば乞食をしつゝ、巡礼するので、土地では之をヘンドといふ。何時から書き始めたか知らぬが文字には之を遍路と書き、（中略）ロをドと訛つたものだと云つて、学校の先生などこれを態々ヘンドと匡正しようとするものがある。併し是は大きな間違いで、其の実邊土の霊場巡拝の修行者の謂なのだ。（中略）四国邊地即ち四国邊土で、遍路では意味をなさぬ。やつぱり土語の方が正しいのだ。

更に喜田は大正十一年、『民族と歴史』（第七巻第五号）に「お摂待《せったい》—四国遍路《へんど》」の小論を発表する。そこでは幼い頃に祖母に連れられて、遍路に接待するために道の辻に出た記憶を綴っている。その上で、墓地には「おへんどはんの墓」があったことにも触れている。

そして「おへんどはん」はすなわちお遍路様で、四国順礼のことを遍路と書いてヘンドというのだ、と記している。更に念を押すように「四国では順礼を遍路と書いて必ずヘンドと読む」とも述べている。そのヘンドの由来は「四国辺土の順礼ということから、ヘンドの名称が起ったといってもしかるべきものであろう」と述べている。

喜田は「邊土」説を主張したが、年代的に多少の変化が見られる。『読史百話』では「邊土」と漢字を当てているが、『民族と歴史』の「お摂待—四国遍路《へんど》」では、「遍路」を用いて「へんど」と振り仮名を付していることである。

喜田貞吉の「邊土」説は沢庵和尚の『鎌倉記』や『今昔物語集』の文献を手懸りにし、その上で四国では「へんど」と呼ばれていることを根拠にしたものである。

喜田の「邊土」説に対して反論したのが旧制松山高校の教授であった景浦直孝（一八七五—一九六二）であった。景浦は大正三年の『歴史地理』（第二四巻第一号）の談叢の欄で、「四国遍路」を掲載している。その中の「遍路と遍土」

の項で、自説の「遍路」説を述べている。

景浦は『佩文韻府引李益』に「邊路」と出てくることや、元禄三年（一六九〇）の寂本の『四国偏礼功徳記』の偏礼に「へんろ」と振り仮名がされていること、更に慶安三年（一六五〇）に納められた円明寺に残る納札には「遍路」と刻まれていること、また宝暦十三年（一七六三）の『四国偏礼絵図』にも「四国へんろ道しるべ」とあることなどから、「へんろ」説を掲げた。そして、続けて次のように述べている。

> 世に所謂遍路は矢張り「へんろ」にして唯邊路と書くが正しかりしをいつしか遍路となり又偏路（前掲の四国偏礼功徳記中に見ゆるもの）となり、誤て偏路とかくものあるに至りしものならむ。（後略）

その上で、「邊土」についても触れている。『佩文韻府引李益』にも「邊土惨裂」とあつたり、伊予の旧籍『伊陽郡俚言集』（宝暦十二年の写本）にも「近境邊土の隠士浪客」と出てくるが、「邊土は片田舎の意にして、現今の所謂遍路の意にはあらざるべし」と、「邊土」説を否定している。

景浦はその後、大正六年の『伊予史談』に「円明寺と四国遍路」の論文を掲載した。その論文の最後の項「遍路と邊土と云ふ言葉に就て」で、既述の『歴史地理』の内容を再び述べながらも、「但し我が愛媛県下の一部には『四国へんど』と唱える所なきにしもあらざれども之は偶以て地方の慣用語たるに過ぎざるなり」と述べている。

更に景浦は大正十三年に『伊予史精義』を出版するが、その第一章の「平安朝における新仏教と伊予」の附説で「四国遍路考」を取り上げている。その内容はこれまでに発表したものを基本にしながらも、一部が加筆されている。それは「かの遍礼（ヘンレイ）と云ふ語が、遍路（ヘンロ）と転化せりとする説（仏教大辞典）には賛することは能はざるなり」とか、「遍土なる語を武家時代より後にも片田舎の意として、用ひたることを知ると共に、邊土と遍路とは自ら別あることを知るに足れりとす」と述べている。その結果、景浦は再度「邊土」説を否定している。

喜田、景浦の「へんど」「へんろ」論争は、そのほかの研究者にも関心を抱かせた。その一人は、景浦とともに伊予史談会の創設に参加した郷土史家の西園寺源透であった。西園寺は昭和十二年（一九三七）の『伊予史談』（第二三巻第四号）に「四国霊場考」を掲載し、その最後の項で「ヘンロ考」を取り上げている。

西園寺は文献や落書きを見ると、いずれも「邊路」と書かれ、「寛永二十年以前の文献には皆邊路とあつて、遍路、偏路等と書いたものは見当らぬのである」と述べている。この点は、既述したように川内市戸田観音堂の裏壁板に書かれた墨書や、『東勝寺鼠物語』にも「遍路」と出てくるので疑問も残る。西園寺は、邊路が『佩文韻府引李益』の詩にも出てくるとして、次のように述べている。

（前略）邊路ハ邊土、邊地、邊境、邊陬と同じく「カタヰナカ」の義であつて、正しい熟字である。

遍路、偏路、偏礼、偏礼、遍礼等の熟字は見当たらぬ、而して是等の文字は慶安以後の文献に散見するもので、其以前の文献には無い様である。案じるに、寛永以後の半可通の人が、邊路邊土にては意をなさぬものとして、遍路、偏路等に改めたものであらう。

邊土に就ては、晋書東皙伝魏氏の条「謂可㆘徒㆓遷西州㆒以充㆗邊土㆖」とある。又李陵麹武に答ふる書に「邊土惨烈」とある。邊土は邊地邊鄙邊陲と同義で、かくも歴々たる立派な熟字となつてをる。

我伊予の民間に於ては、ヘンド、オヘンド、ヘンド札、ヘンド姿、グレヘンド、オゲヘンド、ヘンドの荷さがし、ヘンドの嫁入り長持ちないなどと云ふて、総てヘンドと発音してをり、ヘンロとは口称せぬ。

その上で、西園寺は伊予以外の三県の識者に問い合わせをしている。その一人に高知市の郷土史家・武市佐市郎からは、「土佐にてはすべてヘンロとは不㆑申候、ヘンドと申候」という返答が届いている。その結果、西園寺は「我伊予の民間呼称とは全然一致して居る、依りて四国は同一にヘンドと称してをることは些の疑もない」と述べている。

西園寺は文献に出てくる熟語や四国四県で同一に呼称していることから、喜田貞吉が主張する「邊土」説を支持し、「余は一番邊土（ヘンド）が正しいのではないかと思ふて居る」としている。

研究者の論争以外に巡拝記など、当時書かれた文献ではどのように表現されているのかを摘記してみることにする。新聞に最も早く巡拝記を連載したのはペンネーム〔四国猿〕（本名・菅菊太郎）である。〔四国猿〕は明治三十五年に四国霊場を巡拝し、その記事「卍四国霊場巡拝記」を、東京の『二六新報』紙で明治三十五年四月二十六日から八月六日まで六五回に亙って連載した。「卍四国霊場巡拝記」で〔四国猿〕は、四国の住民が遍路を「へんど」と呼んでいることを随所で記している。その一つに、〔四国猿〕が讃岐の金比羅で旅館に泊まった時、女中との会話の一節が次のように述べられている（第五十九回）。

夕餉《ゆうげ》の支度《したく》が整うと、「旦那胡麻酢《ごまず》は如何《いかが》ですか」と宿の女中の質問であるから、ナーニ「ごまず」「ごまず」とはソリヤ何の事だと問返した。スルト「オヤ旦那《だんな》お遍奴《へんど》は初めてゞあると見える」「知れたことよ遍奴《へんど》を商売にして居ツて溜《たま》るか」「ヂヤテ、貴客《あなた》胡麻酢《ごまず》を知らんではあんまりですよ」「どうも乃公《おれ》には判らんナニカ芸者《げいしゃ》か何《なに》かの事《こと》でもあるのか」「ヲホ、、ホ、ナンノ貴客《あなた》お遍奴《へんど》サンに芸者《げいしゃ》などお薦《すす》めしやうものなら罰が当たりますワ、旦那おさゝのことですよ」と彼女はサモ嘲弄《ていちょう》ゲに白状《はくじやう》した。（後略）　（一部の振り仮名は省略）

この一節は、旅館の女中が遍路している〔四国猿〕に酒を呑みますか、と尋ねたが、酒とは言わずに歪曲に「胡麻酢」と表現した。遍路仲間では道中は精進であることから、酒を「胡麻酢」という隠語で表現していたのを知らなかった一齣である。ここで注目されるのは、女中が「遍奴」「遍奴サン」と呼んでいることを〔四国猿〕が記していることである。

〔四国猿〕自身は連載中の文中では「遍路」ではなく、「偏路」の字を当てている。地元住民が「へんど」と呼んでいる箇所については「遍奴」「偏奴」という字を当てている。例えば、「後の方より三五人の車轢共《くるまひきとも》、お遍奴《へんど》サン〳〵と呼はりつ」（第二十二回）、「こりや遍奴《へんど》貴様は何用あツて此処に這入《はいつ》た」（第四十八回）、「之は旅の遍奴様《へんどさま》、オマハン良イ事教ヘヲ下ハル」（第四十九回）などと「遍奴」を用いている。そして「写真屋で一寸頼まれて手伝いに、時にお偏奴《へんど》ハン御見受け申す所が」（第五十三回）とか、「此お偏奴《へんど》サン貴公《あなた》ナニなさるのと云ふ」（第五十五回）などとでは「偏奴」を使っている。

そして、〔四国猿〕は、「おへんどさん」（四国巡礼は特に遍路の名あり土人《どじん》訛《なま》つて「へんど」と呼ぶ。遍奴の字に通じて妙なり）（第十五回）とも述べている。それによれば、〔四国猿〕は「へんど」を四国住民の訛りである、と捉えている。その住民の訛った「へんど」に「遍奴」「偏奴」の二つの漢字を当てている。ペンネーム〔四国猿〕の本名は菅菊太郎で、彼は札幌農業学校を卒業後、北海道庁嘱託、農商務省技手を履歴し、明治三十五年に病気で退職し遍路を行った。菅は後に愛媛県立農業学校長、愛媛県立図書館長も務め、農学博士の肩書きをもった人物であった。

明治十五年に十八歳で初めて遍路を体験し、その後六回も廻った東京の宝仙寺の僧侶・安田寛明は、昭和六年に『遍路のすすめ』を著している。その中で、安田は「遍路のことを　へんど　と云う」と述べている（『遍路のすすめ』復刻版　二〇〇〇年）。東京に住む安田は「御四国地で言葉の違う所あります」ということで、四国では「へんど」と呼んでいることを記したものであろう。

大正七年に『娘巡礼記』を発表した高群逸枝は、その後二度と遍路を体験することはなかった。しかし、手記をもとに昭和十三年に『お遍路』を、翌十四年には『遍路と人生』を出版する。『遍路と人生』では、「へんど」という用語を数箇所で引用している。

その一つは、喜田貞吉に『お遍路』を贈ったところ、喜田からのお礼の返事で教示を受けたことである。その内容は、喜田が大正十一年に『民族と歴史』の中で「お摂待《せったい》—四国遍路《へんど》」で述べたことと同じものである。喜田の生まれは二十番札所と十九番札所の間にあった、当時の立江町大字櫛淵であった。祖母は信心家で善根宿の提供も度々行っていた。喜田は、「春の頃には、道の辻などで、よくお摂待といふことをして、私も子供の時はよく出て食物をおへんどはんに与へて礼をいつて貰つて嬉しがつたものです」と書いていた。喜田家の墓地について、「私の家の墓地には、滞在中に病死した、おへんどはんの墓もあり、（中略）いまに預かつて供養して居ります」とも書かれていた。

今一つは、『お遍路』を読んだ読者から著者高群逸枝に寄せられた手紙を紹介する内容の一節に、「へんど」が出てくる。読者は東京に住む男性老人で、生まれは土佐高知の竹林寺と禅師峰寺の中間地点であった。その手紙の一節に、明治三十三年にこの老人が野宿した件《くだり》があって、「沿道に二三軒の汚ない遍路（私の国ではへんどといひます）宿があります」とあった。

熊本で生まれ育った高群自身も、やがて四国の呼称である「へんど」を用い、

一笠一杖に身を託すれば、私たちはすでに同行の一人であつて、世間の階級性を失ふ。四国の人たちも、おへんどはんは、すべて平等に取り扱つてくれて、貧富、賢愚、上下の差別をつけない。

私はこころよい自適な旅ができるのである。

と述べて、地元の人は「へんど」を平等に扱っていることを指摘している。

大正末期の巡拝記にも、住民たちが「へんど」と呼んでいる事例がある。ペンネーム（蟹蜘蛛）（本名・篠原要）は大正十五年、『愛媛新報』に「四国八十八ヶ所同行二人」を連載している。その記事でも住民たちが「へんど」と呼んでいることを記した箇所が三ヵ所出てくる。その一つは遍路と住職との喧嘩の件で、

「このおげ坊主めが、寺を追出すぞ」

「何を吐すのぞグレへんど」

「何だ、グレへんどの上前を刎ねて口すぎしとる奴が大きな事たれな」

とある。ここに「グレへんど」という表現が見られる（十月五日付け）。


今一つは、宿の飯の量が少ないことから、宿の娘が盗んだと疑われた状況での会話である。「何でも阿波の北方ぢやさうながへんどの宿で飯があんまり少いので、へんどが宿の娘に米を盗んぢやろうがと責めると、盗んだりしますかいな、若しおへんどさんのものを盗んだりしたら」（十月二十三日付け）とある。更に讃岐の観音寺町の木賃宿で、同宿した男が散髪から帰ってきた時の話の記述が次のようにある（十月二十九日付け）。


「どうしたんだい」

「床屋でね、散々へんどさんの悪口を云つて居るぢやないか」

「床屋が君にかい」

「さうぢない、他の奴が床屋に話しよるのよ、俺《おれ》がへんろぢやてふ事知らずに」

（中略）

「はじめ俺が坊主に剃つて呉れて云ふたら向ふでも直ぐ感づいたらしいのぢやそれ迄へんどが〳〵と云ふちよつたのが急におへどさんと云ひやがつたよ」

と彼は遍路のために大いに弁じて帰つたと得意である。（後略）　（一部の振り仮名は省略）

なお、〔蟹蜘蛛〕は住民が遍路を「お四国さん」と呼んでいることにも触れている。それは、道中で「お四国さんに豆のお接待《せったい》をします」と貼紙がしてあるのを見つけている（十月二十七日付け）。

ペンネーム〔蟹蜘蛛〕は本名が篠原要で、『愛媛新報』で編集担当していた人物であった。地元の文化として遍路に興味を抱いたが、後に小作争議・労働運動で活躍するが、度々投獄されたことで健康を害し、四十二歳で亡くなっている(『愛媛県史』一九八九年)。

明治、大正、昭和初期に書かれた文献に記された呼称について引用した。それらの資料によると、地元住民は「へんど」「おへんどさん」と呼んでいることが判明する。

学者間による「へんど」「へんろ」論争に再び立ち返ることにする。旧制松山高等商業学校の教授であった高橋始(一八九九―一九五五)は、昭和十七年に『松山高商論集』(第五号)で「四国八十八箇所展相」を発表している。その最後の項「遍路と巡礼」の中で、高橋は西園寺源透の見解を「穏当であろう」と支持している。

そして、高橋は自ら遍路した時に発見した資料を挙げている。高橋は昭和十五年十月十五日、俳句の仲間であった放浪俳人・山頭火と遍路をして、第六十五番札所・三角寺の山麓で藪の中に捨てられた古い墓石を発見する(山頭火は昭和十五年十月十一日に死去しているので十四年の誤記)。それには「女邊土供〇〇」と書かれ、裏面には「文政二年五月〇日〇」と刻まれていた。これを発見した山頭火は、女邊土の死を憐れんだ篤志家が供養として建てた墓と見たという。そして、高橋は「へんど」「へんろ」の言葉の使い方について次のように結論付けている。

四国へんろの言葉として邊土が最も古く平安朝より室町時代応永年間頃まで邊土といひ明応年間頃より邊路となり、寛永の末年徳川の中期頃から遍路となつて一般に其れが使用されるように至つたのではないかと思ふ。現在四国の諸地方、殊に我が伊予にあつては一般に今尚「へんろ」を「へんど」と呼びなしてゐるのはその時代の遺物ではないかと思ふのである。

従つて、「へんろ」と「へんど」は素より同じ意味であつて全く其の意義を異にせる二つの語ではないと見るのが、穏当であろう。

高橋始は、喜田貞吉と景浦直孝との論争や、その後の西園寺源透の見解を踏まえ、「へんど」と「へんろ」は同じ意味であると捉えた。しかし、時代によって「へんど」から「へんろ」と変わり、地元四国では「へんど」の名残があって使用されていた、とみなしている。

ところで、既に「へんど」「へんろ」論争で述べたように、「へんど」は住民の訛り言葉ではなく、その根拠は文献にもあったことが判明する。しかし、新聞に初めて巡拝記を連載した〈四国猿〉は「へんど」は訛りである、と述べている。その記事は明治三十五年で、論争が起こる明治末期から大正期以前であった。明治四十二年に『有聲』で遍路研究の重要性を指摘した原秀四郎は、「へんど」「へんろ」の二つを併用している。従って、明治期には「へんど」「へんろ」の語源について本格的な取り組みがなされていなかった、と考えられる。

以上のように現在使われている「遍路」という用語を歴史的に遡ると、高橋始が述べるように平安時代から室町時代の応永期までは「邊土」が使われ、明応年間頃から「邊（辺）路」となる。徳川時代中期の寛永年間からは「遍路」となっていく。しかし江戸時代には、偏礼、遍礼、遶路、徧路、編路などの漢字も当てられた用例もあったので、複数の漢字が使われていた。呼称も「へんど」が明治期から昭和初期まで四国では幅広く一般的に使われている。しかしながら、「へんろ」が定着すると、「へんど」という呼称は蔑視する呼称にと変化することも起こった。

二　蔑視された「ヘンド」

喜田貞吉と景浦直孝との「へんど」「へんろ」論争は西園寺源透や高橋始などの見解で一応の決着をみる。漢字用語としては「邊土」（あるいは邊奴）から「遍路」へと変わり、呼称も「へんど」から「へんろ」となるが、四国の人びとにおいては「へんど」という呼称が昭和初期まで残されている。西園寺源透は昭和十年代に四国各県の識者に尋ね、その回答を得て「四国は同一にヘンドと称してをる」と述べている。

しかしながら、「へんど」を「へんろ」を同じように扱っていた形跡もある。明治期に四国遍路の研究を呼びかけた原秀四郎は、雑誌『有聲』第三二号に「八十八ヶ所の研究に就て」（一九〇九年）を掲載した。その中で「お遍路さん」と「オヘンドサン」の双方の用語を使っている。その一節には、幼い頃に祖母に連れられて接待したことを、「塵紙の一帖づゝをオヘンドサンに渡したのであつた」と述べ、「遠く聞ゆるお遍路サンの御詠歌は、予を夢地に導いたのであつた」と綴っている。当時、「へんろ」と「ヘンド」を区別していたならば、文学博士の肩書きをもつ人物が両者を混同したとは考えにくく、双方の言葉は同じ意味で使われていたものと考えられる。

ところで、「へんど」「へんろ」の語源的な論争とは一脈異にして、「ヘンド」を特別な意味を含んだ呼称としていた風潮も四国にはあった。作家であり、後に僧侶となる瀬戸内寂聴は徳島に生まれ育った。瀬戸内は子供の頃の思い出を次のように記している。

子供の私の耳には、「おへんろさん」ということばの響きは、やさしく、なつかしく聞え、「おへんど」と聞くのは、なぜか恐ろしく、凶々《まがまが》しい感じがしていた。大人たちは、ほとんど「へんど」には、「お」も「さん」もつけないことの方が多かった。「へんど」ということばは、軽蔑と、嫌悪の感情をこめて吐き捨てられていたようだ。子供たちはよく年寄に叱られる時、

「ほないいうことききかん子は、へんどにやってしまうでよ」

と、脅かされた。やってしまうとは呉れてしまうという意味だった。それはどんなわんぱくな子供たちをもしゅんとさせる呪力を持っていた。私も格別にその脅しに怯えた。

瀬戸内寂聴は「おへんろさん」と「へんど」とを区別し、「へんど」について更に続けて次のように述べている。

その頃、まだ徳島の寺や神社の境内には、ハンセン氏病に冒された人々が地べたに坐りこんでいるのをよく見かけた。彼等のことも町の人々は「へんど」と呼んでいた。彼等はぼろを着て垢だらけの風態でただ物乞いするだけの乞食《こつじき》ではなく、汚れきっていても、もとは白衣だった巡礼着を身にまとい、金剛杖を身に引きつけて横たえている。それはどう変容していようとお四国巡礼のなれの果ての姿なのであった。祭礼や寺の催しの日にはどこから集まるのか、そういう姿のへんろが列をなして参道の両側に居並んでいた。

（「はるかなり巡礼の道」『太陽』第二一四号　一九八〇年）

瀬戸内と同じく四国の愛媛県新居浜市に生まれた白石トメ子は、二十一歳の昭和十一年に伯母と二人で遍路を体験し、簡略な日記を残している。白石の息子・印南敏秀は、母から聴き取り調査をして「戦前の女四国遍路」という小論を書いている（岩井宏實編『技と形と心の伝承』二〇〇二年）。そこには次のように述べられている。

三月十六日には「おへんろ」に賽銭をあげている。遍路の途中で、業病に罹って四国遍路を巡る「おへんろ」を多く見かけた。札所境内の片隅に目立たないように坐り、顔を手ぬぐいで隠し、頭を下げ、笠や帽子を前に置いて道行く人に情けを戴いていた。あまりにかわいそうで素通りできず、賽銭と思いさしあげた。札所境内の堂の長い縁の下で、寝泊まりする「おへんろ」も多かった。

接待でも遍路の近くに寄らずに、「おへんろ」は後方にいる。親切な人が持っていって渡すのを幾度か見たという。垣生でも弘法大師の縁日にお堂に人が寄ると、「おへんろ」が賽銭を求めて寄ってきたという。

印南敏秀の表現では「おへんろ」としているが、白石トメ子は「へんどさん三銭」と日記に書き記している。印南の記述では通常のへんろを「遍路」として、「へんど」は「おへんろ」と記している。トメ子が記した「へんどさん」が正しく、それは瀬戸内寂聴がいう「へんど」と同じである。瀬戸内寂聴は大正十一年（一九二二）に徳島に生まれ、白石トメ子は大正四年に愛媛県新居浜市に生まれている。互いに四国生まれの同じ世代で、当時の札所境内における「へんど」の様子を見聞きしていた。そこには「へんろ」と「へんど」の区別がなされていた。

四国八十八ヶ所の霊場を白衣に身を包み、菅笠を被り、金剛杖を持ってお経をあげ、札を納め、納経帳に朱印を貰って廻る遍路に対して、身なりも乱れ、「修行」と呼ばれる門付けでもお経をあげずに、ただ布施を乞うだけの人や、神社仏閣の祭礼に集まり物乞いする人も少なくなかった。遍路には江戸時代から貧者が多く、故郷を追われた人、身体に障害を抱えた人、ハンセン病患者も少なくなかった。彼らは地域住民の接待を受け、寺院や道中の通夜堂で生活していた。いわば「乞食遍路」や接待などで食べ物を貰い生計する「職業遍路」も多くいたのも事実である。

地域住民たちは果たして両者をどのように捉えていたのであろうか。敬虔な信仰による遍路には尊敬の念が、他方貧しい遍路には哀れさと同情の念が生まれたであろう。しかし、思いは異にせよ両者は呼称でも区別されたのである。

高橋始が述べるように、そもそも八十八ヶ所の霊場を廻るのは「邊土」であったが、室町期には「邊(辺)路」、江戸時代には「遍路」が主流となり、それ以外の漢字も併用されている。しかし、「へんど」と「へんろ」は同義であって、昔の名残として四国では「へんど」が使われていた。徳島県立江町の生まれであった喜田貞吉は、大正二年の『歴史地理』（第

「ヘンド」と呼ばれたであろう女性
（前田卓提供）

二二巻第一号)の小欄「国土産」で、「四国へんど」と題して次のように述べている。

> (前略)四国には有名なる八十八箇所の霊場があつて、之を巡拝する所謂巡礼なるものが諸国から入り込んで来る。彼れ等は体よく云へば法捨を受けつゝ、体悪く云へば乞食をしつゝ、巡礼するので、土地では之をヘンドといふ。(後略)

喜田は更に大正十一年、『民族と歴史』(第七巻第五号)の「学窓日誌」の欄で「お摂待《せったい》―四国遍路《へんど》」を載せて次のように述べている。

> 元来、四国順礼は乞食して廻るのが本体で、昔は夜も農家の善根宿《ぜんこんやど》を求めて、難行苦行したものが多かった。(中略)「おへんどさん」はすなわちお遍路様で、四国順礼のことを遍路と書いてヘンドというのだ。ヘンドは乞食するのがすなわち修行で、弘法大師も自身乞食されたことがチャンと『御伝記』に出ている。(後略)

そして、「こんなことから自分の郷里では、物貰いにまわることをヘンドするという。何某も可哀想に、働き者に死なれて他に頼る辺がないので、村中をおヘンドにまわっておるそうなどいう」と述べている。それは物貰いに廻ることを「ヘンドする」という意味であることを指している。喜田は「ヘンド」の言葉の由来に留まらず、「ヘンド」は巡礼が本来もっている乞食《こつじき》であることも取り上げている。

新井とみ三は、『遍路図会』(一九四〇年)の一節で「逆接待」について触れている。遍路は朝に宿を立つ時、豆を炒って袋に入れて道中の糧とした。それを知っている村の子供たちは遍路から豆を貰うが、その呼びかけ方は、

「おへんどさん、豆《まめ》、おくんか〳〵」

と追ひかけてくる。

なかには

「豆《まめ》くれんなら、通《とほ》さんごつこ〈〵」
と遍路の前にたちふさがる小さいギャングも居る。
大ぜいに取りまかれて、遍路たちは、笑ひながら袋の炒り豆を、こども達に、おせつたいするのである。
（一部の振り仮名は省略）

と述べている。白井加寿志も同様なことを記している。四国の童謡には「オシコクヘンドサン　マーメイタ／マーメクレナンダラ　コノミチトーサンゾ（お遍路さん　お豆ちょうだい　もしくれないなら　この道通しませんよ）」と唄われ、子供独特のお遍路への親しみも込めて、一時の四国路に流行した、という（白井加寿志「四国遍路の実態」『徳島の研究』第七巻民俗篇　一九八二年）。

また、月刊雑誌『旅』の記者をしていたペンネーム島浪男（本名・飯島実）は、昭和三年に遍路の取材をして「札所と名所　四国遍路」を連載している。その中で、第三十二番札所・禅師峰寺に向かう途中で、薪か何かを削って造った粗末な道標を眼にしている。そこには尋常小学校二、三年の子供が書いたらしい金釘流《かなくぎりゅう》で「おへんどさん、こちがちかみち」と書かれていた。そして島はその道標に心を打たれたのか、次のように記している（『札所と名所　四国遍路』）。

その道しるべを建てた人の姿も、そして親達の前で、お、へ、ん、ど、さ、ん、と覚束ない手つきで一字一字書いて行つたであろう幼童の姿も、私は頭に描いて見る事が出来る。それは一本のお粗末極まる道しるべではあるが、そこには心の暖かさが感じられる。何とそれは春の陽ざしの中に立つに適《ふさ》はしいものではないか。
（一部の振り仮名は省略）

これは疲れきった足を曳いて通るであろう巡拝者のために、僅か二、三町の近道を知らせようとする思いで建てた道標であると、島はみている。その道標には「おへんどさん」と親しみを込めた使い方をしている。

また、遍路研究家で雑誌『四国辺路研究』を主宰する喜代吉栄徳は、『四国辺路研究』第二三号（二〇〇五年）の表紙に、「へんど道」と刻まれた道標の写真を掲載している。その道標は今治市内の国分寺近くに残され、「右へんど道」と刻まれている（口絵6）。喜代吉栄徳はその道標の解説で次のように述べている。

この標石は明治時代に建立されたものか。《へんど》の用語は珍しい。一般にこの言葉は差別語とされている。たしかに古老に聞く限りそのような差別的ニュアンスをもっている。しかし良く突き詰めて話していると差別と区別の境界がわからないのである。「おへんどさん」と言った表現まで出てくるのである。

この道標は明治時代に建立されたらしい、と喜代吉栄徳は指摘する。しかし、当時差別感覚で道案内の標石に堂々と「へんど」と刻むとは考えにくい。むしろ、一般化された呼称として使われていたとも言える。

これらの「おへんどさん」「オシコクヘンドサン」の呼称には「へんど」に尊敬、敬意の「お」と「さん」を付け、また親しみを込めて呼んでいるものである。従って、「へんど」を差別する呼称・用語として使っていたとは考えにくい。しかしながら、瀬戸内寂聴、白石トメ子などの体験から、「へんど」と「へんろ」とには明らかに区別がみられている。

近年、「へんど」と「へんろ」の呼称について積極的に取り組んだ研究者に浅川泰宏がいる。浅川は喜田貞吉と景浦直孝との「へんど」「へんろ」論争の経緯に触れた後に、自ら四国の徳島県阿南市やその周辺などに赴いて、直接地域住民などから聴き取り調査を行っている（『巡礼の文化人類学的研究―四国遍路の接待文化―』二〇〇八年）。

浅川が地域住民に尋ねると、「ここらではヘンドいうて呼んびちょったな。ほんまはヘンロいうんやろうけど…。ヘンドいうんは、まあ、ここらの方言ですわ」とか、「ほなけんど、ヘンロとはいわんかったな」「ほうじゃ、ヘンドじゃ。ヘンドとかコジキヘンドとか、いいよった」という答えが返ってきた。それを浅川は要約して、ヘンロとは

「綺麗な格好で札所寺院で見かけるアレ」であり、多数を占めていたのは「汚いコジキみたいな遍路」がヘンドと呼ばれていた、と述べている。浅川は更に平成九年（一九九七）から十一年にかけて徳島県内の住職を中心とした四十歳以上の四〇人に尋ねると、「ほじゃヘンドじゃ」と思い出したように答えたという。それは昭和三十年代頃までやってきていたという。そこでヘンドと呼ばれていた人びととは、「『汚いコジキみたいな遍路』であり、それらはヘンドと呼ばれていたのである」と述べている。

しかし、浅川が聴き取りした古老、住職たちの記憶にも交錯、混濁が入り混じっているようである。それは「ヘンド」を方言とみなす説や、「ヘンロとはいわなかったな」「ほうじゃ、ヘンドじゃ。ヘンドとかコジキヘンドとか、いよった」などと、古い記憶を蘇らせるなどの返答に現れている。

昭和三十年代に特異な遍路体験をして巡拝記を残した人物がいる。後に奈良市長を務める鍵田忠三郎は昭和三十六年の春に遍路体験をした。鍵田の遍路の目的は、自身が僧籍をもっていたので宗教的実践にあって「乞食《こつじき》遍路」であった。しかし、鍵田の乞食とは布施を受けるのではなく、自らが喜捨をするものであった。喜捨は寺院の再建や道標設置、恵まれない人に対するものであった。そこには乞食を追い越した「追い抜き料十円」や善通寺にいる多くの乞食にも一〇円ずつ喜捨をしている（『遍路日記　乞食行脚三百里』一九六二年）。昭和三十年代には乞食遍路も多く、鍵田は憐れんで喜捨をしたのであろう。それらの人びとは地元では「ヘンド」「コジキヘンド」と呼ばれていたであろう。

そして浅川はこれまでの研究を振り返り、「ヘンロ」と「ヘンド」を同義の「類義語解釈」とする研究者もあるが、両者は異なるものとした「異義語解釈」の立場をとる一人として白井加寿志の見解に触れている。白井は遍路には二種類あって、一つは「華やかな集団的なもの」で春の風物詩のタイプと、今一つは〝時なし遍路〟と呼ばれる「寂しい影を持つ孤独なもの」である。白井は後者を「ヘンド的遍路（乞食遍路）」と表現し、善根宿では「普通のヘンロ、信心遍路は座敷などの上等な部屋に泊め、ヘンド・乞食遍路は軒下か納屋などに泊まっていた」と述べている。従って、「普通のヘンロ」と「ヘンド・乞食遍路」とを区別している（白井加寿志　前掲書）。

浅川は「異義語解釈」の立場をより発展させている。その一つは、瀬戸内寂聴の「はるかなる巡礼道」を題材に、両者を対比する試みをしていることである。それは次の通りである。

〔オヘンロサン〕	（＋）	項目	（－）	〔ヘンド〕
やさしく、なつかしい	親近	言葉の響き	嫌悪	恐ろしく、凶々しい
敬称をつける	尊敬	呼び方	軽蔑	敬称をつけない・吐き捨てられる
清らかな鈴の音	高音	音声	軽蔑	くぐもった声・黙って立ちつくす
若草と花の香・ぬるんだ春風の香	香気	匂い	臭気	（悪臭）・（体臭）
朝日・明るい	陽	光	陰	灰色の空・陽がかげったよう
水色や白・赤	明	色	暗	鼠色・煮しめたような色
真新しく・すがすがしい	清潔	服装	不潔	ぼろを着て垢だらけ
和やか・明るい	開放	表情	閉鎖	顔をかくそうとする
幸福そう	祝福	印象	災厄	不幸と不吉の気配
軽やか	躍動	足取り	停滞	地べたに座り込んでいる
やわらかな肌	生	肉体	死	紫色の手首
三々五々つれだちながら	集団	人数	孤独	ほとんどひとり
接待は子どもの役目	厚遇	接待・対応	忌避	戸を閉じる・子どもには行かせない

浅川が「異義語解釈」の立場を発展させた今一つの試みは、新居浜郷土史談会での「遍路について」の論議を取り上げている点である。新居浜郷土史談会は平成八年十一月に、郷土史家や遍路研究者が一〇余人集まって遍路についての議論を行った。それが喜代吉栄徳編『新居浜史談』に二号にわたって収録されている（『新居浜史談』第二五八号・二五九号　一九九七年）。

それによると、四国の地元で遍路に関して精通した人びとの中にも個人的な認識には差異があった。議論では遍路の呼称に関して、一般用語としての「遍路」と、その下位類型としての「オヘンドサン」「ヘンド」の二つがあることが確認されている。その上で、それらの区別はどこにあるのかが議論された。司会役の高梁達雄は個人的な認識の差異を、呼称について次のようにまとめている。

結局はですね、「お」をつけて「おへんろさん」いうたら普通回っているおへんろさんで、これからコジキ的に回っている人はヘンド言うて、「お」を、尊称をつけなんだ。

まあそう言う所ですか。

そして、両者の具体的な違いについても議論は伯仲したが、通る道の選び方、宿泊する場所、接待の返礼、鈴の有無などに違いがあったことが合意されている。

ところで、今一度振り返ると、明治四十二年（一九〇九）に遍路研究を呼びかけた原秀四郎が「お遍路さん」と「オヘンドサン」の双方を使っている。それに先んじる明治三十五年に遍路したペンネーム（四国猿）は旅館の女中との会話の中で、女中が（四国猿）に対して「お遍奴さん」と呼びかけている。それ以外にも住民たちでは「へんどさん」「へんどさま」と使っていることを記している。大正末期でも、ペンネーム（蟹蜘蛛）は住民たちが「おへんどさん」と呼んでいることを綴っている。喜田貞吉は「『おへんどはん』すなわちお遍路様で、四国順礼のことを遍路と書いてへンドというのだ」とも述べている。

昭和期に入っても西園寺源透の調査では、「へんど」が四国での一般的な呼称であるとされてきた。安田寛明の案内書にもわざわざ「遍路は、へんど　と云う」と記している。子供たちが「逆接待」を受ける時の呼びかけも「おへんどさん」「オシコクヘンドサン」と呼んでいる。道標にも「へんど道」とか「おへんどさん、こちがちかみち」と刻まれ、書かれている。これらの「へんど」の使い方には蔑視するニュアンスはなく、むしろ親しみを込めた尊敬の念としての呼称である。

しかしながら、他方、瀬戸内寂聴や白石トメ子などが大正期から昭和初期に体験、見聞したように服装も汚れ、鈴・杖などの法具も持たず、経文も唱えず泊まる場所も寺院の軒下などで札所を廻る人もあった。彼らは住民の接待で生き延びてきた。大正七年に娘遍路を体験した高群逸枝は、昭和十四年に著した『遍路と人生』の中で、「四国の人びとも、おへんどはんは、すべて平等に取り扱ってくれて、貧富、賢愚、上下の差別をつけない」と述べている。

高群が述べるように、四国の人びとは霊場を廻る人には差別なく、平等に扱っていた。江戸時代の紀州藩の武士の妻の書いた文献には、「かろき者ハ病或ハこじき又ハ四国へ出る見聞も哀至極之事共也」（『小梅日記』）と生活に困窮した人びとが遍路に出かけたことが記されている。明治期でも喜田が「物貰いに廻ることをヘンドするという」とも述べている。貧しい人や病人でも四国の住民たちは接待として施しを行ってきた。そこには差別意識はみられなく、平等に扱っていた。しかし、その後に変化が起こったのであろう。そこには真摯な信仰で廻る遍路と、乞食遍路や遍路で生計を立てている「職業遍路」を同じように呼ぶことに抵抗があったのではないかと思われる。そこで、信仰的な遍路と、身形も汚れ、法具を持たずに経文も唱えないで廻る人を区別するために「ヘンド」が使われたのではないかと思われる。

しかしながら、そのような遍路に対して何故に「ヘンド」という呼称を用いたのかは判明しない。それまでは「ド」は「ロ」の訛ったものとか、地方の方言である、という説もあったが、それは正しい説とは言えない。本来、四国霊場を巡拝する人びとは四国の住民から「へんど」と親しみを込めて呼ばれ、接待の施しを受けてきた。それが一転して、「ヘンド」には蔑視された意味が含まれ、人びとから嫌悪、忌避される呼称として用いられることになる。

かつては正式な名称、呼称とされていた「へんど」(邊土・遍奴)は、江戸時代の中頃から遍路(へんろ)が使われ出し、それが明治以降に広く普及する。しかし、「へんど」という呼称は四国では残され、戦前の昭和初期までは正しい呼び方であった。併せて「へんろ」も使用されていた。

その反面で、通常の遍路とは区別された乞食遍路などは「ヘンド」と呼ばれて嫌悪、忌み嫌う差別的なニュアンスで使用されていた風潮もあった。それがいつ頃からか、どのような意味で使われたのか。その時期は瀬戸内寂聴や白石トメ子の記述では既に大正期には使われていた。しかし、本来、親しみや尊敬を込めて「おへんどさん」と呼ばれていたものが、何故に差別的な意味合いで「ヘンド」という呼称になったのか。喜田貞吉は「物貰いに廻ることをヘンドという」と述べている。そこから「ヘンド」の呼称が起こったとも思われるが、喜田が「ヘンド」と使った当時には蔑視した意味合いは含まれていなかった。蔑視した「ヘンド」の呼称の根拠を推し量ることは難しい。これらの呼称は世間に流布する現象で、それを正確に捉えることは極めて難しい問題でもある。

第四章　四国遍路の巡拝記を読む

高群逸枝の『娘巡礼記』と『お遍路』

遍路を体験した人の中には、その体験を日記、巡拝記として残す人も少なくない。巡拝記は本来、備忘録、メモ書き、感想を記した、あくまでも個人の私的な記録であった。しかしながら、大正七年（一九一八）に娘遍路を体験した高群逸枝は、『九州日日新聞』に巡拝記「娘巡礼記」を連載したことで大反響を受けた（『娘巡礼記』朝日選書　一九八三年、岩波文庫　二〇〇四年）。やがて一般庶民でも自らの記念の証として、しかも知人や周辺の人びとに体験を知らせる意図で、私家版として出版するようになる。

平成期に入ると遍路の数も急激に増加する。それに伴って巡拝記がブームのように数多く出版されるようになる。筆者はかつてその巡拝記を資料の手懸りにして、日数、費用、接待の品々について詳しく分析した（『遍路と巡礼の民俗』）。その後、巡拝記の内容の考察を深めるために、江戸時代から現代までの巡拝記一〇篇を精査し、遍路に出かけた目的、道中での心境、遍路と住民との交流、予期せぬ出来事に遭遇したことなどにも注目した論考『巡拝記にみる四国遍路』（二〇一三年）を上梓した。これらの論考を基に本章では、一〇篇以外の巡拝記も加え、視点を変えて今一度巡拝記の内容を取り上げることにする。

巡拝記を読むことによって、その人個人の体験が具体的に綴られ、千差万別の様相が展開されていて興味深いものがある。例えば、一、二ヵ月の間に天候に悩まされたことや、「歩き遍路」が肉体的な苦痛を味わい、それを切々と記している。見知らぬ人から接待された時には言葉に出ない感謝の気持ちとなる。疲れによるものか、所持品を忘れた話なども出てくる。更には予期せぬ事態に遭遇して困惑する様子などが記されている。

第一節　遍路の共通な体験

巡拝記を残した人の遍路形式は「歩き遍路」（徒歩巡拝）が原則的である。そこから読み取れる事項が幾つか挙げられる。その最たるものは肉体的苦痛に悩まされることである。それについては後に詳しく述べることにして、巡拝記に記された基本的なことは、行程、日程と遍路にかかった費用の総額などである。それ以外にも互いに共通した体験が幾つかある。

一　遍路の行程と日数

江戸時代から現代までの巡拝記を読むと、記述様式は様々であるが、まず出発日時と各札所に到達した日時、そして八十八ヶ所を廻り終えた日時が記されている。徒歩巡拝で一巡するには一ヵ月から二ヵ月の期間がかかる。しかしながら、出発となる地点は各人によって異なっている。しかも第一番札所から順に進む「順打ち」と逆に廻る「逆打ち」の違いもある。

大正七年（一九一八）に娘遍路をした高群逸枝は九州熊本から大分に出て、豊予海峡を渡り四国の八幡浜に着く。同行した伊藤老人は敢えて困難な「逆打ち」を試み、第四十三番札所・明石寺から遍路を始めた。最後は第四十四番札所・大宝寺で札を納めて結願している。小屋掛け芝居を興行しながら遍路をした笹原茂朱は、第八十八番札所・大窪寺から逆廻りで始め、第一番札所・霊山寺で終わっている（『巡礼記―四国から津軽へ』一九七六年）。

江戸時代には、土佐藩の安芸郡奈半利村の庄屋であった新井頼助は、地元の第二十七番札所・神峯寺から巡拝を始め（巡拝記の前半部分は一部欠落）、最後は第二十六番札所・金剛頂寺で打ち納めしている（仮称「四国巡拝日記」広江清編『近世土佐遍路資料』一九六六年）。同様に土佐郡朝倉村（現在の高知市朝倉）の西本兼太郎も地元の第三十一番札所・竹林寺から参拝を始めている。そして最後は三十番の善楽寺で終わっている（『四国中道筋日記』『四国遍路研究叢書第二号「【資料集】四国中道筋日記」』二〇〇三年）。

戦後になると、巡拝した人びとの多くは第一番札所・霊山寺から順に廻るケースが増えてくる。その一つの理由は、大阪を始めとした関西や遠く関東地方から訪れる人が増加し、地理的に徳島が最も近いことも関係している。しかし、未だに四国の人は自宅に近い札所から、九州や対岸の広島などの人びとは必ずしも一番札所から廻るとは限らず、四国に着いた地点に近い札所から札打ちを始めている。

巡拝記を残した人は、通常は「通し打ち」という一回で一巡するが、例外的には「区切打ち」という数回に分割して廻ることもある。その例として伊藤延一の『四国へんろ記』（一九八五年）がある。伊藤は山口県内の特定郵便局の局長をしていたが、それまでに三人の妻を亡くし、その追善供養として三回に分けて巡拝した。また、堀之内芳郎は平成二年から翌年にかけて三回に分けて、神奈川県伊勢原市と四国とを三往復している（堀之内芳郎『喜寿の遍路日記

―同行二人四国遍路八十八ヵ所巡礼』二〇〇二年)。遠隔地から訪れて分割で巡拝するにはそれなりの事情があってのことであるが、自宅と四国とを往復する費用が増えることになる。

「歩き遍路」(徒歩巡拝)では一巡するには一、二ヵ月を要する。通常は四、五十日の日数となる。しかし、遍路の目的や体力的な個人差で日数に差が生じることがある。その中には一ヵ月前後と驚異的なハイペースで廻る人もあった。今少し日数について触れてみる。

高群逸枝の遍路は大分から随行した伊藤老人との二人での巡拝であった。高群と伊藤老人は共に金銭の持ち合わせが少なく、老人は「修行」と呼ばれる托鉢をしながらの巡拝であった。しかも二人は途中の数ヵ所で休養を含めて一、二週間滞在している。従って、七月十五日から十月十八日までの九十六日間と、約三ヵ月かかっている。

笹原茂朱は小屋掛け芝居を興行しての遍路であった。しかも興業に使用する道具と日常用具を運ぶために大八車を曳いての旅でもあった。そのために晩夏から年末までの百三十一日と長期に亙っている。月岡祐紀子は瞽女三味線の伝承者として寺院で瞽女唄を奉納し、老人ホームや高知の播磨橋などで演奏して廻ったので五十二日間を要している(『平成娘巡礼記』二〇〇二年)。また、新井頼助は諸国の見聞と行楽を兼ねた遍路であった。酒を飲み、煙草を吸い、「酒饅頭」や素麺を食べ、俳句を詠んでいる。そして安芸の宮島に渡り、その感想を「日本二三ヶ所ノ景所筆紙ニハ難尽聞しより増る事ども也」と綴っている。更には対岸の備前に渡り、「ゆうが大明神」を祀る由加神社にもわざわざ足を延ばしている。頼助の日数は約二ヵ月の五十七日間となっている。

それに対して、三十日前後と通常の半分の日数で廻った遍路もあった。これを「走り遍路」とか、江戸時代の物資を急いで届ける飛脚になぞらえて「飛脚遍路」と呼ばれている。江戸時代の文化二年(一八〇五)に遍路した土佐藩朝倉村の庄屋・西本兼太郎は、二月十二日に朝倉村を出発して五台山・竹林寺から遍路を始め、翌三月十三日に帰宅している。その日数は三十二日であって、新井頼助の日数の約半分で一巡したことになる。西本は八十八ヶ所の札所以外にも篠山権現、宇和島の願成寺、金比羅権現、白鳥大神宮など数多くの神社・仏閣を廻っている。にもかかわらず、約一ヵ月で済ませている。日記には天候についても書かれ、「終日雨ふる也」「此日一日大雨也」とあり、期間中十日は雨であった、兼太郎は雨具を着て休むことなく先を急いでいる。ハイスピードの圧巻は、阿波の難所の焼山寺越えであった。三月五日、第十一番札所・藤井寺から出発して約一二キロの山道を登り焼山寺に到着する。そこから一気に下って五里余り進んでいる。それは現代の「箱根駅伝」の山下りの選手のようである。

西本兼太郎のように「走り遍路」を行った僧侶もあった。後に臨済宗東福寺派の管長を務めた尾関行応は二十歳代の雲水の頃、明治三十四年春に三十二日間で四国霊場を一巡した。その様子の一節を次のように綴っている（『四国霊場巡拝日誌』一九三六年）。

> 三月末に阿波の撫養《むや》に渡り、真に一杖一笠にて、雨の降る日も、風の吹く日も、歩き詰めで、札所では、本尊前に普門品心経消災咒で回向し、（中略）其他は如何なる風景のよい処にも、休息の暇も無く、生来煙草を喫まぬので、朝出立すると、札所のない限りは、腹の空《へ》る迄休息せず、腹が減《へ》ると何処にても、弁当行李を開き、茶が無ければ、路傍の水を掬《むすん》で飢《うゑ》を凌《しの》ぎつゝ、恰度三十二日目に全部巡拝し、（後略）

そして、二ヵ所の寺院で一日ずつ休息・滞在したので、それを「正味三十日」で廻り、「時間を空費する事を最も畏れ、真に巡拝三昧」であったと述べている。この記述から先を急ぐた

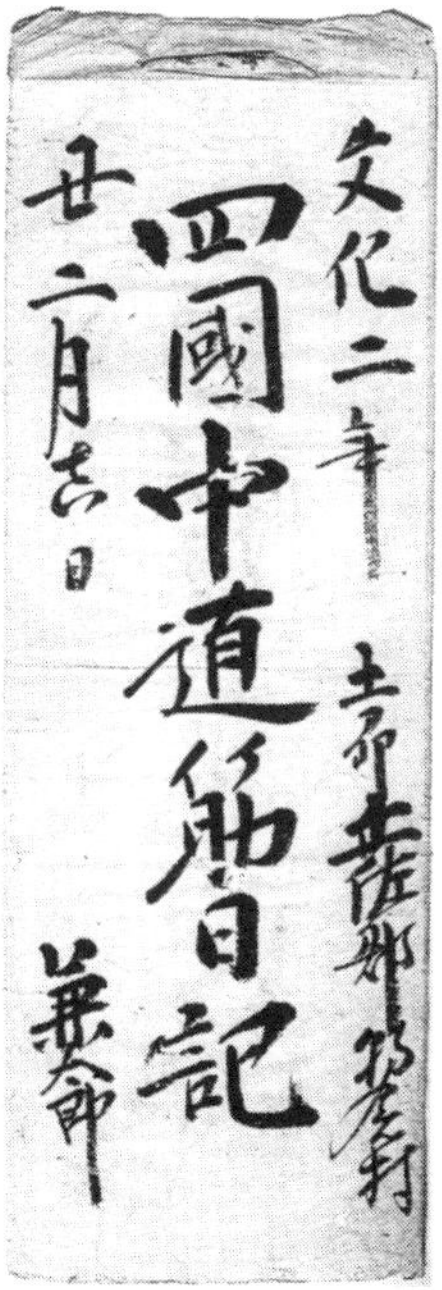

西本兼太郎の巡拝日記の表紙

め、休息をとらず、食事も野外で慌ててとっている様子がわかる。

ニュージーランド人で親日家のクレイグ・マクラクランは、平成七年夏に二十九日間で廻っている(『四国八十八か所　ガイジン夏遍路』訳・橋本恵)。マクラクランは接待で宿坊や民家に泊まり、疲れた時には民宿にも泊まったが、原則として寝袋を持参して寺院の境内や公園などで野宿しての遍路であった。外国人の長い足を利用したスライド走法で巡拝した。野宿することで、朝の出発を早めたり、夜でも遅くまで長時間歩くことが出来た。

西川阿羅漢は海上保安官を退職してから遍路を体験した。その巡拝記『歩く四国遍路千二百キロ—ある定年退職者の三十一日の旅』(一九九九年)では、六十七歳の平成九年(一九九七)に三十一日で一巡している。事前に長距離歩行の訓練を行ってはいるが、冷え性、C型肝炎、通風の慢性的持病を抱えての遍路であった。

四国霊場を三十日前後の短期間で廻る人は若者から老人まで昔も今もいる。但し、江戸時代と現在では道路事情に変化がある。かつては河川に橋はなく、舟渡しであった。峠越えも多くあった。道も砂利道で歩きにくかった。しかし、今は河川には橋が架かり、道路は舗装されて歩きやすくなった。短期間で廻るには共通した点がある。距離数が比較的短く、平坦な地形の徳島と香川の両県は五日前後で廻り、距離の長い高知県と愛媛県は約十日のペースで廻っている。そのために、一日の歩く距離は通常よりは長く、六、七〇キロを歩いていることである。朝は早く出発して、夕方、夜に宿に着くのは遅くなる。その間、極力無駄を省いていることである。

なお、八十八ヶ所を一巡するのに更に短い期間で廻った人物もあった。笹原茂朱が第六十五番札所・三角寺の山麓にある番外札所・椿堂(常福寺)の住職から聞いた話では、二十二日で廻った男もあった。西川阿羅漢が宿の女将から聞いた話によると、二十六日間かけて裸足で廻った男もあった、と言う。約一二〇〇キロの道程を三十日前後で廻ることは驚異である。

二　遍路の費用

「歩き遍路」(徒歩巡拝)で約二ヵ月かけて巡拝すると、その費用も増えることになる。しかし、遍路に要する費用にはバラツキが見られる。その理由は遍路日数と利用する宿泊施設の違いによる。また、接待の多寡にもよる。行楽を兼ねると舟賃や飲食代も高くなる。遍路日数が増えるとその分の宿泊代が増すことになる。従って、「走り遍路」「飛脚遍路」と呼ばれる人の場合、日数が少なくて経費が軽減されて、経済的な遍路と言える。

江戸時代、伊予上野村の庄屋であった玉井元之進は五人で六十日間の遍路を行った。その記録「四国中諸日記」を残している。その中に支出簿「諸宿払座」も含まれている。それによると、一人当たり四貫文で金一両に相当する。讃岐の庄屋であった佐伯藤兵衛は三人で四十三日間の遍路を行った記録「四国辺路中万覚日記」を残している。その費用は一人当たり銀二一匁九分八厘であった。これは金一両に相当する額である(新城常三　前掲書)。

それに対して、西本兼太郎は接待として提供された「善根宿」らしきものが六回ある。その分費用が少なく済み、兼太郎の費用の大半は米代であった。米代は国、地域によって変動があったが、総額にして二二一五文かかったと思われる。それに木賃二五八文を加えると二四七三文となる。それ以外に舟の渡し代や納経料を加えると二五〇〇文を超えた(佐藤久光『遍路と巡礼の民俗』)。しかし、兼太郎は宿泊日数が少なく、善根宿の提供もあって、玉井、佐伯両名の二分の一程度と安い費用で済んでいる。西本兼太郎の費用は格安であって、例外的とも言える。当時一巡するのに要する額は金にして一両程度が相場であった。

明治期に入ると貨幣単位が異なってくる。明治四十年(一九〇七)に親友の羽生屋東岳と七十七日かけて遍路した小林雨峯は『四国順礼記』(一九三二年)を著している。その中の「四国巡拝中の路銀」の項で、一人当たり「金弐拾壱円四拾壱銭五厘」として、一日の平均が二六銭程度、と記している。その内訳は納経料二銭、宿賃が平均一〇銭、米代が平均一〇銭、そして草鞋・雑費が四銭としている。小林雨峯は総額が「弐拾壱円の小金にて」と費用が安かったことを述べている。

大正期に入っても出費の価格にはさほど変動は見られない。大正七年（一九一八）に遍路した高群逸枝は木賃宿について「泊まりは最低八銭で、よいのが二五銭、（中略）私達は、いつも六合炊いて貰ったようである」と記している。宿は施設の良し悪しで値段に開きがあった。米も土地によって格差が出ている。

昭和初期でも総額に変化が少ない。愛媛県の新居浜に住んでいた白石トメ子は、二十一歳の時の昭和十一年（一九三六）に伯母と二人で遍路に出た。その時のメモ書き程度の簡素な記録が残され、支出した金額が克明に記されている（印南敏秀　前掲論文）。それによると、当時汽車や車が走っているので、それを利用した交通費が一〇円二銭かかっている。宿賃は木賃と米代と弁当付きで一泊が二〇銭から二五銭で四十一泊の合計は一〇七五銭＝一〇円七五銭である。納経料は五銭に値上がりしている。トメ子たちはそれ以外に、賽銭、菓子代、喜捨、お土産代などを支出して、その小計は約五円である。トメ子も五回の善根宿を受けている。その総額は三一円七六銭となる。交通費が約一〇円かかっているので、それを除くと明治後期の小林雨峯の総額とさほど差はない。

明治期から戦前までの遍路の費用は高いものとは言えない。むしろ質素な旅であったと言える。その理由は宿泊の施設にあった。一般に遍路の宿泊は木賃宿、通夜堂に泊まり、時には野宿することも少なくなかった。その上に、大師信仰に篤い人びとによる善根宿の提供があった。最も利用された施設は遍路宿とも呼ばれる木賃宿であった。木賃宿は農家が副業に遍路を泊めるものであった。「木賃」とは飯を炊く薪代で、遍路は米を持参し、持っていない場合は宿から購入することになった。漬物や汁などの副食は宿の無料提供であった。飯は夜と朝、そして残った分は昼飯として持ち歩いた。いわば粗食であったので廉価である。しかし、木賃宿の問題は不衛生であったことである。蒲団は「せんべい蒲団」で垢で汚れ、しかも蒲団の丈も短かった。トイレは汚れ、風呂の湯も汚れていた。高群逸枝はそのような木賃宿より野宿の方が良いとも述べている。放浪俳人・山頭火でさも「安宿で困るのは、便所のきたなさ、食器のきたなさ、夜具のきたなさ、虱《ムシ》のきたなさ、等々であろう」と記している(『四国遍路日記』)。

山頭火は遍路宿の食事のメニューを記しているが、その中で高知の山西屋は名の知れた宿とあって、客も多くて夕食に焼き魚やさしみまで出ている。また、松山の道後の遍路宿を絶賛し、二十日近くも滞在している。それは「夜の敷布上掛はいつも白々と洗濯してある。居間も便所も掃除が行き届いている。食事もよい、魚類、野菜、味噌汁、漬物、どれも料理が上手でたっぷりある」と、遍路宿で最も居心地のよい宿と述べている。しかし、その値段は「一日三食たべて六十五銭乃至七十銭」と高めであった。

通夜堂は寺院境内や道中の道沿いにあって、遍路は接待などで受けた米、野菜などを煮炊きする自炊生活であった。遍路宿や通夜堂で泊まることから費用を安く抑え、低価格で廻ることが出来たのである。なお、旅館では遍路の宿泊を断っていた。その理由は不衛生な木賃宿に泊まる遍路は、蚤や虱などの虫を持ち運ぶからであった。

戦後も昭和二十年代は、敗戦による大きな打撃で戦前の様相と変わらなかった。昭和三十年代後半になると復興から経済成長期に入り、庶民の生活も徐々に豊かになってきた。それに伴って物価も上昇し、納経料金や宿泊施設の値段も段階的に値上がりする。納経料は二〇円と大幅に上がり、遍路宿は一〇〇円から二〇〇円とバラツキがあった。

昭和四十年代には団体バスによる遍路が盛んになる。それによって、これまでの遍路宿と呼ばれた木賃宿は敬遠されるとともに、バス遍路には無縁の代物となった。それに代わって、民宿、宿坊、旅館・ホテルが遍路の宿泊施設となった。宿坊は寺院が農地解放で失った財源を補うために、寺に遍路を泊めるようになった施設である(前田卓　前掲書)。加えて、宿坊は団体バスで多数の人びとが押し寄せる収容施設として人気があった。それに対して、個人で廻る遍路には、気楽で格安な民宿が利用されるようになる。

遍路を取り巻く環境―交通手段、宿泊施設―が変化することで費用も増加するようになる(佐藤久光『遍路と巡礼の民俗』)。昭和五十年代には四、五十日の徒歩巡拝で、概算にして一〇万円から一二万円となる。平成期に入ると更に総額は増える。堀之内芳郎の記録では、交通費を除くと四十六日間で四三万円となる。月岡祐紀子は支出の明細を記しているが、宿泊費(三十八泊、善根宿が数回)、巡拝用具購入費、身支度費を含めて約三七万円となる。

その結果、主な出費である宿泊費に加えて納経料、昼食費、飲み物、賽銭などの諸々を加えると、一日一万円程度となる。それに遠隔地から訪れる場合では四国との往復の費用が加算されることになる。しかし、マクラクランのように野宿をする人も少なくなく、その分宿泊費は軽減されることになる。近年「歩き遍路」が増加する傾向にあるが、その中には若者も含まれ、経済力の弱い彼らは宿泊、昼食を出来るだけ抑えようとする。それによって総額が少なくなるからである。

三　肉体的な苦痛に悩まされる

「歩き遍路」に共通するのは、肉体的な苦痛に見舞われることである。大正年間(一九一二―一二六)に遍路した高群逸枝は教員生活や文筆活動をしていたので、肉体的には丈夫であったとは言えなかった。そのために、四国に渡って札所を廻り始めると肉体的な痛みに襲われる。初日、大窪越えで、「草鞋が足に食い入って、とても痛い。杖に助けられて、よちよちと登ったところがかなりあった」と記している。翌日も疲れが残り、「目を上げるとまるで世界が黄色になってグルグル廻転しているようだ」と綴っている。その昼には、「一夜のうちに腫れ太った足、引きずるよう

にして道をゆく」とある。室戸岬では、

　私達は例によってへとへとに疲れていた。殊におじいさんはもうほとんど歩けないふうで、にわかにぐったりとなって、浜辺に坐り込んでしまった。

と記し、七十三歳になる伊藤老人も肉体的限界に達していた。休養をとって体力を回復させるが、肉体的苦痛には常に悩まされる。十月に入り終盤の今治を出る頃でも、「私も昼から食べていないのと、疲れとで、背の荷物が重たく、足元も危なく、仆《たお》れそうになるのをがまんして引きずって歩くのである」（『お遍路』）と、その辛さを綴っている。

　鍵田忠三郎も肉体的な苦痛に悩まされている。鍵田は近畿日本鉄道系列の四つの社長を兼務していたが、三十九歳の昭和三十六年（一九六一）に遍路に出た。鍵田は過度の肥満体で、今で言う「メタボリック症候群」であった。しかも心臓肥大、肺湿潤、脾臓の腫れ、痔ろうの四つの病気を抱えて、医者から余命二ヵ月と死期を宣告されていた。その病気を押して遍路に出た。当然、肉体的な苦痛に遭遇することになる（『遍路日記　乞食行脚三百里』一九五八年）。

　鍵田は僧籍をもち、信仰心で遍路に出ているが、その目標は朝夕には経文を唱え、精進料理に徹し、布施を受けることではなく、布施することを掲げている。しかしながら、出発当初はそれどころではなく、肉体的苦痛に悩まされ、壮絶な戦いが始まっている。初日には第四番札所・大日寺の手前で、「病身のうえに昨夜の不眠と雨に濡れたためにだいぶ疲れ、途中の小さな峠では、呼吸が困難になり息苦しく、休み休み歩く。先が思いやられる」と弱音を吐いている。第十番札所・切幡寺では、「石段三百三十三段あり、息切れし、病身の体力として限界点に達す。何度も休息して登る。（中略）杖にすがり、やっと登りきる。眼はかすみ、ぼうっとする」と、疲労困憊の状態であった。

　難所の焼山寺を下って、大日寺に向かう時、「いよいよ脚は言うことをきかない」「足が〝がくん、がくん〟と前に進まない」と記し、宿では「畳にすわるともう動けない。身体を引きずって風呂に入れてもらい、（中略）さすがに夜

鍵田忠三郎の出発前の写真(『遍路日記　乞食行脚三百里』より)

の食事が咽を通らない」と、疲労の極限状態に達している。

その後も足にマメができたり、膝が痛んだり、更には咽から血を吐いたりと、肉体的な苦痛は続く。しかし、痛いながらも遍路を続けると身体が鍛えられる。それまで十日の日数がかかっている。しかし、身体への不安は隠せなかったが、高知の難所の足摺岬で一つの転機を迎え、次のように綴っている。

乞食十八日にして、今日死ぬか、もう今倒れてまいってしまうかと毎日死ぬ準備をして歩いてきたのに、もう大丈夫だ。なんとか歩き抜けられるようだ。眼前が死を待つ暗い毎日から、これは生きることができるなと思う毎日に変わって明るくなってきた。

鍵田は病身を押しての遍路であったので、肉体的な苦痛は人並み以上であった。それは死を覚悟してのもので、巡拝記は「遺書」代わりとして書いたものだった。

第二十三番札所・薬王寺から室戸岬の御最崎寺までは汽車とバスを利用するなどをしているが、無事満願している。歩いたことで体重が約一二キロ痩せ、脾臓の腫れも三日目

夜行館の町まわり（上田雅一提供）

で引いた。心臓肥大も治ったようである。四国霊場を「四国病院」、弘法大師を「弘法大師医長」と呼び、医長は投薬をしなかったとも記し、感謝している。

笹原茂朱は小屋掛け芝居を興業して札所を廻った。笹原は昭和四十六年の晩夏、芸役者仲間と三人（途中で四人になる）で大八車を曳きながら約四ヵ月の遍路を行った。通常でも「歩き遍路」は肉体的な苦痛を味わうが、笹原一行の「夜行館」は芝居道具と日常用品を大八車に載せて運んでいる。大八車を曳いたり、押すので力仕事でもあった。それが肉体的な痛みにつながった。そのため、「足腰が疼く」とか「足がひびわれたように痛みだした」「マメが潰れた」と苦痛を散々味わっている。彼岸過ぎでも残暑が厳しく、肉体的に苦しい心境を次のように綴っている。

ときどきあまりの暑さでジーンと耳鳴りがしてきて、足がすくんだように歩けなくなる。一人の足が止まれば、それを待っていたかのように二人の足がスイと止まる。このまま大八を道に叩きつけたい衝動がやってくるが、歩きはじめる。（中略）足の裏がひび割れてきた。

笹原一行は大八車を牽引しての遍路であったことから、肉体的には通常の三倍ほどの負担がかかったとも考えられる。それだけ、苦痛を多く味わったことになる。

教員生活を辞めて、四国遍路を体験し、数冊の著作を持つ佐藤孝子も肉体的な苦痛を味わっている。まず、徳島で「マメがつぶれて、腫れあがってしまった」と、予定を超える三五キロを歩いた無理が災いした。高知では「足のくるぶしから、刃物でほじくられているような痛みがきました」と記し、須崎市の整形外科で治療を受けている。病名は何度かの捻挫の繰り返しと足首の靭帯が弱くなっていたことであった（『四国遍路を歩く　もう一人の自分に出会う心の旅』二〇〇二年）。

また、佐藤孝子は、「宿の食事中に出てくるお刺身、天ぷら、鳥の唐揚げなどが食べられなくなりました」と、疲れによる食欲減退を挙げている。その上、夜中には何度も目を覚まし「「生理」もなくなりました。そんなところまで栄養をまわしているゆとりはないという、からだの言い分が聞こえてきそうでした」と、体調の異変を綴っている。

若手俳優の秋元海十は、インターネットライブ中継に必要なパソコン、デジタルカメラに野宿用のテント、寝袋など二一キロの荷物を担いで遍路した。当然の如く、肉体的な苦痛に見舞われる。三日目に第十二番札所・焼山寺に夕方四時に到着するが、「境内にあるベンチにへたりこむ。もうこれ以上動けない。二一キロを背負った肉体と精神は粉々になった」と記している。そして「歩くことは厳しくて苦しい。すでに体は、たった三日間でぼろぼろだった。（中略）まるで足と肩の痛みに耐え続ける行《ぎょう》のようであった」と、予想を超える苦痛を実感している（『88の祈り　四国歩き遍路1400キロの旅』二〇〇四年）。

「歩き遍路」にとっては荷を背負って長距離を歩くので、身体のいたるところに苦痛が起きる。そこで重さを軽減することが肝要である。江戸時代の天保七年（一八三六）に十九歳で遍路した松浦武四郎は、当時の習俗を綴っている。春から夏にかけて暑くなると遍路は荷を軽くするために衣類を売った。それを次のように述べている。

また道ニ姥、媳《かゝ》ども出て、御遍路様着もの、うりものは無か〳〵かと尋居る也。皆四国へんろども春から夏ニかゝりて暖気になるにしたがひ、無用の着類をうる故ニ在中より街道すじえ来りて皆着類をうれ〳〵とすゝむ。

（『四国遍路道中雑誌』吉田武三編『松浦武四郎紀行集』中　一九七五年）

現代では、郵便局ができるとそこから小包で自宅に、現在ではコンビニから宅配便で不要なものを送り返すようになり、荷を軽くする工夫がなされている。

江戸時代の巡拝記では肉体的な苦痛については触れられていない。当時は移動に歩くことが当たり前で、それだけに脚力が強かったのであろう。しかし、程度の差はあるものの、歩いて廻る遍路には肉体的な苦痛は避けられないことであった。

四　接待を受ける

遍路の習俗の一つに接待がある。接待には地元の住民によるものと、四国以外の地方から来た接待講によるものがある。巡拝記を読むと接待を受けた記述が出てくる。江戸時代に遍路した新井頼助は多くの接待を受けている。「小豆めし」に始まり、「餅」「味噌」などの食べ物、草鞋、善根宿などである。そして珍しいのは酒の接待である。二月二十九日から三月一日まで加具見村の園助宅に逗留し、飲酒、御馳走になっている。山役人石川専十郎から酒の差し入れがあった、と記している。西本兼太郎も「残り胡麻酢」を一度接待されている。「胡麻酢」とは酒の隠語であった。新井はそれ以外にも「月代《さかやき》」という接待を三回受けている。これは現在の整髪に相当するものであった。庄屋であった新井は身だしなみを大切にしたのであろう。地域によっては接待が盛んで、三角寺までの道では「十二ヵ所」、曼荼羅寺に向かう道では「二十八ヵ所」の接待があった。宇度津の道場寺では備前から来た接待講から「銭或いはわらぢ等」の接待があった。

明治中期に遍路し、その巡拝記「卍四国霊場巡拝記」を新聞に連載したペンネーム〈四国猿〉（本名・菅菊太郎）は、大師の命日に当たる四月二十八日（旧三月二十一日）に接待として受けた品目を次のように挙げている（『二六新報』明治三十五年〈一九〇二〉五月二十日付け）。

一　髭剃　一回　　一　塵紙　一折
一　小豆飯　一碗　　一　金子　五厘
一　塵紙　又一折　　一　白餅　三ツ
一　粟餅　二ツ　　一　小豆飯　又一碗
一　金子　五銭　　一　甘藷　一碗
一　白米　一合　　一　白米　又一合
一　白米　又々一合　　以上

そして、接待の品々が多く、「今日の接待には頭陀袋も張裂けるばかり少々迷惑致せし方であつた」と述べている。珍しい接待として〈四国猿〉は荷を担いで貰う、という接待も受けている（五月二十一日付け）。

大正時代に伯母と遍路した白石トメ子は、日記には接待のことを記載していないが、息子の聴き取り調査では多くの接待を受けたことを語っている。それによると、一ヵ所で沢山の接待を受けても、直ぐ先にまた接待があった。頭陀袋に餅が一つも入らないほど膨らんだ。横道に逃げても直ぐに見つけられ餅を持っていけと言われたという。二十

有田接待講によるミカンの接待
（前田卓提供）

白石トメ子が巡拝後に伯母と撮影した記念写真（岩井宏實編『技と形と心の伝承』より）

一日は弘法大師の命日にあたり、前日のお逮夜の二日間は村人が道端に縁台を並べ、餅、饅頭、菓子、米、塵紙を遍路に接待したという。白石トメ子も〔四国猿〕と同様に接待攻めにあって困惑、迷惑する体験をしている。

このように、四国遍路では遍路に対して地元住民が接待をした。また、紀州からは春先に接待講が接待船を仕立て、金銭、三宝柑、草鞋、靴下、手拭い、軍手、塵紙を運び、寺院で寝泊まりして交代で接待した。

ところが、昭和四十年（一九六五）代頃からバスや自家用車による遍路が増え始めると、接待も徐々に衰退していった。それが昭和後期から平成期に入ると「歩き遍路」が見直され、増えるようになる。それに伴って接待も復活するようになる。ニュージーランド人のクレイグ・マクラクランは、沿道で焼き芋、スイカ、トマト、スモモなどの果物、豆腐製造業者からは出来立ての豆腐を接待で食している。彼は夏遍路であったので、アイスコーヒー、ポカリスエット、アイスキャンデーなどの接待も受けている。

飲酒を気にしなかったマクラクランは寺院でビールを振

る舞われ、また「山僧」と呼ばれる男性に招かれて善根宿の提供を受け、夕食ではビールを楽しく飲んでいる。作家の土佐文雄からも居酒屋で酒、料理の接待を受けた。また、道の途中で一〇円硬貨を持って来たおばあちゃんもあった。彼は外国人ということや過酷な夏の遍路でもあったので、札所寺院も納経料金を接待として返還している所もあった。

瞽女唄を奉納しての遍路を行った月岡祐紀子も、多くの人びとから接待を受けたことを綴っている。月岡は寺院で二回、一万円という高額な接待を受けたのを始め、民宿の女将や一時同行した元高校教師からもそれぞれ三〇〇〇円の接待を受けている。更に老人ホームや親しくなったおばあちゃんたちに三味線を演奏してあげたことから、お礼に金銭が接待されている。

接待の品は時代や季節によって変化してくる。食糧不足の頃は、米、飯、餅、芋などの腹持ちの良いものが多かった。豊かになると、持ち運びに便利な金銭が多くなる。しかも季節によってミカン、スイカ、桃、ブンタンなどの果物、アイスコーヒーやスポーツ飲料水なども見られる。自動車で次の札所まで乗せる接待も出ている。昔から受け継がれてきた品に手拭いと塵紙がある。塵紙は用足しや鼻をかむのに重用される。手拭いは手を拭いたり、汗を拭くには不可欠である。

接待の品々は時代ともに変化するが、時代を超えて普遍なものは沿道の住民たちの遍路への施しの温かい気持ちである。遍路はその接待に感動し、感謝の念が生まれる。それが肉体的にいくら辛くても先に進む勇気を与えてくれるのかもしれない。

五　忘れ物

遍路はよく忘れ物をする。新井頼助の場合は、同行した奉公人と思われる彦兵衛が風呂場で財布を置き忘れた。それが誰かに拾われたようであった。そこで山役人の石川専十郎がお金を貸してくれることになった。幸いにも三日間逗留している間に財布を拾った人が届けてくれて、事なきを得ている。ところがまたまた、大窪寺に向かう途中で、彦兵衛は長尾寺で納経をもらうことを忘れていたことに気付く。村人に五〇文を払って納経の受け取りを依頼した。彦兵衛のうっかりミスであった。長旅の疲れからか、集中力が鈍ってくるので遍路はよく忘れ物をする。

明治三十九年（一九〇六）、後に真言宗高野山派の管長となる和田性海と遍路した箸蔵秀岳も、札所で納経印を貰う時、首から外した札挟みを置き忘れている（和田性海『聖跡を慕ふて』一九五二年）。

伊藤延一は二度も忘れ物を体験した。一度目は第十八番札所・恩山寺を参拝し終えてバス停に戻ってきた時に、ガイドブックを忘れていることに気付く。恩山寺に戻るか、そのまま進むか、迷ったが、恩山寺に引き返してガイドブックを見つけている。今一つは、松山市内で乗船場に向かうタクシーで相乗りになった若者と、料金を「払う」「受け取らん」と言い合った。その時に財布をタクシーの中に落としたようである。乗船場でそれに気付いた。幸いにしてタクシーの運転手が届けてくれたことで助かっている。

また、小林淳宏は時事通信社を定年退職して遍路に出た。その体験を綴った『定年からは同行二人　四国歩き遍路に何をみた』（一九九〇年）を著している。その中で、納経帳を忘れたことと、眼鏡を忘れ、新たに購入した眼鏡も落とす失敗を述べている。『朝日新聞』で「天声人語」を長年担当したこともある辰濃和男も、寺に金剛杖を忘れて取りに戻っている。更には菅笠を宿に置き忘れている（『四国遍路』二〇〇一年）。

約二ヵ月の間、毎日歩き続けると、肉体的な疲労も溜り、集中力も弱くなってくる。それに加えて、先を急ぐあまりに焦りがちになるのが忘れ物をする原因ともなっている。

それ以外にも、歩いて遍路する人たちの巡拝記からは互いに共通する体験がみられる。その一つが天候に悩まされることである。雨風はもとより、暑さ寒さが遍路を苦しめる。夏遍路は特に過酷で太陽の日差しがきつく、疲労が倍加する。筆者の調査では夏遍路は全体の一・五割程度である。そこには車を利用した人も含まれているので、夏の「歩き遍路」はマクラクランや、一時彼と同行した天龍寺の修行僧「タケゾウ」、夏休みを利用した大学生など極めて少数である。夏はもちろんのこと、春から秋にかけて、舗装された道の太陽の照り返しも遍路を悩ます。

今一つの悩みはトンネルの騒音と排気ガスに悩まされ、暗闇の中で恐怖を感じることである。かつての遍路は峠越えで遠回りをしたが、今ではトンネルが開通し、そこを遍路は歩く。近道になって歩きやすくなったが、逆にスピードを上げて走る車の恐怖とその轟音、排気ガスに苦しめられることになる。

更には四国路の自然に心が和むことである。開発が遅れた四国路には自然が残されている。太平洋の広大さと荒波の迫力や、瀬戸内海の穏やかな静けさを綴ったり、詩を詠む人もいる。江戸時代の天保年間に遍路した松浦武四郎は、各所で風景、眺望に感激している。その一つに、土佐と伊予の境にあたる松尾峠で、「上ニ土州、予州の境標有。西は柏しま、沖ノ島、姫島等粲然と見え、また雲間ニ九州を望ミ、其眺望筆紙ニつくしがたし」と記している。文才を備えた高群逸枝や山頭火は巡拝記の随所で眺望に触れている。例えば、高群逸枝は第八十五番札所・五剣山八栗寺の山頂から下界を見下ろして次のように綴っている。

快かな！　壮かな！　一望微雨に霞《かす》んでその間自《おのずか》ら濃淡あり。

濃ゆきは山淡き海か、あたかもこれ夢の浮島。白雲時に湧いて処々渓谷に充ち、溶けては霧となり雨となり煙となりて消散す。

一切は静かなれども渦巻く雲ほとばしる雨、流れ狂う川あり活動の個々相集まりて静謐《せいひつ》の全てをなす。

大観すれば寂しく小観すればめまぐるし、奇《く》しきかな。

山頭火も、「室戸岬は真に大観である、限りなき大空、果てしなき大洋《(ママ)》、雑木山、大小の岩石、なんぼ眺めても飽きない、眺めれば眺めるほどその大きさが解ってくる」と述べている。肉体的苦痛に散々な目にあった鍵田忠三郎も第五十八番札所・仙遊寺で、「山頂の寺からは瀬戸内海の島が多数望まれ、春霞みたなびき、まさに絶景である」と、瀬戸内の光景を述べている。そして小林淳宏も、「足摺岬では断崖絶壁に立ち、荒れ狂う怒濤を眺めている」と記し、「南伊予では、沖合に島が多く屈折した入江とともに風景が次々と変化し、旅人の目を慰めてくれる」と、自然に癒された感想を述べている。

第二節　遍路の個別的な体験

多くの「歩き遍路」は互いに共通の体験を味わう。四国霊場の場の設定は何人にも同じで、札所に参拝して納経印を受け取り、次の札所へと廻る。その間、肉体的な苦痛を体験し、住民からの接待に感謝し、勇気付けられる。宿では疲れを取り、遍路仲間との交流もあって、情報交換をしながら互いに励ましあう。

他方、その人ならではの体験もあり、そのことが巡拝記に記されている。それが巡拝記の興味をそそる一つの要素でもある。その幾つかを取り上げてみる。

一　遍路の目的

遍路に出かける動機、目的はその人によって様々である。巡拝記の代表作でもある高群逸枝の『娘巡礼記』には、うら若き娘が一人で遍路に出かけた理由が詳しく述べられている。その一つに、母親が観音信仰に厚く、しかも逸枝は一月十八日の初観音の日に生まれていることでもあった。逸枝が生まれる前に両親は三人の子供を早世させてしまった。そこで、母親は「此子を丈夫に成長さして下さいましたら屹度《きっと》一人で巡礼いたさせますから」と、誓ったと言われる。逸枝も仏門に関心があって、十二歳の時に尼僧になるために得度を済ませている。

しかし、逸枝の遍路の目的は今一つあった。それは教職を投げ打って、結婚を約束した三歳年下の文学青年・楠本憲三と、逸枝を慕い求婚する男との関係で苦悩していた。堀場清子はその事情について、逸枝にとっては「生活も恋も、人生のすべてが、絶体絶命のゆきずまりに追いつめられた地点からの、決死の脱出が、この巡礼行にほかならなかった」と述べている（「高群逸枝・一切愛を求めて」『大法輪』昭和五十四年四月号　一九七九年）。

高群逸枝が遍路に出かけた理由は、青春時代の男女関係の悩みと、人生への絶望を打開するためでもあった。出発にあたっては、原稿を送るという約束で新聞社から受け取った僅か一〇円の所持金しかもたない計画性のない遍路であった。幸いにして、逸枝が観音様を宿していると信じ込む伊藤老人が、荷物を背負い托鉢をして食糧を入手するなど献身的に援助してくれたことで、逸枝は幾多の試練を乗り越えて無事帰郷することが出来た。

逸枝と同じような遍路を体験したのは月岡祐紀子である。逸枝の遍路から約八十年経った平成十二年（二〇〇〇）、高群と同じ二十四歳の時に悩みを打開するために遍路に出た。月岡は瞽女三味線の継承者として活躍していたが、芸の悩みを抱えていた。四国路には「ごぜ峠」という名前が残っている。それは盲人の瞽女が通った道であった。昔の瞽女は四国路を三味線抱えて辛苦の体験をしたことに月岡は気付いた。しかし、晴眼の自分には瞽女の心境は実感できない、と悩んでいた。その体験に少しでも近づくことで、真の瞽女唄を歌うことが出来ると考えた。そのために遍路に出かける決意をした。

瞽女唄を札所に奉納して廻り、民謡や童謡などを住民、参拝者に演奏した。幸い「遍路組曲」のメロディーが浮かんで、作曲することができた。しかし、途中で出会った遍路の「タケさん」に、演奏に「こだわり」があると指摘された。月岡はその指摘にむきになって抵抗した。それが大窪寺で結願した時に演奏した曲では、「タケさん」に「こだわり、取れたね！」と、褒められて月岡は涙を流した。

我が国の巡礼、遍路は僧侶の修行として起こった。それが庶民にも広まっていった。僧侶による巡拝記も少なくない。例えば、後に真言宗豊山派の管長になる富田斅純は「新宗教運動」（迷信排除）を展開し、月刊『遍路』を主宰していた。富田は大正十五年（一九二六）に体験記の『四国遍路』を発行している。富田の心友であった小林雨峯の『四国順礼記』（一九三二年）もある。富田の弟子である安田寛明は八回の遍路を体験し、『四国遍路のすすめ』を昭和六年（一九三一）に出版している。臨済宗東福寺派の管長となった尾関行応は、明治三十四年（一九〇一）と昭和九年の二回遍路を体験して『四国霊場巡拝日誌』（一九三六年）を刊行している。

ところで、僧侶以外でも宗教心を遍路の目的とした人も多い。その一人に鍵田忠三郎がいる。既述のように多忙な社長業に加えて、幾つかの持病を抱え、医師には余命二ヵ月と宣告されている身での遍路であった。その目的は、「一、一切布施行に徹すること。二、行基菩薩、勤操大徳、弘法大師の因縁があるように思うが、それを果たすこと。三、仏に命を捧げ、行をなし、なお命あらば社会大衆に奉仕する」としている。その心得として「仏者として十重禁戒は遵守すること、般若心経を一千巻高らかに唱えること」とした。そして「四国行きは、乞食《こつじき》行であるが、いっさ

追善供養で遺骨をもっての遍路
（岩波写真文庫『四国遍路』より）

先達に引率される娘遍路たち
（『くぼかわ今昔』旧窪川町提供）

いを布施行にせねばならぬ」として、道標建立や堂宇再建への布施、恵まれない人への喜捨を積極的に行った。鍵田の遍路は宗教心の実践であった。

伊藤延一は三人の妻を亡くし、その菩提を弔う追善供養で遍路に出ている。伊藤の母は「三度の火事より一人の妻を失うほうがもっとも心の痛手なのに、お前はどうしたことか三人もの女房に先立たれるとはのう」と、慨嘆したという。

遍路の体験を記した手記(未発表)を筆者に送ってくれた横浜市の芝山善和も、妻の追善供養として霊場を廻った。定年後は苦労をかけた妻と旅行でもしようと楽しみにしていた芝山は、癌で妻を亡くした。平成五年秋、その追善と自らの心の寂しさを癒すため、同じような境遇の人に会えるだろう、と思って遍路に出かけた。しかし、「私と同じ思いの人が他にいると思っていたが、お目にかかれ(話が出来)なかった」と記している。初めての遍路は三回に分割しての「区切り巡拝」であったが、「人の情けに触れる感謝の旅でもある」と、宗教心が会得されている。その後も三回遍路を行っている。

遍路の目的には、通過儀礼で娘たちが遍路を体験することがある。白石トメ子は昭和十一年、二十一歳の時に伯母と二人で遍路を体験した。伯母は胃癌にかかっていたが、遍路をしたことで治癒した。伯母の御礼詣りにトメ子は同行した。トメ子は結婚前で、両親も賛成してくれた。それは明治八年生まれのトメ子の母の娘時代には、嫁入り前に遍路に出かけることが多かったので、トメ子にも勧めたのであった。大正時代でも、高知県窪川の娘たちは先達の女性に引率されて遍路に出かけていた(写真集『くぼかわ今昔』一九八五年)。結婚前に遍路を体験することは、試練に耐えた大人の人間として扱われ、周囲から評価を受けた。宇和島や松山などの四国各地や瀬戸内島嶼などには、嫁入り前に遍路に出かける習慣があった(新城常三　前掲書)。同じような事例は西国巡礼にもあった。京都・物集女村の若者たちは同世代で西国巡礼に出かけ、その結びつきは将来までも続いたという（佐藤久光『遍路と巡礼の民俗』）。

江戸時代の庄屋であった新井頼助の遍路は、遍路には珍しく見聞、行楽を兼ねたものであった。新井は飲酒はもとより、煙管《きせる》煙草を呑んで、俳句を詠んでいる。その上、そば、そうめん、酒饅頭など美味しいものを食している。更に松山・道後温泉では逗留してゆったりと湯に浸かっている。度々芝居見物もしている。安芸の宮島には米出し船で二〇〇文を払い、厳島神社に参詣している。それに留まらず、対岸の備前の由加神社まで足を延ばしている。そこで土産の品も購入している。

同じ庄屋であった西本兼太郎の遍路は「走り遍路」であった。しかし、四国の主要な街では手短ではあるが、見聞したことを記している。例えば、伊予の大洲では「惣土蔵弐かい作りいろ〳〵売物有宿屋はだこきちん交ニて多し」と、町並みについて触れている。讃岐の坂出では、「入塩濱夥しく有」と記し、この地では入浜式塩田が広がり、土佐生まれの兼太郎には初めて見る光景であったのだろう。西本家では兼太郎が廻った翌年の文化三年（一八〇六年）に、弟の仁助も遍路をした記録が残っている。西本家は信仰心の篤い家筋と思われるが、兼太郎の日記には信仰についての記述は殆どない。しかし、番外札所や神社なども廻っているので、信仰心と見聞を兼ねた遍路であったのではないだろうか。

定年退職後に遍路に出かける人もいる。それは人生の一つの区切りとしての旅の体験でもあった。その代表作は小林淳宏の『定年からは同行二人　四国歩き遍路に何をみた』である。小林は時事通信社を六十三歳で定年退職して遍路に出た。その目標は「歩き通す、禁酒、禁煙」であって、遍路で長年の新聞記者生活を断ちたいという思いが感じられる。同書は記者の経験を生かした視点や、巧みな文章表現で読者を惹きつける魅力を持っている。

西川阿羅漢は海上保安官を定年退職して平成九年、六十七歳の時、遍路に出て『歩く四国遍路千二百キロ―ある定年退職者の三十一日の旅』（一九九九年）を出版している。西川はC型肝炎、通風、冷え症の持病を抱えていたが、事前にジョギングや耐久訓練を重ね、荷物の重さまで計測するなど念入りな計画を立てて、三十一日の「走り遍路」を成し遂げた。その動機は退職であった、として「はっきりとした目的はなかった」と述べている。しかし、トレーニングを始めて自信が出て、慢性的な持病を歩いて治そう、と決心している。

『喜寿の遍路日記　同行二人四国八十八ヵ所巡礼』を著した堀之内芳郎は、旧海軍少佐で、後に海上自衛隊の護衛艦の艦長を務めた。堀之内は平成二年から翌年にかけて三回に分けて一巡している。喜寿という一つの節目に試みた遍路であった。

妻を日本人に持つ親日家のニュージーランド人のクレイグ・マクラクランは、遍路の目的を「本当の日本探し」としている。しかし、本音には好奇心や冒険心が含まれていた。妻との約束では遍路期間中は飲酒、肉食を断つはずであったが、それを堂々と破っている。彼はトレッキングガイドという職業柄、歩くことに興味があった。そこで、過酷な夏遍路に挑んだ。しかも「冒険の醍醐味」を味わいたい、と野宿のための寝袋を持参しての挑戦であった。しかも二十九日の「走り遍路」をしている。

異色の遍路は笹原茂朱の遍路である。仲間と小屋掛け芝居を演じながら札所を廻った。その内容は芝居や道中のことが中心になっているが、寺院では札を納めている。雲辺寺などでは山麓に大八車を止めて登っている。知人から贈られた西端さかえ『四国八十八札所遍路記』を持参していた。芝居の興行と札所詣りを兼ねたものであろう。

その他にも、裁判官であった喜久本朝正は「リフレッシュ休暇」を利用し、四回に分けて一巡している（『四国歩き遍路の記―法衣を白衣に替えて』一九九四年）。精神的なストレスを抱える裁判官における気分転換が目的であった。大学四年生の時、就職活動に翻弄される友人を尻目に野宿して廻った早坂隆の『僕が遍路になった理由（わけ）―野宿で行く四国霊場巡りの旅』(二〇〇〇年)は、「自分探し」の遍路であった。
遍路の目的は人それぞれ千差万別であるが、目的によって日程にも違いが見られ、遭遇する事態にも変化がある。そして巡拝記の記述もその人の素養、見識などで視点が異なっている。四国遍路に出る目的は種々様々である。「通し打ち」で約二ヵ月の日数がかかり、その間肉体的苦痛と戦い、自らの目標を達成する場の設定として、四国霊場は多くの人びとに魅力的であると言える。

二　業病の遍路

四国遍路には貧困層や不治の病を抱えた人、地元を追われた不遇な人も少なくない。特に、病を抱えて行き場所のない人は、接待によって命を永らえるために四国霊場に集まってきた。戦前にはハンセン病患者も多かった。高群逸枝は遍路宿でハンセン病患者と思われる少女と同宿している。その一節には次のようにある。

髪は、赤ちぢれて根元には累々たる瘡《かさ》が食《は》み出ている。きたない指でかきむしるとその瘡ぶたが剝げて中から青赤い濁り汁がドロリ流れ出る。その臭気は実に絶えがたい。

また、阿波の那賀郡新田野村の善根宿で泊まっていた時に、ある遍路が修行に来た。その姿は、「顔も手足も紫に腫上《はれあが》って居る。(中略)何というこの惨《いた》ましい光景、顔をそむけずにいられない。/業病悪疾というのはあんな人たちの事だろう。ああ一言《ひとこと》何とか言ってあげたい」と、疾病をもった遍路の悲惨な状況を思い、同情の念を記している。
ある札所の僧侶によると、大正末期には遠く満州、樺太、台湾などからも巡拝者は来たが、「夏や冬に来る遍路さんは、殆どが癩病患者かイザリといった」人たちであった、と言う(平井玄恭「山本玄峰の四国遍路」『大法輪』昭和五十四年四月号)。

民俗学者の宮本常一もハンセン病の遍路に出会っている。第二次世界大戦の開戦直後の昭和十六年(一九四一)十二月九日、宮本は愛媛県の小松町から高知県の寺川に向かう山中で一人の老婆に出会い、話しかけた様子を次のように述べている。

顔はまるでコブコブになっており、髪はあるかないか、手には指らしいものがないのです。ぼろぼろといっていいような着物を着、肩から腋に風呂敷包を襷にかけておりました。大変なレプラ患者なのです。(中略)「婆さんはどこから来た」ときくと、阿波から来たと言います。(中略)「こういう業病で、人の歩くまともな道はあるけず、人里も通ることができないのでこうした山道ばかり歩いて来たのだ」と聞きとりにくいカスレ声で申します。老婆の話では、自分のような業病の者が四国には多くて、そういう者のみの通る山道があるとのことです。私は胸がいたむ思いがしました。

(「土佐寺川夜話」『忘れられた日本人』一九六〇年)

同じ遍路であってもハンセン病患者は、周りから伝染すると恐れられ、遍路宿や通夜堂から容赦なく追い出された。しかしながら、彼らも生きるための糧を得るために修行しなければならなかった。そこで、「笠を深くかぶったうえに白い布で顔全体を目だけを残して覆い、指先がなくなって棒のようになった手を手甲で隠したりしていた」と言われる(広川勝美編『遍路—彼岸に捨てられるもの—』一九七八年)。

当時、ハンセン病は不治の病とされて、伝染を恐れられて故郷を追われた。彼らの生きる場所は何処にもなく、唯一四国遍路であった。しかも同じ遍路からも忌避されていた。そのために山道を歩き、変形した身体を覆い隠していた。明治期に遍路体験した〈四国猿〉(本名・菅菊太郎)は、一〇〇〇文を持参して病人や障害者の遍路に一文ずつ喜捨した。手元には一三〇文残ったので、〈四国猿〉は八七〇人の患者に出会ったことになる。

そして、〈四国猿〉は霊場には病人、障害者の多いことを綴っている。その表現は現在では差別的扱いで不適切となるが、「廃人《かたわ》の陳列《ちんれつ》＝修羅《しゅら》の道場《どうじょう》」とサブタイトルを付けて、「四国の霊場に重立《おもた》ツた伽藍《がらん》となつてある所では、其《その》仁王門から本堂まで、両側がスツカリ廃人《はいじん》の陳列場となツてあるのである」と述べている。その上で「蹇人《あしなへ》、跛跨《びつこ》、瘋《ふう》癲《てん》」などを含む一五の病状を列挙している（『二六新報』明治三十五年七月二十六日付け、一部の振り仮名は省略）。

（四国猿）の巡拝から十余年経った大正七年（一九一八）に遍路した高群逸枝は、その巡拝記『娘巡礼記』でも遍路宿で同宿した病人、障害者の状況について詳しく述べている。また、前章で述べたように、瀬戸内寂聴や白石トメ子の記述にも霊場にハンセン病や業病に罹った遍路が記されている。明治、大正、昭和初期には医療や福祉行政が立ち遅れていたため、貧者、障害者たちは救済を願い、かつ生きる糧を求めて霊場に集まってきたのであった。

なお、アルフレート・ボーナーは昭和初期に松葉杖を突いて石手寺に詣る遍路の後ろ姿を写真で撮影し、その著Wallfahrt zu Zweien（日本語訳『同行二人の遍路』二〇一二年）に掲載している。

三　「遍路狩り」

遍路には身分、職業においても様々な人がいる。僧侶、庄屋から不治の病を抱えた人、はたまた借財を抱えて故郷を追われた人までバラエティーである。そこには社会の下層、貧困層も多かった。和歌山藩士の妻の日記には「かろき者ハ病或ハこじき又ハ四国へ出る」と記されている（「小梅日記」『和歌山県史』近世史料二）。江戸時代には年間一万五〇〇〇人から二万人の遍路があったが、その内の一割が物乞いする遍路であったのではないかとも言われている（新城常三　前掲書）。貧困層の遍路は寒さを避けるために南国土佐に押し寄せた。そのため土佐藩は遍路が藩の治安を乱すことを警戒して遍路を厳しく取締まった。阿波からの出入り口は甲ノ浦口、伊予からの出入り口は宿毛口に制限し、その上、長期の滞留者は庄屋が届け出ることを義務付けている。そして、出入り口の番人にも「心得」として次のように通達を発している。

一　辺路改方之儀、生国往来切手ハ不及沙汰、納経幷路銭有無共入念相改、若納経無之者ハ乞食ニ紛敷ニ付、速ニ追返可申事（広江清編『近世土佐遍路資料』）

そのため、「土佐は鬼国　宿がない」と遍路には恐れられていた。明治期に入ってからも物乞いや遍路を装う「偽遍路」が横行した。そこで、警察はそれを取締まるようになる。遍路を装った事件の新聞記事が『愛媛新報』（大正十五年十月十五日付け）に次のように報じられている。

（前略）三名は本月二日、宇摩郡上山村大字杉谷鈴木義右衛門方に来て、自分等は四国巡拝の為め三角寺へ来たが、道に迷ふて困つてゐるとて宿を乞ひ、（中略）〔引用者註＝三名のうち一名が泊まった主人〕蔵右衛門の好人物につけ込み、自分は郷里で呉服の卸商をしてゐるので呉服類原価で送るからと、仙台平《せんだいひら》袴地一反の申込と手付として八円を騙取し、更に万病に効ある外国製の妙薬を持つてゐると欺き、水のようなものを渡して金二十円を騙取した上に、床の間に掛けてあつた軸物を自分のと交換してやるとて騙取逃走した、（中略）彼等は同様の手段で各地を荒らしてゐる模様であるから、一般に注意すべきである。〔適宜、読点を補なった〕

遍路を装って不正を働く「偽遍路」が増えることで、警察も取締りを強化した。これが「遍路狩り」であった。高群逸枝は札所巡拝を終えて八幡浜に戻って「三津山屋」という宿で遍路狩りに出会った。『お遍路』（一九三八年）ではそれが真実味を帯びた描写になっている。

急いで下を見ると、二、三人いる中で最も背の高いお巡りさんが、

「こら、はっきり言わんか。いんや言わんでも好えから、早くせえ、警察へ行くんじゃ。」

と、おじいさんにどなっている。すると、極度に例の向っ腹を立てているおじいさんは、

「お遍路をどげえ心得るか。お大師様の大切な同行じゃが、どげえ心得るか。」の一本槍で答えている。

「おじいさん。」

私がなだめにかかると、お巡りさんが、

「連れか。」

私に聞く。そうですと答えると、

「ふム、そいで何かな。」

じろりと私を見る。

（中略）

横からおじいさんが、「お遍路をどげえ思うか、お四国の土に生きていて、その心得を知らぬか、いまの若い者は生意気じゃ、仏の教えということが分っとらんわい。」

と団栗のような大きな吸口の烟管を出しながら、悠然としていう。

「引っ立てるぞ。幾ら身分はあっても遍路は遍路じゃないか。この娘、その爺さんによく言ってきかせろ、分かったか。罪は成り立つのじゃが、特別をもって許しとくけに。」

遍路は信心である、と強調するおじいさんの抵抗にさすがの警察も、特別の計らいで放免すると言って引き返している。それによって、同宿していた貧困層の遍路たちはホット安堵している。信心で廻る遍路を食い物にする悪人と善良な遍路との区別は難しく、不当な取締りに泣かされる遍路も多かったであろう。

四　見聞された遍路

巡拝記には著者が直接見て記述したものと、札所の僧侶や道中で歩いている時に住民から聞いた話が出てくる。そこには貴重で興味深い話も幾つかある。その中から二、三取り上げることにする。

伊藤延一は三人の妻を亡くし、その位牌を持って追善供養で遍路に出た。第六番札所・安楽寺の宿坊に泊まり、住職の法話を聞いた。それは、脊髄カリエスに罹った女性が病気平癒を願って夫の手助けを借りて遍路に出た。その途中で不思議な霊験を得て全快した話であった。その伊藤は西端さかえの『四国八十八札所遍路記』を読んでいた。西端は札所寺院の住職から不思議な霊験談を聞き、それを記している。伊藤が霊験談に関心を持ったのには、自身が三人もの妻を救えなかった無念さがあったからかもしれない。

第九番札所・法輪寺の本堂の入口に、階段に立つ弘法大師に正座して合掌する三人の男と、地面にひれ伏す一人の男を描いた絵額縁（口絵2）に伊藤は注目した。それは京都の山口庄太郎が奉納したもので、大正九年（一九二〇）五月一日の日付がある。伊藤はその経緯を次のように述べている。山口は脳梗塞で言葉が不自由になり、名医霊薬も効果がなかった。遍路途上の法輪寺において俄に卒倒し、不動の三昧地に入り、高祖大師の不思議なご利益を得て、言葉も自在に話せるようになった。その報恩感謝で額縁を奉納したのであった。

それ以外にも伊藤は大阪から来た夫婦から聞いた話を綴っている。その妻は片方の卵巣を摘出しているので子供に恵まれないと思っていたが、恵まれたい一心で遍路に出かけた。ある老人に「心から信心して廻りなさい。必ず子供はさずかる」と言われた。そうすると、翌月から妊娠の兆候があり、無事女の子を出産した。その御礼で再び遍路していたのであった。

伊藤は別の体験もしている。第二十一番札所・平等寺で三人の女性に一〇〇円の喜捨をした。宮崎から来たという女たちは通夜堂の土間で自炊し、荷物をリヤカーに積んで曳いていた。ところが、伊藤は翌年二回目の遍路で再びこの三人の女性たちに出会った。三人は四十二番の仏木寺でリヤカーから荷物を下ろしているところであった。お互いに顔を覚えていた。話を聞くと、主人は遍路中に三人を残して亡くなった、と言う。その遺骨を抱いて廻っていた。三人は五十八歳の母と、姉娘が二十九歳、妹娘は十九歳で、姉娘の体調が思わしくなく、痩せ細っていた。彼らは家財道具一式をリヤカーに積んで札所を逆廻りしている。遺骨を抱いていることでは伊藤も親子三人組と同じ境遇であり、再び喜捨をした。

笹原茂朱もこの三人の女性のことは噂で聞いていた。そこで笹原はその一行と出会いたいと思っていたが、宇和島に向かう途中の真弓峠で泊まっていた時、テントの中から一行が通る姿を見た。荷台には着物の童女が座って、ズボンにズック靴の老婆と、童女の妹らしき娘もズック靴で白い布で顔を覆っていた、と笹原は記している。

この三人の一行は、何らかの事情があって四国遍路に出たが、帰る場所もなく所帯道具を載せたリヤカーを曳いて住民からの布施を受け、通夜堂で自炊して寝泊りしていた。また、平成十五年（二〇〇三）にペンネームを幸月と名乗る男も、家財道具一式を台車に載せて遍路をしていた。幸月は句集『風懐に歩三昧《かちさんまい》』を出版し、テレビでも放映されていた。しかし、本名を田中幸次郎という八十歳のこの男は殺人未遂の容疑者であることが判明し、逮捕されることになる。昔も今も変わらぬ遍路姿の一齣でもある。

笹原は小屋掛け芝居を演じての遍路であったので、地域住民との交流が出来て遍路に関するいろいろな話を聞くことができた。例えば、昭和四十年（一九六五）代には「歩き遍路」が少なくなるが、乞食遍路も減少する。老人福祉の改善で、乞食遍路は老人ホームに収容されたことによるという。その老人たちは春になると、血が騒いで「お遍路さ

結願寺の大窪寺

せろ」と暴れるということであった。

今一つは、歌舞伎役者の第八代目市川団蔵の話を番外札所・椿堂（常福寺）の住職から聞くことができた。団蔵は遍路を終えて小豆島に渡り、昭和四十一年六月四日未明に播磨灘で船から入水自殺をしている。団蔵は椿堂の縁側に腰をかけて、お茶を飲みながら住職となにげない世間話をしていたという。笹原は次のように綴っている。

> 住職によると、そのときの団蔵の顔にはすでに冥途からこの世を見ている〝死相〟が出ていたという。当時八十四歳という彼岸の年令であったとしても、遍路道がそのまま生きながらの死出の道となった団蔵の肉眼が、何故か私どもに深く心に残るものがあった。

椿堂の住職は慧眼の持ち主であった。それは団蔵が既に死の覚悟をしていることを見抜いていたからである。団蔵は五月の遍路出発にあたり、第一番札所・霊山寺で住職と会話をした。作家の土佐文雄は住職から聞いた話を次のように述べている（『同行二人―四国霊場へんろ記―』一九七二年）。

一人の気品のただよう老人が背広姿で霊山寺の門をたたいた。遍路姿に着替えた老人に住職は年齢を尋ねられると、「八十四歳です」と答えた。そして老人は「じつは四国遍路は私の二十年来の念願でした。やっとお遍路になれてこんな嬉しいことはございません」と言った。住職は道中では御気をつけてくださいと言うと、老人は「途中で倒れても悔いることはありません。死ぬも生きるもお大師とご一緒ですから」ときっぱりと答え、元気に旅立ったと言う。

市川団蔵は伝統ある歌舞伎界で長年活躍して、その間、芸を磨くことや精神的な緊張を強いられて息の休まることもなかった。歌舞伎界を引退し、安堵しての遍路であった。念願の遍路を終えたことで、もはや思い残すこともなく、旅立ったのであろう。

田中幸次郎と市川団蔵については、第七章で改めて詳しく述べることにする。

五　結願の想い

約二ヵ月を要する遍路も第八十八番札所・大窪寺で終了する。結願した思いはさぞかし、感極まるものがあるだろう。そこに到達するまでには天候に悩まされ、肉体的苦痛を味うなど幾多の苦労があった。その反面、住民の接待に感謝し、人の心の温かみを感じるからである。

しかし、結願の思いは必ずしも一様ではなく、これも様々である。真言宗豊山派の僧侶、荒木哲信は昭和二十九年（一九五四）の遍路で満願した時、「井草同行人は感極まって涙にむせんだ」と述べている（『遍路秋色』一九五五年）。小林淳宏も「法悦に浸った」と記している。秋元海十は「感無量である」と、佐藤孝子は「感謝、感謝、ただ感謝」と述べている。月岡祐紀子は最後の瞽女唄を奉納したが、それを聞いていた人びとから拍手が沸いた。すると、「とたんに、涙があふれた。私ひとりの力じゃない、四国の人に見守られてここまで来られたんだ」と、その感激を綴っている。このような感想が一般的であろう。

肉体的苦痛に散々苦労した鍵田忠三郎は、「十重禁戒を守り通したし、（中略）道心に恥じなかったと思う。（中略）光栄ある四国乞食遍路であるし、誇り高いものがある」と、満足感と達成感を表わしている。柴山善和も「終わったが、涙が出るというまで感激には何故かいたらなかった。しかし、成し遂げた満足感は十分にある」と、満足感を挙げている。

それに対して、西川阿羅漢は「『終わった』という安堵感はあったが、『やった』という飛び上がるような満足感も、征服感もなかった」と、感激は少なかった。その理由は、「感動を期待していた」「期待すぎていた」ことにあると述べている。佐藤孝子も「法悦はなかった。体験記などでは『法悦の涙があふれた』と書いてあるものもあったのに、（中略）なにか裏切られたような気分でした」と述べながらも、「なにかが一杯に満ちている気もした」と満足感を感じている。更に「この旅が終わりになると思うと、なにか名残惜しくなるのだ」と遍路の名残を惜しんでいる。

名残を惜しむ感想は鍵田忠三郎も同じであった。無事自宅に戻って、「帰国して十日も経つと、また四国に遍路したいという気持ちになってくる。不思議なものだ」と、遍路への名残を表わしている。笹原茂朱は四ヵ月余りの長旅であったが、結願は逆廻りをしているので第一番札所・霊山寺であった。三人は本堂で目を閉じて時間をかけて結願の合掌をした。一時間ばかり佇んでいたが、「すぐに八十八番の大窪寺に向かってもう一度八十八ヵ所を巡り歩きたい衝動にかられるのである」と綴っている。道中で味わった苦労よりも接待や住民との交流などの懐かしい思い出が心に残っていたからであろう。苦しく辛い体験はやがて懐かしさに変化する。筆者の調べでは、その後、二回、三回と廻る人の割合は半数近くある（『遍路と巡礼の社会学』）。四国遍路はそのような魅力を持っていると言える。

巡拝記には人それぞれの想いが綴られている。そこには遍路する人が互いに共通して体験することもあるが、接待する人も別々で、接待の品々も異なっている。接待には食物から飲み物、高額な金銭、善根宿などがある。親日家のクレイグ・マクラクランは日本語を話せる外国人ということで多くの接待を受けている。その一つに室戸岬に向かう時、ある老人から接待を受けた。皺だらけの老婆が白い日傘をさして足を引き引き歩きよってきて、一〇円玉を強引に握らせ「がんばって」と一言残して立ち去った、と言う。それを彼は、「一〇円硬貨そのものよりも、その心のこもった仕草にわたしは心が温かくなった」と述べている。

遍路の取り巻く環境も時代とともに変化してきた。その好例は交通機関や宿泊施設などである。歩く道も砂利道から舗装された道へと変わった。そのため、かつてのような苦労も軽減されるようになった。しかし、「歩き遍路」には苦労が多く、とりわけ夏の「歩き遍路」は想像を超える苦労がある。そのような環境で遭遇する出来事にも千差万別で、他者には味わえない独自なものがある。それが巡拝記に綴られ、そこに巡拝記の興味深さがある。

第五章　アルフレート・ボーナーの遍路研究

巡礼は日本だけの宗教文化ではない。そもそも仏教の巡礼は、仏教の発祥地インドの仏跡を巡ることに起源をもち、やがて中国を経て我が国に伝来した。仏教以外の宗教にも巡礼の習慣はある。キリスト教では聖ヤコブの墓のあるスペインのサンチャゴ・デ・コンポステラへの巡礼が有名である。イスラム教では聖地メッカへの巡礼が名高く、世界中のイスラム教徒が集まる。ヒンドゥー教徒は険しいヒマラヤ山中に点在する聖地を訪れている。

ところで、日本を訪れたヨーロッパ人は日本の巡礼に非常に興味を抱いていた。何故であろうか。そこには日本の巡礼にキリスト教の巡礼とは違った特異性があったからではなかろうか。それをヨーロッパ人は日本人の敬虔な宗教文化と捉えたのであろう。その特異性の一つに装束、持ち物に特徴があったことである。頭に菅傘を被り、背中には笈摺を着て杖を突いて歩く姿は、一目で巡礼者とわかった。

そこで、外国人による日本の巡礼、遍路に関する見聞、研究などを概説してみる、その上で、国内外で最も早く四国遍路を研究したドイツ人のアルフレート・ボーナーの研究に言及することにする。

第一節　外国人と巡礼、遍路

外国人で最も早く日本の巡礼に関心を示したのは、鎖国中の江戸時代に来日したドイツ人医師のエンゲルベルト・

ケンペル(Engelbert Kaempfer 1651-1716)である。ケンペルは外科医の資格でオランダの東インド会社に勤め、元禄三年(一六九〇)に来日した。彼は、長崎と江戸を二回往復し、その時に見聞した日本の風俗について記した『日本誌』(英訳本 The History of Japan)を残している。その中に『江戸参府旅行日記』が所収され、巡礼の項で次のように述べている。

われわれはまた方々でいわゆる巡礼《じゅんれい》(Sjunre)を見かける。彼らは日本全国のあちこちにある大へん有名な観音を祀る三三の寺に詣《まい》り、二人または三人ずつ組を作って巡礼の旅をする。彼らは哀調をこめて戸ごとに観音経を読み、(中略)旅行者に布施を求めるようなことはしない。まだ詣っていない寺の名を小さい特別の板に順々に書いて襟《えり》の周りに付けている。そのうえ彼らは木綿の胴着《どうぎ》を着ているし、また特別の服装をしているが、こうした服装は巡礼旅行をする時に全て独特な風習となっている。このような信心深い巡礼者は、多くの人々の気に入っているので、(後略)

(ケンペル著　斎藤信訳『江戸参府旅行日記』平凡社東洋文庫　一九七七年)

これは元禄時代の西国巡礼の様子を記述したものである。巡礼者が唱える観音経とは御詠歌で、「寺の名を小さい特別の板に順々に書いて襟の周りに付けて」というのは、納札を入れた札挟みを首から下げていたことを表現したものである。また、「木綿の胴着」とは笈摺と考えられる。「布施」を受けることはしない、とも述べている。近世に入ると西国巡礼では行楽的要素が強くなり、同情・共感が薄れて接待の習慣が衰退していく様子がここから読み取れる。平安時代末期に起きた我が国最古の西国巡礼は、鎌倉期になると庶民にも普及し、大勢の人びとが巡礼に出かけるようになる。泰平の世の江戸時代・元禄期は経済的にも豊かになって、第一次の巡礼ブームのはしりに相当する時期であった。ケンペルは道中で、関東から上方へ向かう、また上方から国元に帰る巡礼者を度々見かけたのであろう。ケンペルは道中で巡礼を見聞しただけであったのに対して、学者の視点で本格的に巡礼、遍路に関心を示したのはチェンバレンであった。明治時代には、文明開化で西欧人の招聘教員が多く来日する。その一人であったイギリス人のバジル・ホール・チェンバレン(Basil Hall Chamberlain 1850-1935)も招聘されて来日した。彼は帝国大学の教師として日本語、日本文化史を研究し、講義した。チェンバレンが明治三十八年(一九〇五)に著した Things Japanese(『日本事物誌』第五版)において巡礼について触れている。それによると、東京では成田山、関西では高野山、三輪、多武《とう》の峰などを詣る。四国では金毘羅山への参拝などが有名である、と述べている。更に続けて次のように綴っている。

例えば、慈悲の女観音《かんのん》を安置した三十三所《さんじゅうさんじょ》の霊場である。

一般に巡礼は社会性をもっている。講《こう》または講中《こうじゅう》と呼ばれる敬神団体が無数あって、その会員は毎月一セントか二セントを出し合い、毎年一定の期日が来ると、会員の中の何人かが籤《くじ》で選ばれて、他の会員達に代って彼らの尊崇する神社に代参する。費用はすべて共同の資金から支出される。(中略)

「良き昔」を思い起す人びとは、巡礼の風習が下り坂にあると言う。たぶんこれは本当であろう。宗教の影響力は、西洋の「進歩」思想と物資文明の浸透によって弱められてきた。(『日本事物誌』の初版(明治二十三年＝一八九〇年)には「巡礼」の項目はなく、その後改訂増補された第五版に記載されている。『日本事物誌』高梨憲吉訳、一九六九年)

チェンバレンは巡礼の風習が、西洋思想や物質文化の影響で弱まったと見ていた。しかしながら、開国してさほど年数も経ない明治中期では、庶民には西洋思想の影響は少なかったと思われる。むしろ、明治初期の神仏分離令による宗教界の混乱が人びとには強い影響を与え、巡礼も多少低調であったものと考えられる。

チェンバレンはその後、明治二十四年の A Handbook for Travellers in Japan(『日本案内記』)でも西国巡礼と四国遍路の歴史などについて触れている。チェンバレンは日本各地を旅したので、その時に見聞した巡礼、遍路を記している。チェンバレンは、西国巡礼では、八世紀に徳道上人が頓死して閻魔大王に出会い霊場を広めよとの託宣で開設された、という説を紹介している。そして紀州の那智山の補陀落寺から美濃の華厳寺までの三十三所の国名と寺名をも紹介している。また、長谷寺の御詠歌も記している。

更に四国遍路にも触れ、四国遍路では四国八十八ヶ所は四国住民が宗教的に特別な役割を果たしている、と述べている。各寺院には仏教の本尊が祀られていることも述べている。巡礼者は札所から札所へと絶えることなく移動し、尻すけを身に付け、札挟みを持って札を寺の戸や柱に貼り、藁のサンダル(草履)を履いている、なども述べている。

納札は銅、真鍮、木などの材質を用い、それを打ち付けていた。そのことから「札打ち」と呼ばれた。しかし、四国遍路では札の枚数も多いことから、その後軽い紙が使われ出した。現在では納札箱に札を入れているが、明治期には寺の戸や柱に貼っていたことが、この記述から判明する。その習慣は昭和初期にも残っていた(アルフレート・ボーナー『同行二人の遍路』)。

その後、チェンバレンは明治二十六年に、Journal of The Anthropological Institute of Great Britain and Ireland(大英国並びにアイルランド人類学学会雑誌)の第二二巻に、前記のような要旨の論文Notes on Some Minor Japanese Religious Practices(「日本宗教の幾つかの副次的実践の覚え」)を掲載している。その末尾には二人の巡礼者の姿を写真に撮って載せている(口絵1)。その二人の写真は西国巡礼と四国遍路である。この写真は日本の巡礼者の最も古い写真とも言える。明治初期の写真機は大型であった。静止状態で撮影されているので、モデルを使って撮ったものと思われる。しかしながら、当時の巡礼、遍路の装束を正しく表現している。西国巡礼は既述のように納札の木札を首から輪っかのようにぶら提げ、竹の杖、遍路は小さい長方形の札挟みを下げている。この写真は非常に貴重なものである。

明治の後期には、アメリカのシカゴ大学で人類学の教授を務めていたフレデリック・スタール（Frederic Starr 1858-1933）が四国遍路に興味を示している。スタールは明治三十七年に初来日して以来一五回も訪れ、日本各地を巡った。大正十年（一九二一）には遍路装束に身を包み菅笠、金剛杖をもって納札挟みを首から提げて四国霊場を廻っている。彼は納札に興味を抱き、「納札会」の会員にも加わっている。大正六年には、雑誌「nosatu-kai」で納札の歴史を説明している。

スタールが日本人に知られるようになったのは、四国霊場第五十三番札所・円明寺の本堂の厨子に打ちこめられていた銅板の納札を、講演などで世間に広く知らしめたことによる。その札は、慶安三年（一六五〇）年に京都に住んでいた平人家次が納めたもので、四国霊場で破損のない最古の札であった。このことからスタールは「御札博士」と呼ばれるようになった。但し、この札は同寺の住職であった小笠原秀定が発見し、住職から知らせを受けた旧制松山高校教授の景浦直孝が、大正三年の雑誌『歴史地理』第二四巻第一号に掲載した「四国遍路」で発表している。なお、スタールは大正八年に『御札行脚』を著しているが、それは全国各地を行脚した紀行文の内容で、四国遍路に関する学術的論文などは残していない。同書では円明寺の納札についても触れていない。

大正末期には、旧制松山高校に赴任したドイツ人、アルフレート・ボーナー（Alfred Bohner）が自ら遍路体験をするとともに、詳細な文献研究を行い、Wallfahrt zu Zweien, Die 88 Heiligen Stätten Von Shikoku（『同行二人　四国八十八ヶ所霊場』）を東京にあるドイツ東洋文化研究協会の雑誌の増刊号として出版した。その内容については次節で詳しく述べることとする。

戦後では、アメリカ人ジャーナリスト、オリバー・スタットラー（Oliver Statler 1915-2002）が Japanese Pilgrimage（1983）を出版している。スタットラーは第二次世界大戦後、軍役で東京、横浜に滞在し、退役後は伊豆の下田、四国

オリバー・スタットラー（左）と上田雅一

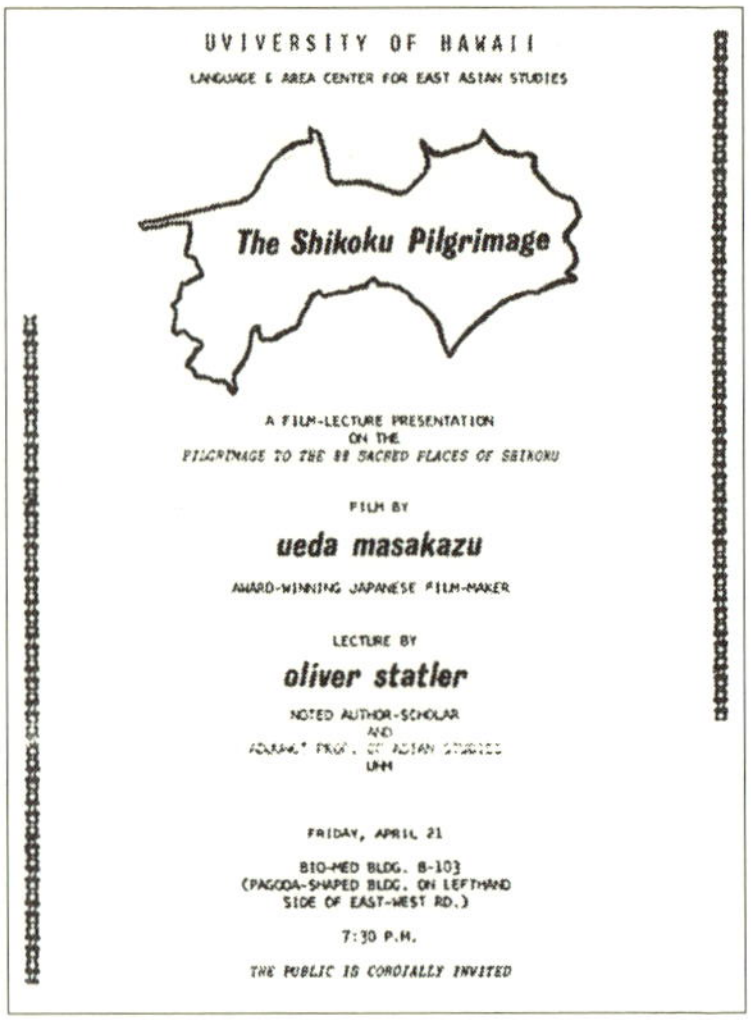

8ミリ映画「札所―そのうつろい」のハワイ大学での上映会のポスター
（1952年）（上田雅一提供）

の松山でも生活した。松山では四年間住み、昭和四十三年（一九六八）と四十七年の二度にわたって遍路を体験している。その成果が同書である。また、彼は昭和四十七年の雑誌『旅』に「青い眼で見た四国遍路」（訳・山本研二）をも掲載している。

スタットラーは著作活動以外にも遍路の映画製作も行っている。映画製作は人手と費用がかかり、研究とは異なる。そこでスタットラーは松山に住む写真家であり、多くの優秀な8ミリ、16ミリ映画の製作にかかわった上田雅一の協力を得ている。上田は愛媛新聞社に勤務するかたわら写真活動を始め、退職後も一層精力的に活動していた。そして、遍路の8ミリ映画「札所―そのうつろい」を既に制作していた。スタットラーと上田たちは四年の歳月をかけて、昭和五十四年、アメリカ人向けにA Japaese Pilgrimageを完成させている（上田雅一『愚眼遍路』一九八二年）。

平成期に入ると、オランダのランデン大学の教師と学生が日本文化を学ぶため、「信仰を身体で理解する」として来日し、四国遍路を体験している。日本仏教を専攻する教授に勧められ、二人の女子学生を含めた九人一行は白装束に輪袈裟を着けて、菅笠を被って宿坊に泊まって二ヵ月の遍路を実践している（『朝日新聞社』平成六年六月二十八日付け）。

遍路を見聞、体験するに留まらず、研究対象とした外国人も少なくない。先にあげたアルフレート・ボーナーもその一人であった。それ以外にもイギリスのランカスター大学のイアン・リーダー（Ian Reader）は二十年余りも遍路研究を行っている。その間、国際日本文化研究センターの外来研究員も務めている。その成果は一九九三年に、Tony WAIKERと共同編集したDead to World, Pilgrimage in Shikoku を始め、一九九九年にはLegend, Miracles and Faith in Kobo Daishi and Shikoku Pilgrimage を刊行している。彼の最新作は二〇〇五年に出版されたMaking Pilgrimages, Meaning and Practice in Shikokuである。同書は、四国遍路の構造を研究するとか歴史の概説ではなく、タイトルが示すように「遍路に出かける」「遍路する」といった性格の内容である（真野俊和「書評と紹介」『宗教研究』第七九巻第三輯　二〇〇五年）。

イアン・リーダーの最新作は、それまでの日本人研究者の文献をつぶさに読み、それらを随所に引用している。引用文献は単行本以外にも大学の紀要論文、雑誌論文なども多く含まれている。そして、研究を近代以降とりわけ戦後の遍路に注目し、自らも数百人の遍路にインタビューするなど様々な様相を捉えている。そこには苦行の遍路、病気平癒、感謝の遍路など様々な様相を捉えている。そして、タクシーやバス、自家用車を利用した遍路が増え出し、旅館・ホテルに宿泊するなどの商業主義化された実態をも述べている。

フランスの国立東洋言語文化研究所のクワメ・ナタリー（Kouamé Nathalie）は、大学院の修士論文で江戸時代の遍路の接待を取り上げた。その後、特異な遍路研究を行っている。それは古文書に精通している能力を活かし、江戸時代に書かれた遍路巡拝記を翻刻し、フランス語に翻訳する研究を試みたことである。それが二〇〇〇年に出版されたInitiation à la paléographie japonaise : à travers les manuscrits du pèlerinage de Shikoku『日本古文書解読入門』である。同書はタイトルに『日本古文書解読入門』とあるように、主眼は古文書の解読である。その中に、江戸時代の寛政七年（一七九五）に伊予上野村の庄屋であった玉井元之進が残した巡拝記『四国中諸日記』を題材として取り上げている。そのために遍路研究の先駆者たちの文献にも目を通し、四国遍路の歴史に触れている。

ナタリーは遍路研究を発展させ、遍路道の道標、石碑などにも興味を示し、Le Pèlerinage de Shikoku Pendant l' Èpoque d' Èdo. Pèlerins et sociétés locales の博士論文（「江戸期の四国巡礼」INALCO＝フランス国立東洋言語文化研究所）を書いている。彼女は更に江戸時代に焦点を当てて、古文書（巡拝記、藩の通達）、道標、石碑、納札、接待などを詳細に分析し、遍路と地域社会の関わりの研究を行った。その成果と博士論文の一部を含めて二〇〇一年に、Pèlerinage et société dans le Japon des Tokugawa : le pèlerinage de Shikoku entre 1598 et 1868（「徳川日本における巡礼―１５９８年から１８６８年にかけての四国遍路」）を出版している。そこでは、同書の研究目的を日本語の概要において次のように述べている。

八十八ヶ所の札所を巡ると途中で四国の村や町に立ち寄った遍路と、それを受け入れた地域社会との関係や、相互の影響作用を詳細に追究する。こういう問題を追っていくと、遍路の慣習のみならず、近世日本の一般社会のいくつかの特徴がみえてくる。

いわば江戸時代の四国遍路を歴史学的、社会学的に考察しながら、日本社会の特徴まで捉えようとした視野の広い研究である。

カナダ人のデビット・モートン（David C Moreton）も大学院の修士論文で遍路の接待の歴史を取り上げている（「四国88箇所めぐりにおけるお接待の歴史」）。その後、外国人による遍路研究を掘り起こし、欧米人の人びとに知らせる出版活動に努力している。その一つは昭和六年に出版されたアルフレート・ボーナーの Wallfahrt zu Zweien の再出版と英語版の編集・発行である。ドイツ語の再出版は二〇一〇年に行っている。英語版 Two on a Pilgrimage（2011）は、アメリカ人のキャサリン・メリル（Katharine Merrill 1885-1983）が英語に翻訳したが、未発表であったものである。キャサリン・メリルは大正十三年から昭和十六年まで松山に在住し、松山東雲《しののめ》女子学院に勤務していた。彼女はボーナー家族と親しい交流を続けていたことから、ボーナーに英語への翻訳を依頼される。キャサリンは十年の長い歳月をかけて昭和十六年に原稿を完成させた。それが出版されず、ハワイ大学の図書館にあるオリバー・スタットラーコレクションに所蔵されていた。それをモートンが発見し、編集・出版した（デビット・モートン英語版「序文」）。

モートンの今一つの研究は、四国遍路にまつわる霊験記を現代日本語に翻訳し、しかも英語版と対照する研究を行っている。それは四国の郷土史家二人と共同で、一八八六年に繁田空山によって出版された『八十八箇所　四国霊験記図会』（二〇一二年）の復刻である。更にモートンは文政元年（一八一八年）に太田永蔵（別名・萬歳楼袖彦）が著した『四国霊験奇応記』の現代文の翻刻、英語訳を二人の日本人と共同で行い、出版している（二〇一四年）。

モートンの調べでは、外国人による遍路研究は既述した以外にも近年ではマユミ・バンザイ（Mayumi Bannzai）の A Pilgrimage to the 88 Temple in Shikoku Island（1973）などや、修士論文や学士論文として遍路を取り上げた外国人が数名挙げられている（徳島県立文書館主催の歴史講座二〇〇七年一月、デビット・モートン「外国人と四国遍路―過去から現在まで」の講演配布資料）。

このように、四国遍路は外国人にも大いに興味を抱かせるテーマでもあった。そこには単なる研究テーマとしてだけではなく、日本の宗教文化を自国の人びとに紹介する意図も含まれていた。オリバー・スタットラーの映画製作はその例である。しかしながら、これらの出版物はドイツ語、英語、フランス語などで書かれ、しかも自国で出版されるケースが多く、日本人に読まれることは極めて少なかった。

第二節　アルフレート・ボーナーの四国遍路研究

近年では外国人による遍路研究が盛んになってきたが、国内外で最も早く一冊の本として研究書を刊行したのはドイツ人のアルフレート・ボーナー(Alfred Bohner 18941-1958　没年は一九五四年という説もある)である。ボーナーは大正十一年(一九二二)に来日し、旧制松山高校でドイツ語と音楽の教鞭をとっていた。その傍らで日本文化、とりわけ宗教に興味をもって研究を行っていた。その代表作が昭和六年(一九三一)の Wallfahrt zu Zweien, Die 88 Heiligen Stätten Von Shikoku である。彼は江戸時代に書かれた古文書を読み、昭和初期までの遍路に関する案内書、新聞記事、小説などを読破して遍路の歴史や構造などの理論的枠組みを構築している。その上で自ら遍路体験をして、遍路宿と呼ばれる木賃宿にも泊まって、入浴、食事、費用の支払いなどを他の遍路から教わっている。遍路で生計を立てている職業遍路とも同宿して、聴き取り調査まで行っている。

筆者は四年余りの歳月をかけて米田秀俊とともに同書を日本語に翻訳して、『同行二人の遍路』の題名で平成二十四年(二〇一二)に出版した。翻訳本の「解説」で、同書の持つ意義と内容について詳しく述べたが、改めて今一度同書の研究意義について注目し、加筆しながら述べることにする。

一　アルフレート・ボーナーの人物像

アルフレート・ボーナーは一八九四年四月十一日、アフリカ・ガーナのアクラで生まれている。父親のハインリッヒ・ボーナーはキリスト教福音派の宣教師で、アフリカに赴任していた時にアルフレートは生まれている(デビット・

アルフレート・ボーナー
（『暁雲こむる』より）

アルフレート・ボーナーの日本語訳本

モートン英語版）。その後、アルフレートはドイツのミュンヘンなどで勉学し、第一次世界大戦中に、イタリア軍の捕虜となってコルシカ島で四年間過ごしている。それをイタリアに国賓として行ったと、学生にユーモラスに話している（松山高等学校創立六十五周年記念『真善美』一九八四年）。

アルフレートはドイツでは職に就けなかったことから、先に来日して大阪外国語学校（後の大阪外国語大学）に着任していた次兄のヘルマン・ボーナー（Herman Bohner 1884-1963）に誘われて一九二二年に来日した（「ヘルマン・ボーネル先生の生誕百年記念展示会」の冊子）。ボーナーが二十八歳の時で、それから一九二八年までの七年間旧制松山高校で教鞭をとっている。ヘルマン・ボーナーは後に旧大阪外国語大学の教授として日本文化の研究に輝かしい成果を修めた。それによって日本政府から二回勲章を受けている。すぐ上の兄ゴットロープ・ボーナー（Gottlob Bohner 1888-1963）も来日し、旧制高知高校でドイツ語を教えている。従って、ボーナー三兄弟は親日家であった。

ボーナーの人物像については資料も少なく、詳しいことはわからない。しかし、教え子たちの回想録や、上智大学名誉教授、ポール・リーチ（Paul Rietsch）、昵懇にしていた丹生屋東岳（隆道）などの資料から少なからずその人物像を垣間見ることができる。

アルフレート・ボーナーは几帳面な性格ながら、ユーモアに溢れた人物であった。捕虜になったのを国賓としてイタリアに行ったというジョークもその一例である。しかも、学生にはイタリアに行ったことを、腰に鉄の鎖をつけて、とヒントを与えている。それ以外にも教え子の回想録によると、着任した年の夏に松高音楽会が開催され、そこでボーナーはピアノ演奏とドイツ民謡を歌った。聴衆たちはその素晴らしい音楽に感動し、アンコールを要望した。すると、ボーナーは「もう一度歌います」と言うと思いきや、「私はもう一度泣きます」と語り、客席からヤンヤの喝采を浴びた（前掲書『真善美』）。また、日本語のある文章の中に「色男」と出てきたので、学生に「色のついた男って何だ」と茶目っ気に尋ねたという（旧制高校叢書　松高編『瀬戸の島山』一九六六年）。

木賃宿の蒲団は使い古されて薄くなり、俗に「せんべい蒲団」と呼ばれていた。遍路体験したボーナーは蒲団の丈が短いとぼやきながらも、それをお菓子のワッフルに例えている。

研究者としてもボーナーの几帳面な性格は随所に出てくる。ポール・リーチはアルフレートの研究姿勢を高く評価し、彼を「細心までに正確さを気にかけることではボーナーこそ最高の調査員だからである」と述べている。そして更に「彼はいつも地図を手にして、よく歴史を読み、繊細な事柄までどれほど信じる価値があるかを調べたことである」と賞賛している（ポール・リーチ、福嶋瑞江訳「外人遍路―お四国の三人と私」『日本の美術』第二二六号　一九八五年）。

また、四国霊場第五十番札所・繁多寺の住職・丹生屋東岳とは昵懇の仲であった。丹生屋もボーナーの研究姿勢に感服している。繁多寺を度々訪れたボーナーはある時、女性遍路が裸足で参道の石段上から本堂の正面までお百度参りをしているのを観察し、一〇八遍の礼拝が終わるまで随喜していた、という（羽生屋東岳「ボーネル教授の四国遍路研究」『新興』第一一号　一九二八年)。

　諸文献における観察も几帳面であった。その一つに、遍路と弘法大師との関係は深く、大師が霊場を開創したとする説もある。しかしながら、ボーナーは大師が滞在した寺院の三ヵ寺(太龍寺、最御崎寺、善通寺)には確証はあるものの、それ以外の寺院にはそれを見ることができない。しかも伊予の寺院に滞在したという文書は発見されていない、と指摘している。但し、ボーナーは大師の宗教家としての偉大さに注目して、大師を遍路の「精神的創設者」と位置付けている。その上で、大師の生い立ちから入唐までの経緯、及び恵果阿闍梨との出会い、「遍照金剛」の宝号を授与されたこと、更に帰朝後の大師の活動について詳しく述べている。

　日本人は単なる鐘楼堂として見逃しがちな寺院の釣鐘についても観察が鋭い。ボーナーは四方を壁などで囲まれた堂宇の内部に吊るされた鐘を「閉鎖型」と呼び、風が吹き抜ける堂や仁王門の通路などに吊るされた鐘を「開放型」と名付けている。

　今一つは、古文書の解読にも繊細なセンスを持っていた。真念による案内書『四国邊路道指南』は貞享四年(一六八七)に刊行されるが、その後「増補大成」として度々版を重ねている。その内容には微妙に変化があった。それをボーナーは見逃さずに、文化期と天保期では道路事情、風景描写、説話の挿入、持ち物などの記述に若干の差異があることを指摘している。

　ボーナーの性格は几帳面に加えて、研究、教育に熱心に取り組む姿勢が伺われた。学生の回想によると、授業には工夫があって、その教え方は上手であった。教え子の八木亀太郎は、在京中に多くの外国人に言葉を習ったが、ボーナーを「自国語つまりドイツ語を外国人に教える天賦の才があったと言わねばなりません」と褒めたたえている(八木亀太郎「ボーナー先生の最後の手紙」『真善美』)。

ボーナーが「開放型」と呼んだ釣鐘（長尾寺）

二『同行二人の遍路』の意義

アルフレート・ボーナーは遍路以外の日本宗教にも関心を示し、論文を発表している。例えば、ドイツ東洋文化研究協会の雑誌に「伊予におけるキリスト教徒の教育」（一九三〇年）を載せている。それ以外にも、「天地始まるのこと」（一九三八年）、「日本の家庭薬」（一九二七年）などの論文がある。

さて、後にボン大学に提出して博士論文となる『同行二人の遍路』は昭和二年（一九二七）に、ドイツ東洋文化研究協会で講演した原稿を整理し、昭和六年に出版された。同書は国内外で最も早い研究書である。当時は江戸時代からの案内書や大正七年（一九一八）に娘遍路をした高群逸枝の体験記『娘巡礼記』（大正七年『九州日日新聞』に連載）、富田斅純『四国遍路』、そして昭和初期に新たに書かれた島浪男『札所と名所　四国遍路』、安達忠一『同行二人　四国遍路たより』などの案内記、巡拝記が中心であった。研究者、郷土史家による研究論文は『伊予史談』や『歴史地理』などの専門雑誌に掲載されていた。しかし、一冊のまとまった研究書はまだなかった。その意味でボーナーの同書は注目される。その研究は質的に極めて高い内容であったことである。遍路の起こりから始まり、江戸時代の古文書を手懸りとする文献研究、遍路に出かける動機、そして当時の遍路の風習も詳しく書かれている。

従って、同書は膨大な文献を読破しての文献研究を基礎に、その上でボーナー自身が遍路体験をして観察、聴き取り調査を行った実証的なものである。いわば研究の両輪である文献による理論的枠組みを設定し、かつ観察、聴き取りによる実証的研究を備えている。

『同行二人の遍路』は今から八十年以上も前の研究であるが、現在でも色あせることなく、むしろ現在の研究者に数多くのことを教えてくれる内容である。それを可能にしたのは、第一にボーナー自身が日本語の理解力や文献の読解、鋭い観察力を備えていたことである。

今一つは、ボーナーの能力を発揮できる研究環境が備わっていたことである。そもそもボーナーが何故に遍路研究に興味を抱いたかは不明であるが、宿舎が第五十一番札所・石手寺の近くにあったと言われ、遍路姿を身近なものとして捉えたのであろう。それがケンペル、チェンバレンと同様に、西洋には見られない日本独特の巡礼姿に関心を持つ契機になったのであろう。

そして、遍路研究を支援してくれる人びとが多くいたことで、多数の助言を受けることができた。それは、旧制松山高校の同僚教師たちであった。その名前を「はしがき」の中で列挙して謝辞を述べている。その中でも遍路研究の権威者であった景浦直孝教授の薫陶を受けたことである。遍路研究の第一人者であった西園寺源透からも助言を得ている。支援者たちは古文書などの資料を自由に使うことを許してくれた。景浦教授からは江戸時代の「往来手形」まで譲り受けている。西園寺を始め、菅菊太郎などの「伊予歴史会」（後の「伊予史談会」）の面々、寺院関係でも繁多寺の住職・丹生屋東岳、大音寺の石岡などから、そしてドイツ人からはカメラの借用もあった。

ところが、同書はドイツ東洋文化研究協会の会員に配布されたのみで、一般の人の目には止まることはなかった。そして戦後はＧＨＱに没収されたこともあった。同書は現在でも所蔵する研究機関が極めて少なく、同協会以外には二、三の機関にしかない稀覯本である。そのために遍路研究者でも眼を通すことは極めて稀であった。

ボーナーの遍路研究を知っていた人は極めて少なかった。その一人である既述の羽生屋東岳はその小論（「ボネール教授の四国遍路研究」）で、次のように述べられている。この時点では同書は出版されていなかった。

（前略）ボーネル氏は四国遍路に出かけて木賃宿の研究も十分に遂げた。東京にて東洋協会で其の一部の遍路研究を発表もしたが、今度近々に四国遍路の研究を脱稿して学会に発表することになつたので、恐らく日本人でも企てられて居らぬ新しき研究丈に、学会に一つの衝動を与へるものと見られて居る。（中略）実に此の書が世に発表せらるれば、誠に面白いと思つて居る、（後略）

丹生屋とボーナーとは昵懇の中で、丹生屋はボーナーの研究のおよそについて知り、出版を大いに期待していたことが窺われる。そして、それは日本人でもなし遂げられない新しい研究で、学会に衝動を与えるであろう、とも述べている。

丹生屋隆道は第五十番札所・繁多寺の住職で、明治四十年（一九〇七）に後に真言宗・豊山派の管長となる小林雨峯と二人で遍路を体験していた（小林雨峯　前掲書）。そのことでボーナーに数多くの助言をしていたと思われる。

高群逸枝も昭和十四年に著した『遍路と人生』の中で、ボーナーの著作について触れている。それは「外国人ではアメリカ人のスタール博士とドイツ人アルフレッド・ボーナー氏などがある。ボーナー氏は、もと松山高等学校の教授で、『同行二人』の著がある」と述べている。そして参考文献の欄では、

「同行二人」WALLFAHRT ZU ZWEIEN　アルフレッド・ボーナー著。松山高校教授六年の著書が伯林で出版したもの。遍路日記、各札所における信者の動静から、所謂同行二人の信仰を記述す。
とあって本のサイズ、頁数、図版の枚数なども記している。多分、高群は同書を手にとって概説的に目を通したものと思われる。しかし、詳しい内容は述べられていない。

今一人は山頭火と俳句仲間で松山高等商業学校の教授であった高橋始が、「四国八十八箇所展相」（『松山高商論集』第五号　一九四二年）の中で参考文献として、「同行二人（Wallfahrt zu Zweien）アルフレッド・ボーナー著　松山高等学校講師六年在住の結晶、伯林出版」と挙げられている。

近年では星野英紀が平成十二年（二〇〇〇）に「近代四国遍路と交通手段―徒歩から乗物利用へのなだらかな動き」（『大正大学大学院紀要』第二四号）の中で明治期から昭和初期の遍路案内記・体験記をリストアップした。その中に、アルフレート・ボーナー『WALLFAHRT ZU ZWEIEN』（独文『同行二人』）を紹介している。そして既述のようにモートンによるドイツ語版の再出版や英語版の発行と、平成二十一年に発表した「昭和初期の外国人遍路　アルフレート・ボーナー」（『二〇〇九年度　四国遍路と世界の巡礼　国際シンポジウム　プロシーディングズ』二〇一〇年）でその内容の概説を行っている。小田匡保はモートンのドイツ語版、英語版を書評して「アルフレート・ボーナー著　デビット・モートン編『同行二人―四国八十八か所』」（『京都民俗』第二九号　二〇一二年）を発表している。また、井上純一によってボーナー三兄弟についての解説がなされている。その上で、『同行二人』の部分訳として「木賃宿」の件が紹介されている。（「三人のボーネル兄弟の日本―牧師館の子 Hermann Bohner (2) ―」『「青島線ドイツ兵俘虜収容所」研究』(7)　二〇〇九年）。

ところで、ボーナーの同書の内容は「はしがき」で出版までの経緯を説明した後、序章として「四国遍路―日本の民族宗教」に始まり、第一章では遍路の歴史を、第二章では札所寺院と四国四県の自然と県民性について触れている。第三章では遍路の動機、習俗など江戸時代と昭和初期を比較しながら述べている。第四章では遍路体験を生かして、納経や御詠歌、木賃宿、接待、女人遍路などを一一節に分けてそれぞれ詳しく述べている。

本論以外にも補遺として四国遍路の地図、遍路用語（慣用句）の説明、江戸時代の通行手形の紹介、八十八ヶ所の一覧（山号、本尊名、創始者）を掲げている。更に注目すべきことは、当時の札所、遍路道沿道の風景、納札、護符などの写真が八八枚（実際は枝番号があり九五枚）載せられている。その中には、松葉杖を突いて廻るハンセン病患者の姿を写した貴重な写真も掲載されている（口絵3）。

昭和初期に発表され、国内外で最も早い研究書である『同行二人の遍路』の内容について今少し掘り下げて、その特徴を述べることにする。

1　アルフレート・ボーナーの文献研究

ボーナーの研究の一つの特徴は文献研究の緻密さであった。ドイツ人ながらボーナーの日本語の読解力は極めて高いものがあった。それを表すのは、江戸時代の古文書を読んでいることである。古文書から案内書、そして当時の研究論文、各種の辞書、小説、新聞記事と文献の種類は幅広い。日本語文献以外にも、弘法大師が欧米でどのように評価されているかについて、シラー、ロイド、ライシャワーなどの研究を参照し、引用している。明治期に来日して日本文化研究をなしたチェンバレンの『日本事物誌』も取り上げている。

参考文献は「補遺」にリストアップしているが、「はしがき」では紙幅の関係でリストに挙げられなかった文献もあり、「収集した資料の三分の一がかろうじて使用されただけである」と述べ、各寺院の歴史については断念したと無念さを綴っている。

文献研究に力点をおいたことを示す事例の一つに、第一章第二節の「古文書と諸文献」の中で重要な文献として真念『四国邊路道指南』や寂本『四国偏礼霊場記』、寂本・真念『四国偏礼功徳記』などを挙げている。更に明治期から昭和初期の文献としてペンネーム（四国猿）（本名・菅菊太郎）の「卍四国霊場巡拝記」（明治三十五年の『二六新報』に連載）や、ペンネーム（蟹蜘蛛）（本名・篠原要）の「四国八十八ヶ所同行二人」（大正十五年の『愛媛新報』に連載）、富田斅純『四国遍路』（一九二六年）などを簡略に説明している。

『四国偏礼功徳記』に出てくる右衛門三郎についても詳しく忠実に論述している。松山郊外の荏原村に住む情け容赦ない右衛門三郎は、善人に導こうとして喜捨を求めに来た大師を再三再四追い払い、遂には棒で鉢を叩き落した。その日から三郎の八人の子供たちは相次いで亡くなる。大師が風にのせた塵が墓になったという。それが八ツ塚である。改心した三郎は大師に会って詫びようとしたが、出会うことができなかった。意を決意した三郎は逆に廻ってやっと大師に出会った。大師は三郎に赦しを与え、もう一度生まれ変りたいという三郎の頼みを聞き入れた。その後、伊予の領主の子供が左手を固く握って生まれた。安養寺の住職が祈禱すると手から石が出てきた。その石には「えもんさぶろう」と書かれていた。これが右衛門三郎の生まれ代わりとされる伝説である。それを機に安養寺は「石手寺」と改名されたが、ボーナーは石手寺の御詠歌に安養寺の名が残されていることを指摘している。この『四国偏礼功徳記』に載せられた伝説は、後に読み易くした文献が出ていることをもボーナーは記している。

ボーナーは種々の文献をもとに遍路の歴史や構造、弘法大師（七七四―八三五）の人物像、習俗など理論的な枠組み設定することに努めている。その結果、遍路の起こりについては諸説があるが、確固たる論拠が乏しく、いつ頃に誰によって創設されたかは不明であると、慎重な姿勢をとっている。

石手寺の右衛門三郎の石

但し、遍路と弘法大師との関係は深いことから、大師を「精神的創設者」と位置付けてその重要性に着目し、その生い立ちを詳しく述べている。大師の父母の家筋（佐伯・阿刀家）から始まり、真魚青年（空海の幼少名）の才能を活かすために都に上洛させて儒教、道教の博士の下で勉学させた。また、大師は仏教を学ぶため、槇尾山の勤操にも師事した。しかし、それに満足しなかった大師は入唐して青龍寺の恵果阿闍梨に出会い、温かく迎えられる。大師は恵果から秘法の灌頂を授けられ、大日如来の生まれ代わりとして「遍照金剛」の宝号が与えられたことを述べている。

大師が帰朝した後の活動にも触れている。朝廷に真言密教を進講するなどして高い身分や称号が与えられるが、大師は「都市仏教」を好まなかった。それに対して東寺（教王護国寺）の長者になった宗叡（八〇九―八四）は「都市仏教」の第一人者とされ、ボーナーは大師との対比をしている。大師は「山岳仏教」に真実を見つけようとして、人里離れた山野や岬での修行することを熱望した。

そして、各地を巡錫して民衆の救済を目指した。「いろは」文字を考案したり、炭焼きの窯の空気孔を教えたり、水に悩み苦しむ村人に「弘法井戸」「弘法清水」を掘ったことなどである。その上、子弟教育では我が国最初の私学である綜藝種智院を創設したことにも触れている。

弘法大師空海についての説明では大師号を受けた僧侶と、空海が生涯に与えられた名前について述べている。諺に「太閤は秀吉に盗られ、大師は弘法に獲られた」と言われるが、大師号を授与された僧侶を『仏教大辞典』及び『仏教人名辞典』から引用している。そこには最澄から天海までの二〇人の僧侶の大師号、没年、授与年の一覧が挙げられている。

また、弘法大師は生涯に多くの名前を与えられている。それを幼少の名前「真魚」から始まり、その後の「貴物《とおともの》」「神童」「教海」「如空」「無空」「空海」などの名前をボーナーは列挙している。

弘法大師が創設した日本最古の大学「綜藝種智院」跡の碑

文献を用いた論述は、大師の業績の前に二人の先駆者があったことにも及んでいる。その一人は行基である。行基は各地を行脚して道を造り、橋を架け、寺院を建立し仏像を彫っていた。いわば行基は民衆の救済に尽力した。ボーナーは神道と仏教との統合、即ち両部神道は行基に源を発すると捉えた。

論旨の展開は真言宗と修験道との関係まで発展する。修験道の祖・役小角《えんのおづぬ》も山岳で苦修練行して験力を高めた。山の神は蔵王権現とされて、インド、中国には存在しないとされる。蔵王権現は修験道の拠点である吉野の蔵王堂の本尊でもある。役小角も行基と同様に各地を行脚した。四国霊場の寺院や仏像には行基、役小角によるとされているものが残されている。そして遍路と修験道との類似にも触れている。その一つは杖であって、山を駆け巡り修練の場とする修験者には杖が不可欠である。遍路でも杖は「金剛杖」と呼ばれ、大師の身代わりと言われている。役小角の秘儀と真言宗密教の共通点に着目したのが聖宝（後の理源大師）であったことにも触れている。

各寺院の歴史に関する参考文献はリストに載せなかったが、主な寺院についての記述には参考資料を使用している。例えば、第二十七番札所・神峯寺は伝承ではと断って、聖武天皇の命で行基によって創建された。イザナギ、イザナミの両神と天照大神を祀っていた。仏教の本尊は十一面観音像で「三神一仏（三の神―一の仏）」であった、と述べている。いわば神峯寺は神仏が合祀されていた。神は仏の化身とする本地垂迹説の現れである。同じく第三十七番札所・岩本寺は、かつて「五社」と呼ばれた仁井田明神を祀り、岩本寺はその別当寺として建てられた。神仏習合の今一つの事例として第三十番札所・安楽寺（それまで札所であった善楽寺は明治初期に廃寺されて安楽寺が札所を名乗っていた）の境内には、僧・薫的から名前をとった洞ヶ島薫的神社があったことなども記している。

異なる宗教の神や本尊を合祀する日本の宗教をボーナーは「二つの文化に挟まれた日本」と表現し、それが日本人の生活に溶け込んでいるので、それを理解することが重要である、と指摘している。現在でも日本人は正月の初詣では神社に、お盆、彼岸には寺院に墓参りする習慣を受け継いでいる。一神教のキリスト教文化とは異質な日本の宗教のシンクレティズムにボーナーは注目した。

日本語の文献以外にも外国の文献も参照し、引用している。それは弘法大師に対する評価においてである。ドイツの詩人シラー（Schiller）とロイド（Lyoyd）の弘法大師観を紹介している。シラーは、空海は決して奇抜な頭脳の持ち主ではないとみなした。中国で学んだ理念や事物を日本に持ち帰り、それを利用することを目指した、と捉えた。それに対して、ロイドは中国で見聞し、取得したものを応用した独創性に注目し、空海の教義体系は革新的なものと大いに大師を評価している。ボーナーはロイドの見解を首肯している。

アメリカのライシャワー(Reischauer)が行った弘法大師の研究も引用している。ライシャワーは大師の宗教を「仏教の曲解」と呼んでいるが、それは雨乞いなどの呪術性が強かったことでそのように捉えられたのであろう。しかし、ボーナーは呪術性については大師の責任ではなく、それ以前のアサンガ(Asaṃga)に由来するものと、大師を擁護している。更にはハース(Hass)の論文「日本仏教の瞑想学派」なども参照している。

Wallfahrt zu Zweien はドイツ語圏の人びと向けに書かれたものとはいえ、今では日本人でも忘れかけている遍路の慣習の意味について細心に記述している。例えば、「納経」については「納」は払い込む、手渡すという意味で、「経」は聖なる文書と捉え、遍路も手書きで経文を書いて寺院に収めることであった。しかし、寺院に写経本が増えたことで「写経を奉納する代わりに納経料」を払うように変わった、と述べている。

「接待」についても、ブリンクリ(Brinkley)の辞書や『言海』を引用して、①客を歓迎してもてなすこと、②食べ物と飲み物を無報酬で振る舞うこと、と捉えている。その上で、『仏教大辞典』では、「接待」の項では「摂待《せったい》」を参照するようにあって、それを引用して次のように述べている。

ショウタイまたはセッタイと読み、門茶ともいう。巡礼や旅をしている僧侶たちに施し物を与えること。人は道にあるいは家の前に清水、お茶を置いておく。それは通りかかった旅の人たち、あるいは「修行」に励んでいる僧侶にそこで飲んでもらうためである。

ボーナーも遍路を体験して接待を受けたが、最初の頃は装束を身に着けずに鉄道、車で廻っていたので遠慮していた。後に接待を受けるようになったが、返礼の札を差し出すのを忘れていた。そして、四国の接待は文献の内容を超える意味をもっているものとみなし、その例として「施本」を挙げている。「施本」とは遍路体験をした人が体験を綴った小冊子を知人などに無料で配布するものである。

神道の「一の宮」の由来については『日本百科事典』を参照し、行政官庁の近くにあって天皇の委任を受けて参詣する総社が、その地方の第一の社とされたので「一の宮」と呼ばれた。それ以外の社も優遇され、神戸の「三の宮」の地名はその名残でもある、と述べている。

その他の史料についても正確に捉えている。その一つは細田周英敬豊が書いた『四国偏礼絵図』である。西国巡礼では既に地図はあったが、四国遍路ではなかったので、細田は宝暦十三年(一七六三)に四国遍路の最初の地図を出版した。

今一つの史料は慶安三年(一六五〇)の納札である。それは松山郊外の第五十三番札所・円明寺の本堂・厨子に打ち付けられた銅板の札である。この札は損傷なく残されている遍路の納札では最も古いもので、大正初期に発見されている。京都在住の家次という人物が納めたものである。札の上の部分が山形となって、西国巡礼や坂東巡礼で用いられた札である、と述べている。ボーナーが師事した景浦直孝は大正三年(一九一四)に「四国遍路」(『歴史地理』第二四巻第一号)で、大正六年には「円明寺と四国遍路」(『伊予史談』第三巻第二号)などで、その存在を公表している。ボーナーは景浦から教えられたものであろう。

2　実証的体験

アルフレート・ボーナーは文献研究以外に自らも遍路体験をした。そのことで自身の眼で見て確認し、しかも鋭い観察をしている。その上体験した実感を綴り、聴き取り調査を行っている。それによって江戸時代に書かれた文献による習俗と、当時の違いなどにも気付く。観察では寺院の建築物に関心があった。例えば、札所寺院の構造や屋根、そして仁王門、仏塔、鐘楼堂などに注目していた。西洋人からは東洋の木造建築物は魅力的であったのであろう。

しかし、それ以上に遍路で見聞し、実感したことが重要であった。それらの幾つかを取り上げてみる。その一つに四国各県の県民性について述べている。特に土佐（高知県）と伊予（愛知県）との人びとの違いを興味深く論述している。

土佐については四県の記述の半分を割いている。土佐は遍路道の三分の一を占めるが、札所は一六と最も少ない。「遍路は土佐を訪れると、突然別人のようになってしまう」と綴っている。土佐の地形は太平洋が間近かに迫り、荒波が押し寄せる。風景は限りなく遠く広がり険しい絶壁が待ち構えている。阿波の第二十三番札所・薬王寺から室戸岬の先端までは約八〇キロの長い海辺の道で、危険であった。それが「飛び石、はね石、ごろごろ石」と呼ばれてい

アルフレート・ボーナーが納めた札
（『同行二人の遍路』より）

日本語で「有冨礼道坊寝児《アルフレードボーネル》」と書かれている

た。また「八坂八浜」と呼ばれる難所は不便であったので、宇佐から中の浦の間は「御免の渡し」と呼ばれる渡し船が許されるほどであった。かつて遍路が数えたと言われる遍路道にある、骨の折れる四百八十八ヵ所の登り坂の大部分が土佐で占められている、と綴っている。生命の危険を冒して仕事に専念する土佐人の気性は激しく、容易に打ち解けてくれず、見知らぬ人には敵のように振る舞う、と述べている。

土佐の地形的な激しさ以外にも、古くから土佐の住民は遍路に厳しい態度で臨んできた。そのために、「土佐は鬼国　宿がない」と言い伝えられてきた。遍路が宿を請うと「まっぴら」「つかえています」と、どの旅館でも断られた。ボーナーは杖をもっただけの夏遍路であったが、この時期は「蚕を飼うのに忙しいのでお世話できない」と断られている。

土佐が遍路に厳しかったのは、江戸時代から冬場の寒い時期に暖かい土佐に乞食遍路などが大勢滞留していたことによる。それが治安を乱すことになると藩は危惧して厳しい扱いをした。土佐に入るには阿波からは甲ノ浦口、伊予からは宿毛口に制限し厳しく取り締まったことによる。そのため住民も遍路には冷淡な態度をとった。ペンネーム〔四国猿〕（本名・菅菊太郎）は土佐を遍路することは、「敵国で遍路するようなものだ」とボーナーに述べたことを紹介している。しかも、土佐には「喰わず芋」「喰わず貝」など、大師に対して意地悪する伝説があるが、住民の遍路への冷淡な対応への戒めであろう、と指摘している。

そのような土佐を遍路したボーナーは、想像以上の苦労をしたことで鬱積が溜まっていたのであろう。土佐を離れる時に、「背を向け、衣服を引き上げ、それから鬼国に対して悪臭芬芬《ぷんぷん》たる記念物を残したのである。（中略）土佐を背にする度に、それまでの苦労が軽減されて一安心する」と安堵した心境を述べている。

それに対して、隣の伊予（愛媛県）は自然も穏やかで入り江が広り、素晴らしく美しい自然公園と讃えている。伊予の安宿の女将や女中、往来の人びとは遍路を温かく迎えてくれた。人びとの性格は快活で、言葉使いはゆったりとした話しぶりである。「有難うございます」を美しい調べにも似たような色合いをもって喋り、ここ以外の土地で聞いたことがないと誉めている。「なもし」という磨きのかかった独特な方言も心地よい響きとして受けとめられている。

今一つは伊予の親切は「善根宿」であった。「鬼国の土佐」では宿を断られたが、伊予では一転して住民に呼び止められて宿泊を懇願される。寺院は整備されて、僧侶も親切で宿泊を勧めてくれるという。それは善根宿の接待であり、伊予の人びとの情け深さを物語っている、と述べている。

ボーナーは四国遍路の「接待」は、『仏教大辞典』で説明する以上の内容が含まれていると記述しているが、多分「善根宿」の事例が念頭にあったのではなかろうか。善根宿では金剛杖を洗い、床の間に飾り、遍路にご馳走を振舞い、宿を提供する。いわば善根宿を提供する人びとは単なる施しではなく、遍路を大師の身代わりとみなし、功徳を積む要素が含まれているからであろう。

伊予における弘法大師伝説は土佐とは異なり、大師を牛の背にのせて峠を越えた老人の話、大師が子供の急難を救った話が残されている。そして、伊東牛歩という詩人が遍路した体験を新聞に載せた記事を引用し、「伊予の人びとは最も情け深い人たちである。情け容赦ない土佐からやって来ると、人は第一歩からそのことを感じるのだ」と、自身も味わった体験を重ね合わせて綴っている。

ボーナーは遍路宿と呼ばれる木賃宿にも宿泊し、同宿した遍路仲間から木賃宿のいろいろな慣習を教わっている。遍路宿は農家が副業で行っていたもので、相部屋で粗食で且不衛生であった。既に大正七年（一九一八）に娘遍路を体験した高群逸枝の『娘巡礼記』にも度々木賃宿の話が出てくる。逸枝は不衛生に閉口して、野宿の方が居心地がよいと述べている。昭和初期に遍路をした放浪俳人・種田山頭火も、「四国遍路日記」で遍路宿について「安宿で困るのは、便所のきたなさ、食器のきたなさ、夜具のきたなさ、虱《ムシ》のきたなさ、等々であろう」と述べている。

しかし、ボーナーはそのような遍路宿に不満を言うよりはむしろ興味を抱いた。そして仲間から教えられた作法を忠実に記している。初めて泊まった遍路宿では作法がわからなかったが、幸いにも金縁の眼鏡をかけた上品な遍路が手助けしてくれた。まず、金縁眼鏡の男は泊まれるかどうかを女将に交渉してくれた。宿の娘は金剛杖を洗って床の間に飾ってくれている。風呂への案内があったが、ボーナーは持参すべき浴衣を持っていなかったので、裸で台所を通り抜けている。浴室は暗く、マッチでロウソクをつけるので天井は煤で黒光りしていた。湯船は先客の垢で汚れていたが、熱い日の汗と埃を流すことができて快適であった、と満足している。

入浴後、女将がどれくらいの飯を炊いたらよいか、と尋ねた。金縁眼鏡の男が片手で五合と注文するようにアドバイスしてくれた。そこに若く生き生きとした男の遍路が入って来た。この男は笈から仏像を取り出して読経を始めた。それが終わると、先客たちに丁寧に挨拶をして、女将に飯はいらないと申し出た。

やがて遍路たちに飯の入ったお櫃と赤いお盆が渡された。お盆には麩の入った汁椀と胡瓜が三切れほどの皿がのせられていた。ところが、ご飯の椀がなかった。すぐさま金縁眼鏡の男が女将に椀を出すように頼んでくれた。新参者の男は袋の中からスプーン三杯の黄色い粉を取り出し、熱いお湯で溶き始める。周りの人は好奇心で、何を食べているのかをその男に尋ねた。男は「麦の粉」(はったい粉)と答えた。

食事が終わると、お盆は片付けられたが、お櫃は各自が手元に残した。その後、宿帳が順番に廻される。その間、次の日に必要な納札に記入する人、案内書を読む人もあった。就寝の準備が始まり、薄くて短い蒲団とイグサで編まれた枕が運んでこられた。蒲団の上にはイグサの敷物(茣蓙)が敷かれた。そして蚊帳が張られた。

遍路は寝る前に勘定を済ませる。一合の米代は九銭半で、ボーナーは四七銭半を払っている。お茶代、副食代はいらない、と金縁眼鏡の男が教えてくれた。新参者の男は翌朝イタチのように山を駆けて行った。この男は前年に重い胃腸病を患い、それが遍路で治癒したのでお礼詣りの遍路を行っていたのである。

蒲団の上に敷かれたイグサは虫除けであった。木賃宿は不衛生でボーナーの教え子は、「何と蚤《のみ》、虱《しらみ》、ダニがやって来て、喰いつく」と書いていることを紹介している。そして『四国猿』は、害虫の被害を「木賃宿の接待」と表現していることも紹介している。また、大阪から来た遍路は、木賃宿でこの困った状態を嘆いている時に、「結局、誰も蚤で死んだ人はいないんだ」と語ったことにも触れている。ボーナー自身は害虫はそれほど気にならなかったが、綺麗好きな日本人には身の侮辱と感じるのではないか、と同情している。自身の第一次世界大戦の体験からか、兵隊は野戦で害虫に対する免疫をつけるように、遍路もそれに似ているとも述べている。

しかしながら、ボーナーも遍路を続ける気力を失う事態に陥る。木賃宿に泊まり、害虫の被害には遭わなかったが、朝に宿を出た数時間後、日本手拭いにまるまると太った着物蚤を見つけ、その異様さに慄いたからであった。

土佐では「宿なし」と言われるが、それは既述のように江戸時代からの習慣が残っていたことである。しかし、今一つは遍路が蚤、蚤などを身に付けて移動するので、旅館では通常の客が敬遠し、それを旅館側は危惧して遍路を泊めないというのも一因である、とボーナーは述べている。

それ以外にも、ボーナーは遍路を体験して貴重な経験を得ている。それは遍路宿でボーナー自身が「常習者」と呼ぶ職業遍路に出会って知り合いになり、通常は聞けない話を聞くことができたことである。それは第十九番札所・立江寺と第二十番札所・鶴林寺の中間に当たる生比奈《いくひな》村の遍路宿であった。

ボーナーはこの宿の主人に事情を説明して泊めてもらうことにしたが、先客の小太りした四十がらみの男が蚊帳の中で横になって団扇を煽っていた。女将がいなくなると、この男はそれまでは客を断っていたのに、稼げる人間とみると突如場所を空けろ、などと小言をブツブツ言い始めた。ボーナーは好まれないと思い、不機嫌な男と同宿するのに気が滅入っていた。食事が出るまでに時間があったので、この男の愚痴を聞いていると上機嫌になり、仲良くなる。それによって職業遍路の実情を聴き出すことができた。それを要約すると次のようになる。

年齢が三十七歳になるこの男は、二十二年間遍路を続けているという。その間妻となる女性と出会い、子供も生まれて七歳になる。生計は布施を乞う「門付け」で立てているのである。同じような境遇で気を許せる初心者には「修行」（乞食）の方法を教える。初心者は、見知らぬ人の家の前で「門付け」するには物怖じする。その体験をさせて徐々に克服するようになっていく。布施は漫然と行うのではなく、輪っかの付いた杖、庇の深い傘、沢山の珠の付いた数珠などを身につけることであった。そして、接待を受ける時は、頭を下げて「忝い」と言って、遍路に相応しい態度をとることなどを教える、と言う。

職業遍路から長年蓄積されたノウハウを聞くとともに、ペンネーム（蟹蜘蛛）が『愛媛新報』に連載した「四国八十八ヶ所同行二人」の記事を引用してボーナーは次のようなことも述べている。年老いた人は必ずしも布施をしてくれるとは限らない。若い奥さんもそうである。それに反して、十二、三歳の少女が最も慈善的で気前がよい、と言う（十一月十八日付け）。地域や宗派による布施の成果も熟知して、一向宗（浄土真宗）と法華宗（日蓮宗）はよくない。伊予の東部と讃岐も「修行」はよくない。阿波の第十一番札所からは、より多くの米が収穫されるので「修行」はよくなる。高知の「高岡地方では決して遍路を失望させない」（十月三日付け）と述べている。それは二期作で米が収穫できるからであるが、朝早く起きることが肝心で、さもないと断られる、と言う。

なお、職業遍路の中には初心者の無知につけ込んで、被害を与えることもある。いわば詐欺まがいの職業遍路がいることに注意が必要である。信心深さや親切心に騙される人が毎年出ていると、ボーナーは注意深く捉えている。遍路が騙される被害については、当時第一番札所・霊山寺で配布されていた「遍路の規則」から引用している。職業遍路からその事情を聞き出すことは、日本人では極めて難しい。職業遍路はわが身のおかれた立場をわきまえているので、話すことを嫌うからである。しかし、この男はボーナーが外国人であったこと、しかも日本語を達者に話すことから気を許して語ってくれたのであろう。

札所を廻ったことで、ボーナーは納経帳を書く僧侶などの仕草に注目し、それを観察してきめ細かく叙述している。納経帳を書く人は遍路から受け取った帳面を恭しく額の高さに持ち上げ、その後自分の前にある低い机の上に置く。墨を磨った後に躍動感のある筆使いで「奉納　本尊名　寺院名」を書く。本尊の代わりに梵字の種字を書き入れることもある。そして朱印を三ヵ所に押す。本尊の姿を描いた木版画の紙片（本尊御影）を今書いた頁に挿入する。最後に「厳粛にして礼儀正しい態度で」その納経帳を遍路に渡す。帳面を書く人には十歳にも満たない少年もいて、それを多くの人は誉め称え、ボーナーもその少年が書いたのを図版として掲載している（次頁写真）。

納経帳は必ずしも手書きとは限らず、版木を押す札所もあった。その一つは善通寺で、参拝者が多くて対応が難しいことから時間の節約で版木を使用している、と触れている。八十八ヶ所の印が押された納経帳は収集品として高い値で売買されている、とも述べている。昭和十年代の宮尾しげを『画と文　四国遍路』や、昭和三十年代の西端さかえ『四国八十八札所遍路記』にも納経帳が売買されていることが述べられていて、既に昭和初期から行われていたことが判明する。

ボーナーの観察力は、御詠歌の競技大会の様子を記述したところでも見られる。御詠歌は札所寺院の賛歌として西国観音霊場に真似て作られた。しかし、西国霊場の御詠歌は格調高い秀作で、後の日本文学の基準になるほどであると評価している。しかし、四国霊場の御詠歌は拙く、しかも札所で歌われることはほとんどない。両者の比較として

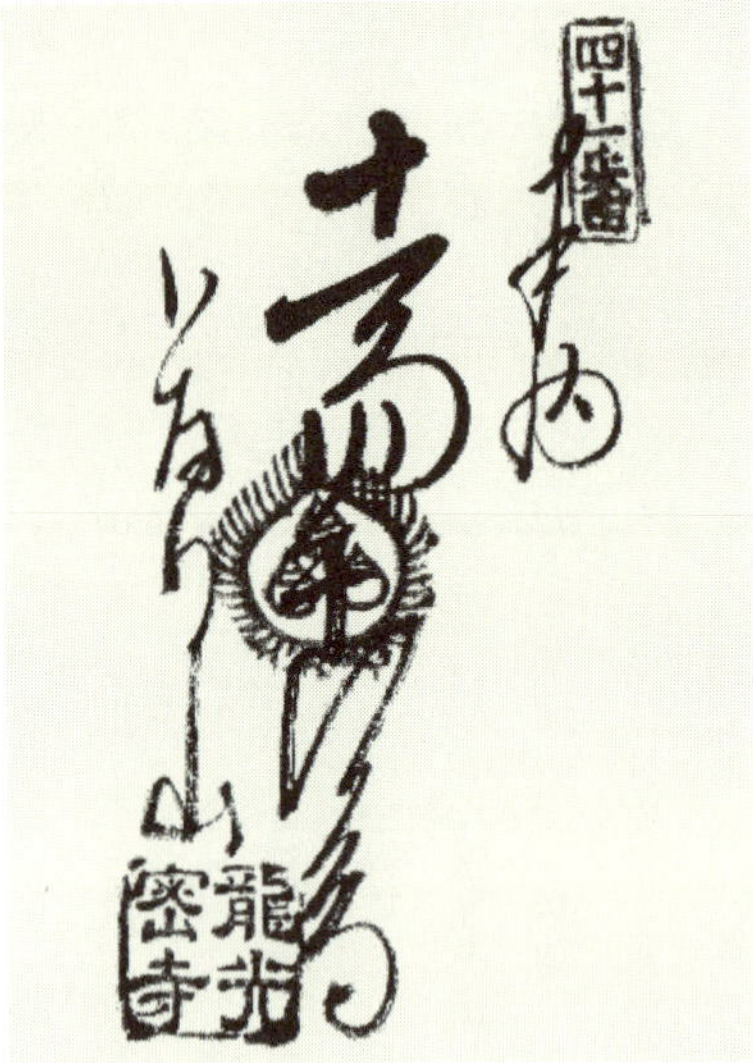

十歳にも満たない少年の書いた納経帳
（龍光寺）（『同行二人の遍路』より）

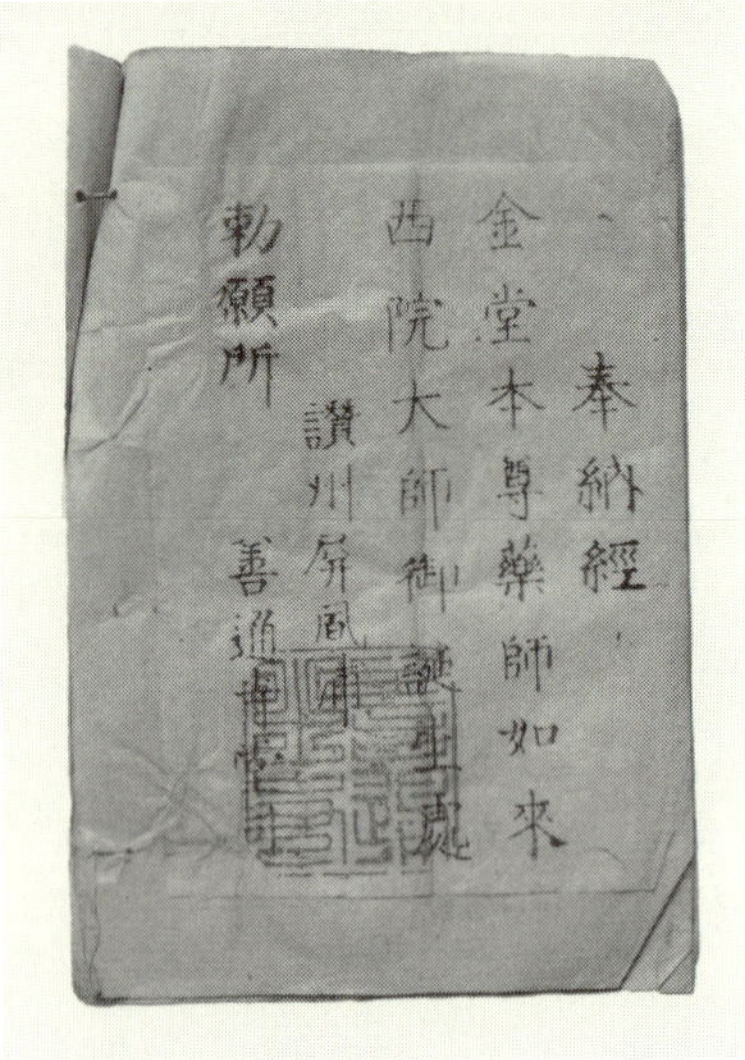

善通寺の木版の納経印
（木版の半紙を納経帳に貼付）

西国霊場第二十七番札所・円教寺の御詠歌と、四国霊場第五十二番札所・太山寺の御詠歌が挙げられている（『蟠蜘蛛』前掲記事　九月十一日付けを引用している）。

札所で御詠歌が歌われることはないが、御詠歌の競技会は盛んであった。ボーナーは松山郊外にある立花の大音寺で開かれた競技会に招かれた。その時の様子を叙述している。二、三百人の参加者があって、それを聴く人びとで寺の大広間は埋め尽くされていた。大会は午後から夜を徹して翌朝八時まで続いた。最初は西国霊場の御詠歌が通唱される。参加者は出番を待つまで、台所、本堂、風呂場など至る所で発声練習を重ねていた。審査する人は五〇〇回以上もの御詠歌を聞かされることになる。

以上のように、ボーナーは遍路体験したことで、自身の眼で確かめ、かつ宿探しや害虫の苦労を実感した。その上で職業遍路から貴重な話を聞き出すことも出来た。いわば文献では知ることの出来ないことを体得した。

遍路たちが癒された道後温泉

3　霊験談

四国遍路では遍路をすることで、病気が回復した、足が動くようになったなどの奇跡的なこと、不可思議なことが起こったと語り継がれてきた。その反面、悪事を犯した遍路が懲罰を受けた話もある。それは「霊験記」として記され、霊験談として語り継がれてきている。例えば、第九番札所・法輪寺の本堂には一枚の額縁が奉納されている。そこには大師が本堂の階段に立ち、三人の男が合掌し、もう一人の男がひれ伏している姿が描かれている。それは、大正時代に京都の男性が脳卒中を患い、話せなかったが、法輪寺で俄に卒倒して不動の三昧地に入り、大師によって病気が回復した、というものである。その感謝として額縁が奉納されたのであった。

ボーナーも四国遍路の霊験談を耳にしていた。そこで当時見聞きした霊験談を取り上げている。その一つは、大阪からきた大工の男の話を聞いて（昭和二年十二月）、次のように綴っている。

大工の妻は生まれながら足が不自由で歩けなかった。そ

奉納されたわらじと松葉杖（法輪寺）

こで夫は障害者用の車を作り、乳飲み子を親戚に預け、八歳の子供と三人で遍路に出かけた。一行は御利益が多いとされる逆廻りで伊予の道後温泉まで辿り着いた。そこで男は妻を背負って温泉に入れた。すると突然妻の足が動くようになった。その家族は滞在を延長して療養することにした。しかし、妻の病気は回復に向かうが、費用が底をついてきた。それを知った善良な宿の主人は費用を貸し与える。その上に大工の仕事の世話までしてくれた。その間、妻は歩行訓練を重ねて歩くことができ、以後自分の足で廻り終えた。それまで使っていた車は近くの石手寺に奉納されている。

その他にも、胃腸病が遍路中に治ったなどという人にボーナーは数多く出会っている。それは生活様式の変化や、野外での新鮮な空気を吸い潮風にあたること、家庭の煩わしさからの解放の効果ではないか、と述べている。

今一つは、前者の話とは異なる話の内容を載せている。住友銀行の創設者で、別子銅山の所有者でもあり、住友家中興の祖といわれた住友吉左衛門友純（一八六四―一九二六）の遍路の話である。吉左衛門は明治期のある時、四国遍路に思い立って出かけた。それは富豪者らしく使用人や随行者を多数従えての大名行列並みのようであった。上等の旅館だけに泊まり、そこでは恭しく迎えられ、派手な接待のもてなしを受けた。吉左衛門は寺院では輿から足を下ろして土につけることはなかった。随行者は経文や札を納め納経印を受け取るために走り廻った。

ところが、四国霊場を廻り終えて大阪に戻った吉左衛門が、知人たちに納経帳を見せようと最初の頁を開けると、そこには筆の字も朱印もなく白紙であった。それ以後の頁も全て白紙であった。彼は満座で罪深い屈辱を味わった。しかしながら、吉右衛門は後日、誰にも話さずに一人で質素な遍路を行った。あらゆる苦労と不自由を一人で味わった。帰郷して開いた納経帳の文字の筆跡は明快で新鮮であって、印章も輝いていた、と言う。

この話は江戸時代、伊予の荏原村の庄屋であった右衛門三郎の話に似ている。既述のように、ボーナーは右衛門三郎について触れている。右衛門三郎は村の長としての庄屋で、住友吉右衛門も住友財閥のオーナーの身分であったが、傲慢な振る舞いがあった。二人はそれを悔悟して真摯な遍路をした。遍路は貧富、身分にかかわらず平等の立場で廻る心がけを教える話としてボーナーは引用している。

4　科学的な視点

現在では四国霊場を曼荼羅に譬えて、出発の徳島を「発心の道場」、高知を「修行の道場」、愛媛を「菩薩の道場」、そして香川は「涅槃の道場」とすることが一般的になっている。四国霊場を菩薩の修行位階に倣う例は、江戸時代の寂本、真念の著作には見られず、戦後になって普及したものとされてきた。昭和三十一年（一九五六）に岩波書店から出版された岩波写真文庫『四国遍路』に初めて出てくる。昭和三十九年の西端さかえ『四国八十八札所遍路記』でもそのことが記されている。その後四国霊場会は昭和四十九年の「弘法大師伝」でその説を追認している（星野英紀『四国遍路の宗教学的研究―その構造と近現代の展開―』）。しかし、ボーナーは昭和六年に刊行された『同行二人の遍路』で既に公表していた。いわばボーナーは日本人に先駆けて四国霊場の曼荼羅説を述べていたと言える。

四国霊場を胎蔵界曼荼羅に譬える説のヒントは、江戸時代にあったと考えられる。四国遍路の最初の地図は宝暦十三年(一七六三)に細田周英によって刊行されるが、その中央に高野山の寺務を務めた弘範の文に、「夫レ四国偏礼ノ蜜意ヲ云ハヽ、四国ハ大悲胎蔵ノ四重円壇ニ擬シ」とある。ボーナーは師事していた景浦直孝教授から教示されたものと推測される。

遍路体験したボーナーは阿波の最後の札所・薬王寺に登って「眼下に綺麗な町や港を見た時、遍路には発菩提心《ほっぼだいしん》、敬虔な心の目覚めが起こってくる」と語っている。そして次の高知では道程の厳しさと、宿探しや人びとの冷淡な対応などで幾多の辛苦な体験をして、正しく「修行の道場」を実感した。最後の讃岐の大窪寺に辿り着き、「遍路は確かに涅槃へと赴く」と綴っている。信仰における位階をボーナーは体験を通じて実感したものと思われる。

しかしながら、ボーナーは信仰の曼荼羅説にこだわったのではなく、科学的に捉えている点も見逃せない。遍路の順路は必ずしも一定ではなかった。寂本の『四国徧礼霊場記』では、「みな路次の勝手によれるならはし」とある。真念も『四国邊路道指南』で、「但十七番の井土寺より札はじめすれバ勝手よし。(中略)讃州丸亀城下へわたる時は、宇足津道場寺より札はじめよし」と述べて、順番通りではなく便宜を優先していた。

ボーナーも地元の人は近くの札所から札打ちを始めること、また逆に廻る「逆遍路」もあることから、第一番札所から八十八番までのプロセスは必ずしも曼荼羅に該当するものではない、と指摘している。

白衣を着て、金剛杖をついて歩く遍路姿は一目でわかる。ボーナーはその数にも注目している。本文中では「毎年一万人もの日本人がこの習俗を引き継ぎ」と述べているが、注釈では「私は平均三万人から四万人までと聞いている」としている。そして第三十三番札所の僧侶は、その数はもう少し少ないと見積もっているが、二万人は決して下らない、と述べていることを記している。イギリスから来日し、日本文化の研究をしたチェンバレン(B.H.Chamberlain)は、Japanese Things(『日本事物誌』)で遍路の習慣は減少気味である、と述べているが、ボーナーは経験と札所の僧侶の話から「少なくとも四国遍路については、それは当たっているとは思えない」と否定している。

当時の年間の遍路の数がどれほどであったかは、正確な記録もないことから判明しないが、江戸時代の土佐藩の公用記録では「弐万千八百五拾壱人」とある。このことから大正末から昭和初期にも江戸時代の数字に近い遍路があったと考えられる。

ボーナーは遍路が四国の経済に与える影響についても言及している。宗教と経済の関係を捉えた「宗教経済学」という発想は興味深い。遍路が使う金銭は当時一日約一円相当であって、三十日で三〇円、六十日では六〇円となる。年間三万人の遍路として、その消費する額の三分の一を受け取ると仮定して、寺院は三〇万円から六〇万円を受け取ることになる、と見ている。その上、寺院に寄進された建築用材や石材、金銭などが本州からもたらされ、四国の経済効果が高まったと捉えている。

以上のように、昭和六年に著されたアルフレート・ボーナーの『同行二人の遍路』を顧みると、文献研究の緻密さと、論理展開の妙味、加えて観察、洞察の鋭さなどと極めて質の高い研究内容と言える。それは八十年余り経った現在でも色褪せることなく高い評価をされるものである。

付記

（1）アルフレート・ボーナーは几帳面な人物であったが、一部に誤認、錯誤があった。その一つは、ペンネーム（四国猿）の新聞記事である。それをドイツ語の原文では、『二六新聞』の明治三十六年の四月から六月まで連載された「四国遍礼同行二人」と書かれている。しかし、それは正確には明治三十五年四月二十六日から八月六日まで『二六新報』に連載された「卍四国霊場巡拝記」である。

（2）佐藤・米田の共訳『同行二人の遍路』では、原本の一部が未掲載となっている。その一つ「弘法大師　精神的創設者」は、拙稿「アルフレート・ボーナーの弘法大師観」（『善通寺教学振興会紀要』第二一号　二〇一六年）で翻訳している。

第23番薬王寺の全景

第42番仏木寺と第43番明石寺の間にある道標

津呂の港（土佐）、土佐の港は狭く危険な出口
（いずれも『同行二人の遍路』より）

第六章　近代の四国遍路―明治期から戦前まで―

明治新政府はこれまでの鎖国政策を廃止し、近代国家の建設に進んだ。そのために欧米の新しい制度を積極的に導入する。宗教政策も転換し、これまでの神仏習合から神仏分離政策を掲げた。そして神道を国教としたことで、廃仏毀釈運動が起こることになる。

それに伴って四国霊場の札所寺院では廃寺に追い込まれ、それに代わった神社が納経を代行するなどの混乱が生じた。寺院の混乱にもかかわらず、下層の貧困層の遍路は相変わらず多く、それを取締る警察による「遍路狩り」が社会問題にもなる。

他方、これまでの真摯な遍路や下層の貧困な遍路とは異なった新しい遍路の動きが出始めてくる。それは信仰としての遍路から、行楽、旅として遍路を捉えるものであった。そこでは汽車や汽船、乗合自動車などの交通機関を利用し、名所、旧跡をも訪ねる遍路が出てくる。そこで、近代国家となった明治期から敗戦までの遍路の様相はどのように変化したかを見ていくことにする。

第一節　廃仏毀釈による札所の混乱

江戸時代までは神仏混淆であった四国札所霊場は、明治政府による神仏判然令によって、混乱と荒廃が起きた。第十三番、第三十番、第六十二番、第八十三番の「一の宮」を始めとして、一二の神社は明治維新期に札所を廃止し、近くの縁故の寺院が納経を代行するようになった。また、廃仏毀釈運動が起こったことから、仏教寺院は廃寺に追い込まれるところも多かった。明治初期の神仏判然令や廃仏毀釈運動による札所霊場の混乱状況について、そしてその後どのように復興したかを捉えることにする。

一　諸寺院の混乱

第二十五番札所・津照寺は明治初期に廃寺に追い込まれ、それが復興するのは明治十六年(一八八三)であった。第二十八番札所・大日寺も明治四年に廃寺となるが、明治十七年に再興許可で大日堂を本堂として復興した。第四十一番札所・龍光寺は明治元年の神仏判然令で本堂は稲荷神社となった。そのために、龍光寺の本堂は神社の下側に新たに建立されている。そこには本尊の十一面観音に加えて両脇に不動明王、毘沙門天、そして稲荷大明神も祀られていた。

第二十八番札所・神峯寺は明治四年に廃寺となって、神峯神社となる。本尊の十一面観音像は第二十六番札所・金剛頂寺に預けられた。それが明治二十年に竹林山・地蔵寺と改めて再建される。その間納経は金剛頂寺が代行していた。そして昭和十七年(一九四二)に現在の神峯寺となった。

修験道の開祖・役小角によって開かれた石鎚山と結びつきの強い第六十番札所・横峰寺と第六十四番札所・前神寺も明治期に混乱した。横峰寺は廃仏毀釈で明治四年に廃寺となる。元の横峰寺は「県社石鎚山西遙拝所横峰社」となった。第六十番札所の納経は第六十一番札所・香園寺に依頼したが、香園寺は廃寺となった第六十二番札所・宝寿寺の納経も預かることにもなり、三ヵ寺の納経は負担が大きく、それを断った。そこで横峰寺は近くの清楽寺に納経を預けることにした。明治十二年には横峰社のすぐ下に大峰寺を建立し、札所として納経を行おうとしたが、清楽寺の反対にあう。清楽寺側は本尊などについては横峰寺のものではあるが、大峰寺は新寺建立であることから、納経の利権を返そうとしなかった。そのために紛議が続いた。明治四十二年になって横峰社は廃止され、建造物なども大峰寺に譲渡され、寺号も横峰寺に復した。

里前神寺は江戸時代までは現在の石鎚神社の場所にあった。そこから石鎚山頂までは寺領であったが、明治元年の神仏分離令で寺領は没収され、廃寺となる。跡地には石鎚神社が建立される。明治十一年に現在の地に「前上寺《ぜんじょうじ》」という名前で再興された。「前神寺」という元の名前は明治二十二年から再び使われるようになった。しかし、本堂の再建は大正期になってからと大幅に遅れた。

廃仏毀釈で廃寺、荒廃した寺院を僧侶などが尽力して再建された札所もあった。伊予一の宮の別当寺として建立された第六十二番札所・宝寿寺も、明治四年に廃寺された。宝寿寺の納経は第六十一番札所・香園寺が代行することになった。その宝寿寺は、霊場を数多く廻った行者の大石竜遍の熱意で明治十年に再興されている。

第三十三番札所・雪蹊寺は開創当時、少林山高福寺と呼ばれ真言宗寺院であったが、永禄の頃(一五五八―七〇)には寺は荒れていた。そこで土佐を支配していた長宗我部元親はある僧に再興を命じた。寺には運慶、湛慶合作の本尊・阿弥陀如来像を納め、「慶雲寺」と改名し、禅宗に変更した。長宗我部元親が死んだ時、元親の菩提寺となって、戒名である「雪蹊恕三大禅定門」から雪蹊寺と名付られる。その雪蹊寺も明治初年に廃寺となった。境内には長宗我部元親像を祭神として「秦《はた》神社」が創建された。秦とは中国・秦の始皇帝の末裔であった秦に由来するものとされている。

廃寺された雪蹊寺の復興には、明治三十年代に僧侶の山本太玄の活動があった。明治三十六年に山本太玄は遷化した後、養子の山本玄峰がその活動を受け継いでいる。玄峰は盲目ながらも明治二十一年二十三歳の時に、裸足で遍路体験をした。後に霊験で開眼し妙心寺派の管長を務めた人物である。山本玄峰の尽力で明治四十年頃には再建されている（平井玄恭「山本玄峰の四国遍路」『大法輪』第四六巻第四号　一九七九年）。

土佐の西南端の足摺岬に立つ第三十八番札所・金剛福寺も廃仏毀釈で荒廃滅絶していた。その再興は当時副住職で、奇僧と呼ばれていた鈴江純浄の奮闘による。後に真言宗豊山派の管長となった小林雨峯は、明治四十年に遍路を体験して『四国順礼記』（一九三二年）を著しているが、その中で鈴江純浄について次のように述べている。

（前略）時に今の純浄師奮然身を挺して再建に従事し、食は決して普通の米飯を食はず、衣は一衣よく寒暑を凌ぎ、居元より其の美を求めず、一意専心たゞ伽藍の再建を企画す。里俗云ふ。「今のおぢゆさんはえらいもんだぬし、檀用があつて他家へ行つても御飯たべるぢやなし、また、下駄なざあ、懐に入れて行つて、用事のとき丈け穿いて、用が済めば懐に入れて戻るんでさあ、大へん銀が出来たさうでぬし」（中略）全く伽藍の為に身命を賭して顧みざる。奇僧なることを言明し居るなりき。（後略）

鈴江は瓦を山頂に運ぶのに経費がかかるので、参拝の遍路に託して七里の山道を一枚一枚運んでもらったという逸話も残されている。これは地元の人びとから奇僧と呼ばれるほど質素、倹約、根気強さをもって寺院再建のため奮闘する僧侶の姿を述べたものである。鈴江純浄の命を賭した尽力で金剛福寺は明治十九年に再建を成し遂げている。

第三十七番札所・岩本寺は当所「福円満寺」と称し、仁井田五社（現在の高岡神社）の別当寺であった。その後「岩本坊（寺）」となる。岩本寺も明治四年に廃寺に追い込まれている。そして明治二十二年に再興されるが、その間に混乱の一齣があった。

明治十八年三月、愛媛県八幡浜に大黒山吉蔵寺という寺が創建され、札所三十七番を標榜した。そこで発行された納経も残されている。大正七年（一九一八）に娘遍路を体験し、『娘巡礼記』を著した高群逸枝は吉蔵寺について触れている。高群が熊本を発つ時、金剛杖をくれた人から吉蔵寺への紹介状を預かっていた。それを持参して寺を訪ねたら、大きな伽藍を備え、小僧も多く働いていた。懇切で是非宿泊してくれるようにとの申し出があって一泊する。その上で、高群は吉蔵寺の由来について次のように述べている。

一体大黒山吉蔵寺という寺号は、大黒屋吉蔵という人の名から取ったもので、大黒屋といえば現にこの地での多額納税者として誰知らぬ者なき素封家《そほうか》であるが、今から三十幾年前この吉蔵なる人、夜臥床《がしょう》にありて時ならぬ鐘の音を聞き、不審とは思いしもそのままにすて置いて翌朝例の如く早く目を覚ますと、家内の者が仏間にこんな物があったといって持って来たのを見ると八十八ヶ所の納め札で、住所氏名は書いていなくその枚数三十七。ここにおいて、さては三十七番の札所をどうかせよとの仏の思召しかと考え先にいった岩本寺を調べてみると、見る影もなく衰微しているので三千五百円を以て本尊と納経の版とを買いとる事に相談をつけ須臾《しゆゆ》にして建立したのがこの寺である。

これによると、富豪の大黒屋吉蔵という人物が、廃仏毀釈で荒廃していた岩本寺の本尊と納経の版とを買い取り早急に吉蔵寺を建立した、という内容である。明治三十八年の納経が残されているので、岩本寺と吉蔵寺は一時並存していたことにもなる。しかしながら、その真相は定かではなく、遍路たちにも吉蔵寺については知られていなかったようである。

但し、明治初期の廃仏毀釈で寺院が荒廃し、経済的に困窮したことで売りに出されたという噂は、夥しく寺院の多い京都でもあった。神仏分離令に発した廃仏毀釈による混乱は、四国霊場に限らず関東の秩父霊場でも起こっている。その中には岩本寺と似た事例があった。秩父観音霊場第十五番札所・蔵福寺は秩父妙見社（秩父神社）の別当寺として境内にあったが、明治初年に廃寺された。蔵福寺の住職は神官に転じ、本尊は小鹿野村の十輪寺に譲り渡された。それを記した「引譲証文」も残されている（新井佐次郎「近代の秩父札所」『秩父札所の今昔』一九六八年）。

しかし、地元住民たちによる秩父市内での札所の復活要望で、秩父市内・柳島から移転してきた少林寺が大正六年に札所とされている。戦後になって十輪寺は本尊と証文を根拠に十五番札所の正当性を主張したが、少林寺は既成の事実を踏まえ、十輪寺の主張を黙殺した。

四国霊場は明治初期の廃仏毀釈で混乱を起こしたが、政府は極端な仏教排撃の行き過ぎを戒める趣旨の布告を出している。それにより、明治中期頃からは廃寺された札所も再建されるようになる。しかし、札所の中で、唯一後々まで紛争を長引かしたのは第三十番札所・善楽寺であった。

二　善楽寺の紛議

明治初期の廃仏毀釈の影響を受けて混乱し、その後も紛議を抱えたのが第三十番札所・善楽寺であった。江戸時代までは三十番札所は百々山・善楽寺であった。当時は神仏混淆であったので、土佐一の宮高賀茂神社の別当寺として善楽寺と神宮寺が並立していた。納経判も両寺が交代で扱っていた。しかし、明治初年の廃仏毀釈によって、先ず神宮寺が廃寺となって神宮寺の寺宝は善楽寺に移され合併された。その後、明治三年（一八七〇）に善楽寺も廃寺されたので、本尊の阿弥陀如来像と大師像は第二十九番札所・国分寺に移された。

ところが、廃寺されていた安楽寺が明治九年に復興し、高知県権令の許可を得て国分寺に預けられていた善楽寺の本尊を移し、三十番札所を名乗ることとなった。しかし、宗教上の札所の紛議に行政機関が立ち入る性格のものではないので、安楽寺は念のために、明治十七年八月に真言宗管長に願い出て、「県下一宗内に於て安楽寺を以て四国第

安楽寺の門柱(「四国第三十番霊場」と刻まれている)

三十番霊場と公称する事」の認可を得た。そしてその旨を県の社寺台帳にも登録した。

それに対して、一の宮地区の人びとは快く思わなかった。そこで一の宮の村長を代々受け継いできた山本成之が中心となって、善楽寺の復興運動を展開した。山本たちの三十余年の活動が実り、昭和四年(一九二九)に埼玉県与野市にあった真言宗智山派の東明院の堂宇を移転し、国分寺に預けられていた大師像を引き取って安置した。その落慶式は翌年二月二十四日に行われ、晴れて善楽寺は復興された(島浪男　前掲書)。しかし、これよって三十番札所は二つ存在することとなる。寺院の正当性の問題と同時に、遍路たちにも果たしてどちらを巡拝すべきかと迷う混乱を生じさせることにもなった。

善楽寺と安楽寺とは三十番札所を主張して互いに譲らず、紛糾することになった。両寺は同じ真言宗寺院であったが、所属する宗派は善楽寺は智山派、安楽寺が豊山派と異なっていたので、宗派を背景とした係争となり解決は困難とされていた。幸いにも真言宗が宗派の垣根を越えて合同した

善楽寺の新築された本堂

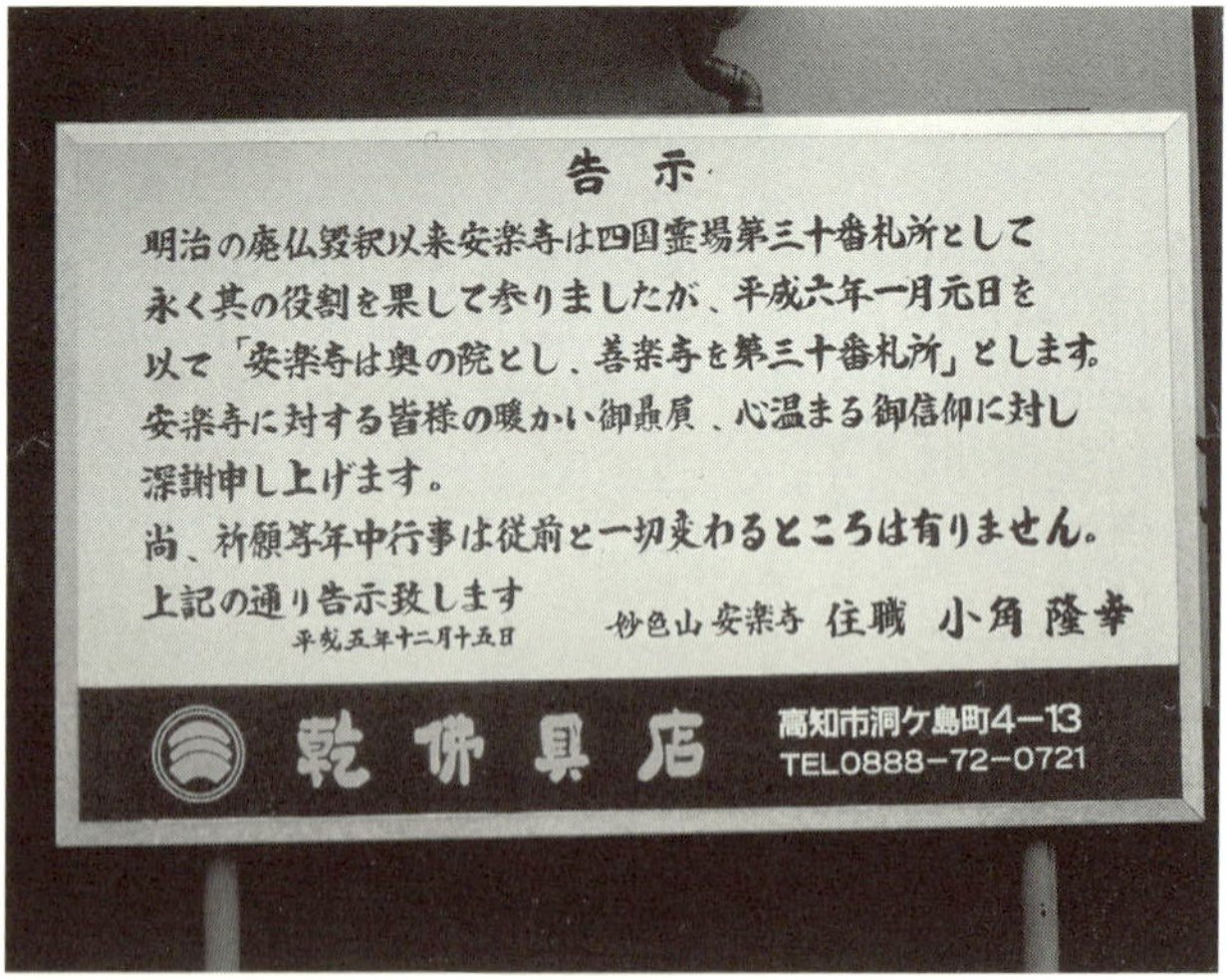

安楽寺の告示板

一時期があった。それによって三十番札所の問題も解決の糸口が見つかった。昭和十七年に両寺院の間に次のような協定が成立した。

一、善楽寺住職は、永代安楽寺住職が兼務すること。
二、三十番札所納経の儀は、従来通りとすること。
三、安楽寺住職は三年以内に、三十番の札所を、善楽寺に帰一し、安楽寺を奥の院とすること。

これによって長年の紛議は落着することになった（荒木哲信『遍路秋色』一九五五年）。昭和三十九年に「四国霊場会」が発足した時にも、善楽寺は「開創霊場」、安楽寺は「本尊泰安の寺」で折り合っていた。

しかし、その後昭和六十二年に安楽寺から派遣された住職の配転問題で訴訟に発展し、紛争が再燃した。その決着は平成四年（一九九二）に、安楽寺の住職が善楽寺の住職を兼ねるという最高裁判所の判決を踏まえ、平成六年からは改めて第三十番札所は善楽寺に統一し、安楽寺は第三十番札所の奥の院とすることが、両寺の檀家総代の話し合いで了承されて解決した。

第二節　木賃宿に見る遍路

江戸時代の遍路は、八十八ヶ所を一巡するのに約一両の費用で済ませることができた。それは遍路宿と呼ばれる木賃宿が廉価であったことによる。遍路の費用が安いことで女性や下層の人びとを呼び寄せることにもなった。その傾向は近代に入っても変わらなかった。明治四十年（一九〇七）に遍路体験した小林雨峯は当時の費用を詳しく記載している。それによると、約八十日で総額二一円四一銭五厘であった。宿賃は平均一〇銭、米代も平均一〇銭で納経料が二銭、草鞋と雑費が四銭で、一日当たり二六銭として、それに舟賃などが付け加えられた。遍路の多くはこの木賃宿に宿泊する。遍路宿と呼ばれる木賃宿とはどのような宿泊施設であったのか。そこに集まった遍路たちの様子はどうであったかを見ていくことにする。

一　木賃宿

木賃宿とは客が米や麦を持参して、それを炊く薪代として木賃を払った。米を持たない場合は米を買い求めることになった。そして副食の「おかず」には漬物や汁が出されるが、それは宿のサービスでもあった。従って、客は米代と木賃を払うだけで、極めて安上がりであった。この木賃宿が遍路の宿とされたところから「遍路宿」とも呼ばれることになる。木賃宿は農家が副業で行っていたが、札所参道などでは多くの遍路宿が並んでいて、綺麗な宿もあった。明治十五年（一八八二）に十八歳で始めて遍路を行い、その後も度々四国霊場を廻った東京の宝仙寺の僧侶・安田寛明は昭和六年（一九三一）に『四国遍路のすすめ』を著している。その一節に遍路宿について次のように説明をしている。

御四国へ参りますと遍路の泊まる宿屋と云う殆どボクチンホテルであります。宿代は三十銭乃至四十銭であれば、（中略）上等の旅人宿に泊まろうとしても遍路姿のものは泊めては呉れず、（中略）一等の宿代金四十銭を払うものなら別間に通して茶碗、箸まで貸して呉れますが、此の頃に至っては御四国へ御詣りする遍路の方々も、だんだん上手になられ同じ銭を出す位なら、なるだけ綺麗な部屋がよいと宿屋を選び夜具の綺麗なのを見た上でなければ泊まらぬようになり、（後略）

遍路姿をした人は旅館では泊めてもらえなかった。その理由は木賃宿に泊まった遍路が虱、蚤を身に付けて移動するので、それを旅館は嫌ったからである。安田は木賃宿をボクチンホテルなどと持ち上げ、少々銭を弾むと別間で優遇してくれるなどと、多少御世辞や宣伝的な説明をしている。しかしながら、実際に宿泊した人の日記などには木賃宿は夜具、風呂などが不衛生で悪評が立っていた。

大正七年（一九一八）に伊藤老人と二人で遍路した高群逸枝は、明石寺を参拝後に「お泊んなさい」と声をかけられたが、「見ると汚い家で木賃宿である。大変だ、こんな所に泊まったらそれこそ虱《しらみ》に食い殺される。それよりかも野宿がいい」とまで述べている。高群は第二十八番札所・大日寺を詣り、赤岡に着いて遍路宿に泊まった。それを「この宿こそ如何にも虱《しらみ》が湧いていそうな不快な宿である。むしろ海辺の野宿がいいと思うんだけどお爺さんがぐんぐん入ってお出でになるので仕方がない」と記している。そして風呂の順番が来て行ってみると、

便所のすぐ前で汚ない壷が露わに見えている。それは横を向いて忍ぶとしてどうにも忍ばれないのは桶の中の湯である。まるで洗い落とされた垢の濁りで真っ黒である。これではいかにも耐まらない。

と不衛生さを綴っている。

また、屋島から讃岐の一の宮寺に行く途中の高松市での木賃宿も汚いものであった。『お遍路』では、逸枝とお爺さんとにはまだ虫がたかっていなかったが、不潔な夜具が出された。さすがにお爺さんも高松の宿だけは「きたねえ」と発している。そして「便所と流しの半間と離れていないのが何よりきたなく、部屋の畳のぬれてかびている気持わるさ、壁はでこぼこで汚点《しみ》だらけ」と不平を述べている。一度遍路を体験しているお爺さんでさえ、「きたねえ」と吐き捨てるほどの不衛生な宿であった。

放浪俳人の種田山頭火も路銀を持たなかったので度々木賃宿に泊まり、その様子を記述している（『四国遍路日記』）。例えば、「めいめいのおはちを枕許に（人々の御飯）」「一室数人一鉢数人一燈数人」などと述べている。木賃宿は多人

数の相部屋で、食事も共同でしていた。炊いてもらった飯は各自にお櫃で運ばれ、残りは翌朝や昼の弁当ともなった。茶碗、箸は各自が持参するものであった。夜具は敷蒲団と上蒲団とも丈が短く、足が出るので冬場は寒かった。寝具は俗に「せんべい蒲団」と呼ばれ、薄くて固く汚れていた。山頭火は、それを「安宿で困るのは、便所のきたなさ、食器のきたなさ、夜具のきたなさ、虱《むし》のきたなさ、等々である」と述べている。山頭火は木賃宿の食事の献立にも触れている。その例を見てみると、牟岐の長尾屋では夕食には「菜葉、芋、塩鰯、唐辛佃煮」、朝食には「味噌汁、唐辛佃煮、菜漬」であった。甲ノ浦の三福屋では夜に「菜葉、煮魚、菜漬」、朝食では「味噌汁、菜漬」であった。他の宿でも豆、南瓜、菜っ葉の煮物やおひたし、漬物が主流であった。その中にあって、山頭火が褒めている宿は高知の山西屋で、名が売れていて評判が高く、副食に焼き魚や刺身まで出てくるほどであった。

愛媛県新居浜生まれの白石トメ子は昭和十一年、二十一歳の時に伯母と遍路をして初めて遍路宿に泊まっている。伯母はかつて遍路した経験から、開けられた障子から見られる積まれた蒲団カバーを覗き込み、木賃宿を物色している。それでも寝ている時に南京虫に刺され、眠れぬ夜を過ごしたこともあった。食事は御飯に味噌汁、漬け物、煮物が多く、素材は干し大根、ドロイモ（里芋）、油揚げ、豆腐などであった。宿の値段を白石トメ子は几帳面に記しているが、二〇銭から二五銭が多かった（印南俊秀　前掲論文）。

ドイツ人のアルフレート・ボーナーも昭和二年に遍路宿に泊まり、困惑したことを記している（前掲書）。それには先ず浴衣を持参しなかったことで、裸で風呂場に向かっている。脱衣室ではマッチ箱とロウソクを手探りで探している。風呂の湯は綺麗ではなかったが、汗と埃を落とすことができて快適であったと述べている。そして炊く飯の量を尋ねられたり、ご飯の椀を持参しなかったなどの戸惑いがあった。幸いにも同宿した金縁の眼鏡をかけた上品な男性が親切に宿の女将に仲介してくれた。

かつて遍路宿を営んでいた民家（藤井寺門前）

ボーナーは家の中に入ってくる蟻や蚊に悩まされたが、それ以上に驚かした出来事があった。遍路宿に泊まって害虫の被害にあわなかったと思って宿を出発したボーナーは、数時間後に丸々と太った着物蚤が手拭いに付着していることに気付き吃驚し、遍路を続ける気力を失いかけている。

木賃宿を悪評した山頭火も、木賃宿の中には綺麗で食事のよい宿もあったことを記している。その一つは高知の和食町の「ゑびすや」であった。「きれいでしんせつで、そしてまじめで」と誉め称えている。山西屋もそうであった。「おいしい御飯をたくさん食べ風呂に入って、ぐっすり寝た」と山頭火は満足している。更に上を行く木賃宿もあった。それは松山の道後温泉の宿であった。それを次のように記している。

四国巡拝中の遍路宿で、もっとも居心地のよい宿と思う（もっとも木賃料は四十銭で、他地方よりも十銭高いけれど、道後の宿一般がそうなのである、それでも一日三食たべて六十五銭乃至七十銭）。夜の敷布上掛はいつも白々と洗濯してある、居間も便所も掃除が行き届いている、食事もよい、魚類、野菜、味噌汁、漬物、どれも料理が上手でたっぷりある。

山頭火は居心地のよいこの宿に二十日近くも逗留している。放浪の身で金銭の持ち合わせもなく、「修行」と呼ぶ「門付け」で米や金銭の布施を受けて遍路をしていた山頭火にとって、この宿は心身ともに落ち着かせてくれる所であったのであろう。掃除が行き届き、寝具が洗濯され、食事も美味しい宿は宿賃が高くつくが、それは稀な宿であった。木賃宿の多くは廉価であったので粗食、不衛生な宿であった。

二　木賃宿の人びと

遍路宿と呼ばれる木賃宿にはいろいろな遍路が寝泊りしている。伊藤老人と遍路した高群逸枝は、遍路宿で下層の貧困層の人びととめぐり会っている。そこには四国以外の伊豆や名古屋などの遠隔地から来た遍路もいた。国元を追われた人や、病を抱えてその回復を願って遍路する人もいた。当時不治の病とされたハンセン病の遍路もいた。初めて泊まった木賃宿は延光寺が経営する「寺山屋」で、品格のある壮年の男を含め一九人の遍路が風雨を避けて泊まっていた。その中には、「まるで骨と皮との、眼玉の飛び出たお爺さん、生国は土佐だそうな。次が盲目の色の青い頭の毛の中に汚い禿《はげ》を有する男の方。（中略）みんな盲鬼か幽霊かお化《ばけ》かの寄り合いみたいだ」と述べている。逸枝にとって衝撃を受けたのは、父親と遍路する十三歳の少女の姿であった。それを次のように記している。

もう一人は十三歳の娘、汚れて真っ黒になった浴衣《ゆかた》の上に、縄のようによれた紐を締め、髪は、赤ちぢれて根元には累々たる瘡《かさ》が食《は》み出ている。きたない指でかきむしるとその瘡ぶたが剝げて中から青赤い濁り汁がドロリと流れ出る。その臭気は実に耐えがたい。その子は生れ国も母の顔も知らない子で父といっしょに歩いている。

逸枝は年端もいかない少女の病気の惨さを綴っている。逸枝がその子に声をかけても、白眼でジロリと見返して返事もしなかった。別れ際に「では、さようなら」と言うと、その子はにっこりとしたので逸枝はホッとした。

高群は第四十四番札所・大宝寺で無事に結願して、帰路について八幡浜まで歩き通し、「三津山屋」という木賃宿に泊まることにした。そこにもいろいろな遍路が滞在して、同宿することになる。その光景を次のように述べている。

同宿人の多いのにも吃驚《びっくり》したが、その職業の様々なのにも驚いた。

先ず盲目で耳の遠い女の遍路さんが居り、次には髪を分けた色の真っ黒な浮れ節屋がいる。浮れ節屋は滑稽な調子で講談本を読んでは一同を喜ばせているが、中にも十五、六の遍路少年など夢中になって聞いている。（中略）外《ほか》には老人の遍路と家族を率いた易者といつも隅っこにくっ着いている機嫌の悪いお婆さんとがいる。どれもこれも、口が喧《やかま》しい。

この木賃宿にも身体に障害をもった人や少年、少女から老人までの年齢層、そして職業も浮れ節屋や易者などと様々であった。いわば貧困・下層の人びとが大勢泊まっていた。

ある札所の僧侶によると、大正十四年（一九二五）頃には遠く満州、樺太、台湾などからの巡拝者は来たが、「夏や冬に来る遍路さんは、殆ど癩病患者か、イザリといった両足で歩けず、箱車に乗り犬に引かれて、自分の両手で杖を使って車を動かすか、或いは身内の者がその車を引いて、霊場を廻っている人々であった」と述べ、「霊場ではお通夜堂といって、こうした人々のために無銭宿泊が出来るお堂が作ってあった」とも記している（平井玄恭「山本玄峰の四国遍路」『大法輪』昭和五四年四月号）。

病気でも伝染すると恐れられたハンセン病の遍路は、遍路宿からも追い出された。その上、通夜堂でも他の遍路から容赦なく追い出され、同じ遍路でも彼らは差別、忌避されていた。ハンセン病の遍路は歩く道も遍路道ではなく、別ルートを歩まなければならなかった。民俗学者・宮本常一は昭和十六年（一九四一）十二月に伊予の小松から土佐の

寺院境内にあった通夜堂（前田卓提供）

土川に向かう途中で、ハンセン病を患う老婆に出会った。その老婆は宮本の問いかけに、「こういう業病で、人の歩くまともな道はあるけず、人里も通ることができないのでこうした山道ばかり歩いてきたのだと」と答えている（宮本常一『忘れられた日本人』一九三〇年）。

旧制松山高校で教鞭をとっていたアルフレート・ボーナーも数回遍路宿に宿泊し、そこで出会った人びとのことを記している（前掲書）。ボーナーが初めて木賃宿に泊まったのは、第八十二番札所・根香寺を参拝した後であった。そこには先客があって、金縁の眼鏡をかけた上品な男性であった。彼は東京からきた商売人であった。この男はボーナーに親切に対応してくれた。まず、宿泊が出来るか否かを女将にかけあってくれている。炊く飯の量を五合と注文するように教えてくれた。持参しなかった椀と箸を女将に貸し与えるように伝えてくれている。更に勘定でもお茶代などの飲物代は不要であるとも教えてくれた。

ボーナーが泊まったその夜には、ある若者が遅れて入ってきた。その若者は律儀な男で女将に宿泊の依頼をした後に杖を洗い、その杖を部屋の奥に置き、大師の宝号を唱えた。そして笈から小さな仏像を取り出し、その前で読経をしている。その後先客に対して丁寧に挨拶して、「今夜はご一緒にお願いします」と述べている。その新参者は飯は要らぬと女将に言って、熱いお湯を申し出た。そのお湯に黄色い粉を入れて溶いた。それは麦粉であった。彼は前年に重い胃腸病に罹り、遍路の途中で治癒したと言う。そこで感謝のお礼詣りをしているのであった。翌朝その若者はイタチのように山を駆けて行った。

遍路には布施などで生計を立てている「職業遍路」と呼ばれる人もいる。ボーナーはこれを「常習者」と呼び、同宿した経験を綴っている。第十九番と第二十番札所の中間地点の生比奈村の宿であった。それによると、三十七歳になる男で二十二年間遍路を続け、途中で妻となる女性に出会い、子供も生まれて七歳になると言う。妻子連れの男はボーナーと同じ部屋に泊まることになったので、機嫌が悪く、小言をぶつぶつささやいていた。時間が経つにつれて仲良くなって、職業遍路の実情を聞くことができた。その詳しいことは第五章で詳しく述べた。

このように、遍路宿には金縁の眼鏡をかけた上品な男や、病気が回復してそのお礼に再び詣る真摯な青年も宿泊しているが、その他にも職業遍路や身体に様々な障害をもった貧困・下層の人びとが寄り集まっている。

三　宿帳にみる遍路

遍路宿に泊まった人びとは夕食後に宿帳に記帳し、料金の精算を済ませる。その宿帳を手懸りにすると遍路の出身地、性別、年齢などを捉えることができる。星野英紀は愛媛県上浮穴《かみうけな》郡久万町畑野川にあった「大黒屋」という遍路宿に残された宿帳を手懸りに、昭和初期の遍路の実態の分析を行っている（星野英紀『四国遍路の宗教学的研究―その構造と近現代の展開―』二〇〇一年）。

戦前までは、遍路宿屋は前夜の宿泊者の記録を翌日の正午まで所轄の警察署に提出する義務があった。「大黒屋」に残された記録は昭和七年(一九三二年)から十八年までの十二年間に亙っている。しかし、昭和七年から九年と、昭和十四、十五年の記録は散逸していたので、それを除いた七年間分の総数一万一七五人の記録で、遍路の実態を分析している。

それによると、まず遍路の出身地の地域別を見てみると、四国地方が五六・九%で最も多く、次いで近畿地方が一六・九%、九州八・二%、中国七・九%、中部五・八%と続く。少ないのは関東地方が一・八%、そして北海道や東北地方などの「その他」が二・五%となっている。星野英紀は遍路の多い府県は西日本に偏在し、江戸時代の場合と同じ傾向である、と述べている。更に多い道府県別の割合を見ると、最も多いのは愛媛県の四二四四人で全体の約四一%を占めている。次いで高知県が七二八人、大阪府六八二人、徳島県五六八人の順になる。以下福岡、香川、山口、広島、兵庫、京都、和歌山、愛知などの府県が比較的多い。その結果、四国四県と対岸の近畿、山陽道の府県が多いといえる。その中にあって北海道、東京、愛知が遠隔地でありながらも少なからず見られることに注目し、その根拠を星野は説明している。北海道には明治時代に屯田兵として多くの人びとが派遣された。その中には北海道に住み着いた人が四国遍路に回帰した側面があった。東京都、愛知県には江戸時代に四国霊場の移植された「ミニチュア版」が幾つかあって、その影響があったことを挙げている。

次に月別の遍路を見てみると、四月が最も多いが、三月から五月にかけての春の時期が全体の六八%を占めて、春に集中する傾向がある。それが著しくなるのは昭和十六年以降である。

遍路の性別、年齢については、性別では男性の割合が六五%、女性が三五%である。しかし、春季では男性五九%、女性四一%と女性の割合が増加する。そして女性の季節別集中率では八〇%となり、女性の場合一〇人のうち八人は春季に廻っている。

年齢別では最も多いのは五十歳代で全体の二一・六％となる。次いで六十歳代が一九・三％、二十歳代が一八・一％、三十歳代と四十歳代が一四・〇％、二十歳未満が六・二％、七十歳代以上が四・九％、不明一・九％となる。

現代の遍路の実態については次の章で詳しく述べるが、遍路の出身地や月別の遍路に関しては現在の遍路と同じ傾向を示している。それに対して、遍路の男女別の比率や年代別の割合などは現在とは差異がみられる。

畑野川は四方を山で囲まれた盆地で、第四十四番札所・大宝寺と第四十五番札所・岩屋寺との中間地点にあたる。そのため遍路はこの地で休息や宿泊する。最盛期には十数軒の遍路宿があったと言われている。その一軒の大黒屋に残された宿帳の記録は、断片的ではあるが貴重な史料である。それによって、当時の遍路の実態を知ることができる。

第三節　遍路狩り

近代国家建設に向かった明治新政府は、それまでの封建体制下で人の往来を制限していたが、これを解放した。江戸時代に各藩の出入り口に設けられていた関所は取り除かれ、人びとは自由に出入りすることができるようになった。遍路も往来手形を持たずに行き来することができた。その反面で遍路による窃盗や恫喝、偽遍路などによる悪事も増加した。いわば遍路と名乗る人による弊害も多発するようになる。

一　新聞による遍路排斥の報道

そのような風潮の中で、高知県は板垣退助に代表されるように自由民権運動が盛んな地方であった。民権派寄りであった『高知新聞』は、度々の弾圧を受けて発行停止に追い込まれながらも明治十四年（一八八一）十二月に『土陽新聞』と改題して発刊を続けた。その『土陽新聞』が意外にも遍路を排斥すべし、という論説を掲載している（政治結社・立志社の機関誌『土陽新聞』とは別の新聞である）。明治十九年五月九日から十一日、十二日の三日間にわたり「遍路拒斥《きょせき》すべし　乞丐《きかい》逐攘《ちくじやう》すべし」とする論説は長文で、その抜粋の一部は次のように述べている。

（前略）扨て此の遍路には、相応な旅金をも携へ、身成も一通り整へて来るもあれども、其れにしても真に祈願の為めに来るは少く。つまらぬ事にて来るもの多きことなり。其の大半は旅金も携へず、穢き身成にて朝より晩まで他人の家に食を乞ふて廻り。巡拝も祈願も、何んの其の主ら事とするは、四方八方を食ひめぐるに在り。夫妻相ひ子女相携へ、同類群を為し、続々として至るなり。

左れば今の如くに遍路の入り来ることありては、第一に甚だ危険なるは、悪病の万延を媒体すること是なり。殊にコレラ病の如きは尤も不潔に取り付き易き先生にして遍路の如き者が続々他県より侵入し来るときは、之れを蔓延せしむこと必然の勢なり。（中略）遍路の来住することあれば、之れを蔓延せしむるもの豈に何んぞ小なりと謂ふべけんや。是れ第一に危惧すべき事也。（中略）

遍路の侵入し来るや、他人の家に食を乞ひ得る所不充分にして、糊口に難渋するに至つては、変じて強盗と為り、偸児となり、極めて兇悪の行を為す者あり。近来に及んでは、此類ボツ〳〵見はる、が如し。是れ第二の大害也。

又其の遍路の侵入し来るや、強壮なる者にして而して得る所充分ならざれば、右の如く強盗と変じ、偸児と化し、若しその老体の者や幼弱の者は、或は食に索きて餓死するもあるべく。或は病に罹りて羸死《るいし》ものあるべく。寒中に於ては凍死する者も間々之れあり。概して行き倒れと云ふ者が多く有ることとなり。ソシテ其の行き倒れがあれば、必ず戸長場の厄介と為るなり。戸長場の厄介は、即ち人民の迷惑なり損害なり。是れ第三の大害なり。其外他人の家に食を乞ふて与へざれば、悪口を突いて往く奴あり。縦ひ然らざるも、強請して止まず。或いは店頭に立つて商売の邪間を為し。又士族などの家に来つては、ドン〳〵敷台を叩いて、家人を煩はすこと一方ならず、是れも亦、悪むべきの至りと謂ふべし。（後略）（五月九日付け）

遍路の侵入し来ることが、我県の為に極めて迷惑となり、乞丐の繁殖することが、巳《ママ》に目下の如きの害と為ることなれば、我県たる者は、今は早や一日も猶豫するなく、断然として之れを拒斥し、之れを逐攘せざる可からざるなり。而して其の之れを拒斥し、之れを逐攘するには、果して如何なる措置を以つてすべき乎。（五月十一日付け）

確かにその頃、各地でコレラや天然痘が流行していた。また当時、乞食遍路や、遍路と称する偽遍路による詐欺、窃盗などの悪事もあった。『愛媛新報』では、「遍路を装ふ三人が金銭を詐取　宇摩郡を荒し廻る　一般に注意が肝要」という見出しで詐取の報道をしている。それによると宇都宮市からの二人と金沢市からの一人の三人組が、四国巡拝で三角寺まで来たが道に迷い、宿を乞い宿泊した。宿の主人の好人物につけ込み、帰国後に呉服類を原価で送るとか、万病に効くと偽薬を売り込んで金銭を詐取した、というものである（大正十五年（一九二六）十月十五日付け）。同紙は更に十月二十六日付けでも、「小舟を盗んだ遍路姿の男溺死　どこの者か判らぬ」の記事を載せている。それは南宇和郡東外海村の海岸に遍路姿の男の溺死体が漂着した。その男は夜に民家を訪れ、船を貸せと乞うたが断られた。夜の更けるのを待って小船を盗み出し、高知県へ渡ろうとしたが、小船であったので風波で転覆して溺死を遂げたものらしい、と報じている。

しかしながら、この論説は自由民権派寄りの『土陽新聞』としては極めて強引な印象を受ける。コレラの蔓延は遍路の責任であるとしたり、遍路が米などの布施を要求し、それを拒否したならば強盗に変じるなど、と述べている。高知県の警察署は社説に呼応するように、乞食遍路を捕まえて、一定期間留置し、その後本籍地に送り返している。『土陽新聞』はその対策として、各地の町村は国道や県道を除いて遍路の通行を禁止することや、乞食には一切恵与しないこと、県境で警察が説諭して追い返すこと、近県の警部長会議で協議、共同戦線を張るなどを提案している。

『土陽新聞』が、過激な表現で遍路の排斥を提唱した背景はよくわからない。その理由として考えられる一つには、『土陽新聞』の主筆として専ら筆を執ったのは植木枝盛と言われている（平尾道雄『近世社会史考』一九六二年）。植木枝盛は明治十年の立志社の機関誌『土陽新聞』でも腕を振るい、『高知新聞』を改題した『土陽新聞』の編集・執筆にも関わっていた（平尾道雄　前掲書）。その植木枝盛は明治十年に板垣が帰郷した後を追って高知に戻っている。そもそも植木は中流の土佐藩士であって、藩当局の情報しか知らず、藩側の遍路嫌いを植えつけられて育ったようである。それが論説に反映されたのではないかと言われる（山本和加子『四国遍路の民衆史』一九九五年）。

今一つは、遍路の取り締まりに間接的に影響があったのではないかと考えられる法令が施行されている。近代国家建設を目指す政府は庶民の生活習慣に規制を打ち出した。それは「違式詿違《いしきかいい》条例」で、「裸体又ハ袒裼《たんせき》シ、或ハ股脛ヲ露ハシ醜体シムル者」や「往来又ハ店先等ニテ袒裼、裸体スル者」などを処分の対象とした（日本近代思想大系23『風俗　性』一九九〇年）。「袒裼」とは上着を脱ぐことを指したが、見苦しいということであった。この法令は現在の軽犯罪法に相当するもので、東京では明治五年、大阪では明治九年に制定施行されている。その後各地で施行され、文字の読めない人のために図解も出版されている。政府は近代国家の体裁を整えるために、欧米人に日本の風俗が「野蛮」とか「未開」と烙印を押されたくない思いが、同条例の施行の背景にあった。

『土陽新聞』は遍路を「穢き身成」と表現し、乞食遍路が食の布施を求めて歩き廻っていることから、見苦しいという視点で捉えたのかもしれない。そこで、「遍路拒斥すべし　乞丐逐攘すべし」という表現となったとも言える。

しかしながら、この提案は実行されることはなく、警察による取り締まりは一層強化され、「遍路狩り」が頻繁に断行されることになった。『土陽新聞』によれば、高知県が明治二十三年四月二十日から三十日までの十一日間に捕えた遍路乞食は二七三人であった（五月二十七日付け）。その十一年後の明治三十四年には、二月一日から十日までに追放した遍路乞食は三八一人と増えている（三月二十一日付け）。

論説の最終部分では、「益々土佐の国を鬼国など、評すれば評するに任かすべし。遍路輩に物を与へざるが為めに鬼の名を受くる如きは、我々土佐の国の一向頓着せざる所なり」（五月十二日付け）と、公然と揚言《ようげん》している。この内容は封建制度下における天保以後の土佐藩の見解と、明治期における民権派の見解とには共通したものが観取される（平尾道雄「四国遍路と一考説」一九六二年）。遍路にとって土佐は江戸時代の藩の取締りと同様に、明治期以降も警察による取締りが厳しく、受難の土地柄であった。

二　遍路狩りの光景

四国霊場を廻る人びとの中には、乞食遍路や遍路の名を語る偽遍路、遍路で生計を立てる職業遍路なども少なくなかった。治安を担う警察はそれらの人びとを厳しく取締まった。その逮捕は「遍路狩り」と呼ばれた。大正七年（一九一八）に遍路体験した高群逸枝は、逆廻りで無事廻り終えて八幡浜に辿り着いた。そこで泊まった木賃宿「三津山屋」で遍路狩りに遭遇している。その情景は『お遍路』の中で綴っている。今一度、その光景を取り上げてみる。

> 遍路狩がある、気をつけろという声が聞えてきた。耳の遠い女遍路が、町で流していたところをあげられたらしいという知らせもあった。

この時階下で、おじいさんの気短なかんしゃく声が起こった。

「来てるぜ。」皆が顔見合す。

サーベルの音や靴の音もして、二、三人は来ている様子。

急いで下りて見ると、二、三人いる中で最も背の高いお巡りさんが、

「こら、はっきり言わんか。いんや言わんでも好えから、早くせえ、警察へ行くんじゃ。」

と、おじいさんにどなっている。すると、極度に例の向っ腹を立てているおじいさんは、

「お遍路をどげえ心得るか。お大師様の大切な同行じゃが、どげえ心得るか。」の一本槍で答えている。

「おじいさん。」

私がなだめにかかると、お巡りさんが、

「連れか。」

私に聞く。そうですと答えると、

「ふム、そいで何かな。」

じろり私を見る。

私は、いま国の方へお金を送るよう言ってやってあること、それが届くまではこの宿にいなければならぬことを手短に話すと、横からおじいさんが、

「お遍路をどげえ思うか、お四国の土に生きていて、その心得を知らぬか、いまの若い者は生意気じゃ、仏の教えということが分っとらんわい。」

と、団栗《どんぐり》のような大きな吸口の烟管を出しながら、悠然としていう。

「引っ立てるぞ。幾ら身分はあっても遍路は遍路じゃないか。こら娘、その爺さんによく言ってきかせろ、分ったか。罪は成り立つのじゃが、特別をもって許しとくけに。」

幸いにも逸枝たち一同にとっては、お爺さんのいう遍路は大師の同行である、と主張する剣幕に押し切られ、警察官に検挙されることはなかった。伊藤老人は一度目に遍路した時に、弘法大師ではないかと思われる人物に遭遇した逸話を持ち、今回も逸枝は観音様を宿し、そのお供で遍路に出ている。確固たる信仰心が取締りに厳しい警察官を追い返すことができたのであろう。しかし、盲女の遍路はとうとう捕まって留置場に曳かれていったということがわかった。警察の取締りは厳しく、遍路の原籍氏名を尋ね、罪人扱いであった。

ところが、乞食遍路、偽遍路として検挙すべきかの判断は難しく、不当であると訴える者もあった。皮肉なことに、警察が遍路狩りを行っても乞食遍路は減ることはなく、逆に増えることにもなった。明治三十四年(一九〇一)二月二十日の『土陽新聞』は、「遍路狩りをして殖《ふ》ゆ」という見出しで次のように述べている。

是迄、市外柳原のほとりに露を敷き寝の草枕で敢果《はか》なき夢を結び居たる遍路乞食は、其数五、六名なりしが、此の程に至り滅多に頭数が殖えたるより、昨日或物好きが数へ見たるに、正しく三十一人ありたりと、警察にて遍路狩りを執行し、日数も未だ経《た》たざるに、斯く多人数となつたは抑《そもそ》も何ゆゑにや、

(振り仮名の一部は省略し、読点を加えた)

明治期には、江戸時代の往来とは異なり往来手形の必要もなくなる。人びとが自由に往来ができるようになると、新聞記事のように、警察の乞食遍路や偽遍路の取締りを尻目に、下層、貧困層の遍路が増えていたことがわかる。

第四節　旅、行楽としての遍路

往来が自由になると、遍路の中には乞食遍路や下層の人びとが接待のある四国霊場に集まるようになる。しかし、遍路は本来、信仰による祈願、救済を求めての巡拝であった。しかも交通手段はなく、自らの足で歩くものであったので、肉体的に苦痛の伴う苦行でもあった。

しかしながら、近代に入ると、交通機関の発達によって、客馬車、汽車、汽船、自動車を利用した遍路も出始める。明治三十六年（一九〇三）六月に、松山～堀江～北条の間に客馬車が運行されている。堀江～北条間は札所五十三番と五十四番の長丁場で、運賃は明治末期には一八銭、大正中期には三六銭であった（『四国辺路研究』第一九号　二〇〇二年）。やがて大正中期には乗合自動車、汽車を利用した遍路も出てくる。

交通機関を利用することによって、巡拝は肉体的に楽になる。それによって遍路の目的もこれまでの真摯な信仰心によるものから、旅、行楽とする遍路も出てくる。その様相を見ていくことにする。

一　新聞、雑誌の企画にみる遍路

明治期になると巡礼、遍路を新聞社や雑誌社が取り上げるようになる。その目的は読者に巡礼、遍路を知らせるとともに購読者の獲得を狙ったものである。記者や著名人を登用して行楽的に廻れることを報じている。それによって読者たちが巡礼、遍路にでかける契機ともなった。

そのマス・コミの最も早い企画は大阪毎日新聞社である。明治三十八年（一九〇五）に「三十三ヶ所競争巡礼」を企画し、二人の記者を西国札所巡拝で競わせ、勝者を読者に予想させるものであった。その三年後の明治四十一年には四国遍路で同じ試みが行われた。四月十九日に高知県を二人の記者が互いに逆方向で巡拝を始め、何時何処で出会うかを読者に予想させるものであった。二人の記者は五月十日に愛媛県今治市の第五十九番札所・国分寺で出会っている。その期間は二十一日間で、交通機関を利用した巡拝であった。五月十七日の新聞には洋服姿に山高帽子を被り、草鞋脚絆を履いて、手には洋傘を持った記者のイラストが載せられている。これはマス・コミで遍路が大々的に報じられた最初と思われる。

新聞記事による遍路の企画の今一つは、昭和期に入ってから『大阪朝日新聞』が取り上げている。昭和九年(一九三四)は弘法大師入定千百年に当たり、法要や記念事業が真言宗各本山を始め、デパートなどで開催された。その年の三月二十二日から、下村海南、飯島曼史の両名が四国霊場を巡拝した記事が四国版に連載された。その時の両名のスタイルは洋服にネクタイを締めて帽子を被り、革靴であった。そして和服姿の夫人を同伴し、各地で講演をしながらの巡拝であった。宿泊は遍路姿でなかったので旅館に泊まっている。連載記事は同年に単行本としても発行するが、その「序に代へて」では、キリスト教やインドの巡礼について簡単に触れた

毎日新聞社の二人の記者
(『大阪毎日新聞』明治41年5月17日付け)

後、次のように述べている（下村海南、飯島曼史『遍路』一九三四年）。

（前略）中でも西国三十三ヶ所と四国八十八ヶ処が最も有名であり、半ば観光娯楽の旅行気分も手伝うて、今に至るも遍路のあとを絶たない。

それらの遍路にくらべたらんには、我等の旅は名を遍路にかれども信心薄く、道中は汽船汽車自動車と、誠に罰があたるやうなお巡りなり、（中略）遍路の名にふさはしからぬところ多し。（後略）

著者が罰の当たるような巡拝であった、と述べるように洋服、和服姿で交通機関を使って廻り、観光、娯楽的な要素が含まれていたことが判明する。

『大阪朝日新聞』は昭和九年（一九三四）三月七日から三十日まで二〇回にわたり、記者と画家の霊場巡拝記事「昭和新遍路　四国霊場巡り」をも連載している。更に四月から始まる御遠忌に先駆けて三月三十一日には、「梅から桜へ　御遠忌の春　花の四国路へ　信仰と趣味をかねて　モダン遍路案内」という見出しで、簡略した遍路案内を載せている。その中で札所住職の話を、「この春は一宿一飯の喜捨を乞はず、まとまった旅費を用意して、信仰と趣味の旅を兼ねた都会人の新遍路が夥しく殖える傾向が顕著だといふ」と記している。そして大阪から出発して三〇泊した費用は、汽船、鉄道、乗合自動車、ケーブル・カー、旅館代、昼食代など総額一四六円五二銭となっている。但し、遍路宿や宿坊などに泊まり、日数を十日間ほど延ばせば、費用は半額ぐらいになる、とも記している。

企画ではないが、『海南新聞』の大正十五年（一九二六）四月二十日付けでは、「遍路の胸にあかい恋の念願　バラソル持参は時代の反映」という見出しで、和服姿に右手に杖を持ち、首から札挟みをぶら下げ、左手にパラソル（洋傘）を持った乙女が、松山駅頭を歩く姿の写真が掲載されている。新井とみ三『遍路図会』（一九四二年）でも帽子を被り、洋装のスカートに運動靴を履き、洋傘をさした女性が描かれている。これが「モダン遍路」と呼ばれている。

新聞社による遍路の記事企画で最も知られているのが、『九州日日新聞』（現在の『熊本日々新聞』）に連載された高群逸枝の「娘巡礼記」である。「娘巡礼記」は大正七年六月六日から一〇五回に亙って連載され、読者の反響を呼ぶことになった。高群は男女関係の苦悶から脱却するために遍路に出かけたもので、行楽的要素は微塵もなかった。遍路の費用も少なく、同行した伊藤老人が布施を受ける「修行」で糧を得て、不衛生な木賃宿や野宿するなど散々の苦労を味わっている。

和服姿にパラソル（洋傘）をもって松山市内を歩く娘遍路
（『海南新聞』大正15年4月20日付け）

雑誌社が遍路を取り上げた企画も出始め、観光的に捉える視点が更に深まってくる。その代表例は、昭和五年に出版された島浪男の『札所と名所　四国遍路』である。島浪男はペンネームであって本名は飯島実で、当時鉄道省に勤務し、雑誌『旅』の記者をしていた。島浪男は、『旅』に連載するために昭和三年二月から翌年四月まで四回に分けて四国遍路を行い、同誌第五巻四月号から第七巻一月号まで記事を連載した。それを後に単行本として、写真も多用するなど四〇〇頁を超える大作を出版している。

島はその目的を、「今まで一部の信仰本位の旅行者だけにしか為《な》されてゐなかつたこの旅行課目を一般の遊覧本位、観光本位の旅行者のために開拓しやうと言ふにある」と述べている。その手段として「交通機関の利用の出来るだけは利用して、日数を切詰める事にした」と、現在の旅行に近い廻り方をしている。長尾寺から大窪寺まではバスもあったが、四人で相乗りのタクシーを飛ばし、「最近かふ言ふ巡拝者がちよい〳〵あるらしく、万事は運転手の方が呑みこんでゐる」とも述べている。

宿や食事に関しても、「宿も食膳に相当のカロリーがとれて、寝具にもともかく其の日〳〵の疲労が恢復される様な宿を求めなければならない。（中略）虱に苦しめられると言ふ遍路宿は、ならば御免を蒙りたい」として、遍路宿には一度だけしか泊まらず、一般の旅館に宿泊している。旧来の宿である木賃宿から楽しい旅の宿を勧めている。

島の目的は雑誌記者として案内記を書き記し、遍路を一般庶民に普及させることであったが、タクシーを利用し旅館に宿泊するなど当時としては贅沢な遍路体験であった。しかし、記事内容は寺院の由来や縁起、霊験記や伝説を紹介し、廃仏毀釈で第三十番札所が混乱し、紛議となるが、その経緯を正確に記述している。第五十三番札所・国分寺に残された慶安三年（一六五〇）の納札にも触れるなど、記述内容は質的に高いものである。その上で、交通の便や宿の料金、各地の名所の紹介などを記し、現在の案内書の原型とも言えるものである。

雑誌『旅』では、その後も度々遍路を取り上げている。昭和十二年三月号（第一四巻第三号）では、早春随筆として下村千秋「四国遍路礼讃」を掲載している。その論調は島浪男と同様に行楽的要素を強調している、その一節に次のように述べられている。

（前略）私は旅が好きで日本内地は勿論、北海道、台湾、朝鮮、満州と歩いて見たが、結局この四国遍路に優るような旅の味は味へなかつたのである。

最近ハイキングが流行してゐる。ハイキングといふ言葉の意味は「苦労して歩く」といふことだそうだが、その意味からいふならば四国遍路こそほんたうのハイキングであらう、と私は思ふ。

新聞社、雑誌社によって取り上げられた遍路は、これまでの白装束に身を纏い、真摯な信仰による巡拝から、新しい時代の服装で汽車や自動車を利用するなど旅、行楽という位置付けで捉えている。

二　案内書の発行

江戸時代にも遍路の案内書は多く出されたが、昭和期になると、新しい案内書が出版されるようになる。そこには交通機関が発達したことで、徒歩巡拝以外の交通手段を利用した新しいタイプの案内書が発行されるようになる。その最も早いものは門屋常五郎が大正十二年(一九二三)に著した『四国霊場案内』であると言われる(森正人『四国遍路の近現代』二〇〇五年)。昭和六年に東京中野・宝仙寺の僧侶であった安田寛明は、七度の巡拝を経験して『四国遍路のすすめ』を出している。同書では出発の準備から、心得、参拝の作法、そして帰宅までの細々した諸事に懇切丁寧に分りやすく、語りかけるように説明している。本人自身が東京在住であったことから、交通機関にも触れている。しかし、この書は私家版であったので、どの程度普及したかは分らず、原本も稀にしか残されていない(安田寛明の孫にあたる安田一雄によって平成十二年(二〇〇〇)に復刻版が発行されている)。

昭和九年(一九三四)には安達忠一による『同行二人　四国遍路たより』が欽英堂書店から出版される。安達は刊行の目的を、「正確な道中案内の乏しいのを知り、且つ多くの人々の同様な欲求のあつた事を思ひ」と述べているように、正確を期するために数度の調査を重ねている。同書は簡潔でしかも順路、交通機関の便、費用などを詳細に記しているもので、江戸時代の真念の『四国邊路道指南』や、松浦武四郎『四国遍路道中雑誌』(弘化元年(一八四四))以来の詳細な案内書とも言える。各札所及び番外札所に関しては、番号、山号、院号、寺号、宗派、住所、御詠歌を記し、本尊と寺院の説明をしている。その上で、「順路」「車馬」の項目を設け、徒歩巡拝の順路と距離数(参謀本部の地形図を参考に計算)、鉄道、乗合自動車、船舶などを利用した場合の道程、料金、所要時間などきめ細かく記している。併せて名所の説明も随所に挿入されている。そして巻頭には「四国八十八箇所霊場行程図」を載せて、札所、名所、都市名の他に省線(鉄道省の管轄)、私鉄が走っている場所、船の航路などが描かれている。

筆者は『遍路と巡礼の民俗』(二〇〇六年)の中で、四国遍路に関する出版物の一覧を作成した。それによると、明治期には三二冊が発行されているが、その半数近くは江戸時代の真念などによる再版か、それに類するものであった。例えば、諸悪莫作衆善奉行による『四国編路八十八ヶ所道志るべ』は明治二十九年(一八九六)に京都書林沢田文栄堂から発行されている。それは和綴じで、冒頭には「用意の事」として「札はさみ三枚」「紙札調やう」などと書かれ、真念の案内書に描かれている三人の遍路姿のイラストも同じで、それに倣ったものである。そして上段に寺名、本尊名、本尊のお姿の絵を描き、下段の右に御詠歌、左には本尊の説明と次の札所までの距離数を記した簡略した案内書で、江戸時代のスタイルをそのまま継承している。

大正末期から昭和十年代にかけては新しいスタイルの案内書や巡拝記が発行されるようになる。それが門屋常五郎や安田寛明、安達忠一による案内書であった。更に新井とみ三『遍路図会』(一九四二年)や画家・宮尾しげを『画と文　四国遍路』(一九四三年)などは遍路風俗のイラストをふんだんに挿入し、やさしい文体で読者に親しみやすい内容になっている。宮尾は昭和七年に遍路を体験し、同書の序で「乗物の便を大いに利用した事だけは大師の発案に反する次第である。しかしこれは近代的遍路者の為の参考に資したい為も含んでゐる。私のは、申し訳けないことながら、この信仰がちつぴり隅つ子にくつついてゐて、大部分は見学の旅になつてしまつた」と述べている。

大正期から昭和初期には四国各地に鉄道が敷設される。旧国鉄では徳島と阿波池田間の徳島本線が大正三年に開通し、予讃線の高松〜松山は昭和二年、土讃線の高松〜高知と、高徳線の高松〜徳島は昭和十年であった。また明治期には松山周辺や金比羅周辺では既に電車が運行していた。道路網も断片的であるが、昭和九年三月には松山駅から久万町までの高知街道にバス運行が始まり、同月に愛媛県川之江駅から徳島県池田町まで四〇人乗りの省営バスの運行が始まっている。

昭和初期には、鉄道網の整備と汽船、乗合自動車などを利用した旅行ブームがあった。ジャパン・ツーリスト・ビューロー編『旅程と費用概算』(一九三四年)には、京阪地域からの十日間で「四国遍路を兼ねての一周旅程案」が載せられている。京都駅を出発して大阪駅を経由して岡山の宇野駅まで行き、連絡船で高松に辿り着き、四国霊場を電車、自動車で廻るものである。帰路は高松から大阪港に戻っている。但し、八十八ヶ所全部の巡拝ではなかった。その費用は二等列車で四七円、旅館に七泊して二三円、食事代(一一回)とその他の経費一七円、合計八六円九八銭となっている。

このように大正期から昭和期になると遍路を信仰として捉えるだけではなく、積極的に旅行やハイキングと捉えるような観点も出てくる。しかし、交通機関を利用すると費用が高くなるので、そのような遍路は富裕階級や知識階級であった。

近代に入っても江戸時代から続く真摯な信仰による遍路や、接待に頼る貧困層、乞食遍路は多かったが、交通機関の発達で昭和初期には富裕階級による「新遍路」「モダン遍路」と呼ばれる新しい流れが加わってくるようになる。

三　大阪における総出開帳

昭和初期において四国霊場が新聞、雑誌などのマス・コミなどで報じられるようになると、新たなる動きが起きる。昭和十二年(一九三七)、大阪の南海沿線で八十八ヶ所の札所寺院が本尊を開帳する「総出開帳」が催され、多くの人びとが参拝し好評を得た。

日本各地の有名な寺院では、日頃は厨子に安置されている本尊の扉を開き、本尊と衆生とを結縁する宗教行事が古くは平安時代から行われてきた。特に江戸時代には大都市江戸における開帳が盛んであった。開帳には本尊が祀られている寺院で行われる「居開帳」と、他の寺院を開帳場所として本像を持ち出して行う「出開帳」がある。観音霊場である西国霊場や秩父霊場では度々開帳が行われて来た。一観音寺院が単独で行うケースと、三三ないしは三四ヵ所の札所寺院が揃って行う「総開帳」の二種類があった。

秩父霊場では十二年ごとの午年に総居開帳を江戸時代から行ってきた。また請待側の要望に応える「総出開帳」も行っている。「総出開帳」の最初は明和元年(一七六四)に江戸の大塚・護国寺で行われ、盛況であった(佐藤久光『秩父札所と巡礼の歴史』二〇〇九年)。西国霊場でも昭和十年三月十日から四月十一日まで阪急宝塚沿線で、同年の十月から十一月にかけての三十三日間は、関東の京浜沿線と東横沿線で「総出開帳」を行っている。

ところが、四国霊場の総開帳は非常に稀であった。大阪での「総出開帳」に先駆けて昭和四年に岐阜県大垣市で伊予の寺院を除く六二ヵ寺の出開帳があったが、八十八ヶ寺ではなかった。しかもその行事は途中で中止となっている。昭和十二年の大阪・南海沿線での四十三日間に及ぶ出開帳は無事成功裏に終了し、好評を博したことである。これによって四国遍路が四国以外に広く知られる成果を挙げたと言える。

大阪での「総出開帳」の企画から終了までを詳しく記した『四国八十八ヶ所霊場出開帳誌』(昭和十二年、平成十三年(二〇〇一)復刻)によると、「総出開帳」は南海電鉄の開業五十周年の記念行事として五月五日から六月十六日まで開催された。その目的は三つあり、その一つは「国民精神の浄化、皇道精神の振作を図り以て弘法大師の鎮護国家の御誓願に副ひ奉り」である。それ以外には昭和九年の近畿地方の風水害被害者の三周忌法要と、四国巡拝の真意義を

大阪での総出開帳の光景(『大阪毎日新聞』昭和12年5月6日付け)

宣明することにあった。協賛した『大阪毎日新聞』は四月二十三日付けで、「空前絶後　今マデモナク　コレカラモナシ」と題し、女性遍路のイラストを描き、予定計画や会場場所などの概略を紹介した広告を一面に掲載している(口絵9)。

大阪での出開帳を開催するまでには紆余曲折があった。その主な理由は出開帳に賛成する「出開帳派」寺院と、それに反対する「非出開帳派」寺院が対立していたことである。「非出開帳派」寺院は、「四国霊場の有難味は、其の霊地霊趾と結び付きたる本尊に存するものであつて、単に本尊のみを移動するは意味をなすものに非ず」という宗教的信念の問題にあった。南海電鉄はその「非出開帳派」を説得し、八十八ヶ所寺院の協賛を得て、南海沿線の遠州園(阿波・土佐の札所寺院)と、金剛園(伊予、讃岐の札所寺院)の二ヵ所に本堂と納経所を仮設に建設し、大々的に行われた。

出開帳の盛況を伝える報道は開始前の練行から始まり、開始初日の光景を『大阪毎日新聞』は二枚の写真付きで、「楽なお遍路！南海沿線遠州園と金剛園の四国八十八ヶ所出開帳始る」と題して伝えている。そこには次のような記事が載せられている。

四国八十八ヶ所霊場出開帳は五日から南海本線助松駅の遠州園

と高野線金剛園で一斉に開かれたが申分のない天候に恵まれた参詣者は、「やっぱりお大師さんのお蔭だっせ」と喜び勇んで続々巡拝のコースを辿つた。(中略)緩やかな丘陵を迂回しながら廻るコースは老人、婦人、子供達にとつては快適な〝お遍路ハイキング〟であり、「南無大師遍照金剛」と唱へながら遍路する人々の足取りも軽く「こんな楽な遍路ならほんとうに極楽ぢや」と話してゐた。

開帳の終盤の六月十五日付けでは、「仏徒の絶賛裏にいよ〳〵あす十六日をもつて閉会されるが、南海鉄道調査による参拝者は十四日現在においてすでに一五万人に達した」と伝えている。参拝者の人数は、最終的に『四国八十八ヶ所霊場出開帳誌』では一七万人から二〇万人と述べている。

「総出開帳」は四国にある寺院を巡る遍路そのものではないが、東京に次ぐ大都市の大阪に場所を移し、仮設本堂を建設して本尊を開帳したことは、都市に住む人びとに遍路を知らせる効果は大きかった。昭和九年の弘法大師入定千百年御遠忌では多くの遍路があった。その時の札所住職の談を『大阪朝日新聞』は、「信仰と趣味を兼ねた都会人の新遍路が夥しく殖える傾向が顕著だといふ」と述べている。昭和九年の御遠忌と同十二年の南海沿線における「総出開帳」は、都市の人びとを四国遍路に誘発する効果をもっていたといえよう。

明治期から昭和初期にかけては交通機関の発達や道路網の整備によって汽車や汽船、乗合自動車などを利用する人びとが増え、遍路の目的も旅やハイキングなどとする新しいスタイルが出てくる。

そのような風潮の中で、東京中野・宝仙寺の住職で、後に真言宗豊山派の管長を務める富田斅純によって遍路を修行と位置付ける回帰運動も起こっている。富田は大正十四年(一九二五)に遍路を体験し、昭和四年に「遍路同行会」を結成する。「遍路同行会」は、遍路修行を中心に大師信仰の興隆を目指す運動を展開していた。相互扶助の「相互愛」、人間の平等を説く「平等愛」、そして自己犠牲を示す「犠牲愛」の三つを含む「遍路愛」を掲げていた。「遍路同行会」は、機関誌『遍路』を昭和六年から十九年まで毎月発行している。同誌には巡拝した体験記が多く載せられている。

「遍路同行会」の活動には、『遍路』の発行以外に講演会や講習会の開催、四国遍路の奨励、御府内八十八ヶ所巡拝などがあった。同会は、遍路を宗教的行為として原点に戻ることを目指すものであったが、遍路を観光として捉える人びとの見解を巻き込んでいる。同会で催された座談会には遍路を観光本位として捉え、『札所と名所　四国遍路』を著した雑誌『旅』の記者・島浪男を招いてもいる。従来の真摯な遍路を目指す「遍路同行会」は観光化にはもちろん、ハイキングと位置付けることにも批判的であった（森正人　前掲書）。

しかし、機関誌『遍路』は、「遍路同行会」の会員への頒布であって、その会員は真言宗関係者とその信徒たちが多く、一般には知られることは少なかった。しかも同会の拠点が四国から遠く離れた東京に置かれていたこともあって、その活動には広がりはなかった。便利な乗物を利用することで費用は高くなるが、その数が徐々に増えていくのは時代の変化でもあった。ここに遍路の「世俗化」が起き始めている。その傾向は戦後にも受け継がれ、昭和四十年代には一層顕著になる。

第七章　現代の四国遍路

日本社会は昭和二十年（一九四五）八月の敗戦によって壊滅状態に陥った。そして連合国軍最高司令部（ＧＨＱ）の占領下に置かれた。人びとの生活は食糧不足で、その日その日の生活に追われていた。同二十五年に朝鮮動乱が勃発し、その特需で経済復興の足がかりをつかむことができた。その後は徐々に経済の復興が始まり、やがて社会復興へと向かうことになる。

終戦後の四国遍路は戦時中の様相を引き継いでいた。戦争が始まると国家非常事態、食料不足などで遍路は激減し、札所は閑古鳥が鳴き、四国霊場は存亡の危機に見舞われていた（野田義文「遍路今昔」『遍路　四国霊場八十八ヵ所』一九八七年）。貧困層の人びとは糧を求めて相変わらずであったが、一般庶民は生活に追われ、巡拝する状況ではなく、低調であったと言える。ところが、経済の復興につれて、昭和二十八年に伊予鉄バスによる初めての巡拝バスが始まる。翌年には瀬戸内バスや琴参バスも団体の遍路バスを運行するようになった。

昭和三十年代から四十年にかけて日本経済は大きく成長し、それによってバス、自動車を利用した遍路が目立つようになる。それに伴って、戦前まで遍路宿として使われていた木賃宿は急速に衰退することになる。それに代わって、宿坊や民宿、旅館、ホテルを利用する遍路が増えるようになる。高度経済成長期にはマイカーによる遍路が急増する。平成期には小型飛行機で空中参拝をするようにもなる。

しかしながら、昭和末期から平成期に入る頃から、これまでの交通機関を利用した遍路を見直す機運が徐々に起こり、「歩き遍路」が復活する。それに伴って衰退していた個人による接待も復活するようになる。敗戦から平成期にかけて遍路の習俗は多様化するが、それらを様々な視点から捉える。

第一節　遍路習俗の変化

かつては菅笠を被り、草鞋を履いて金剛杖をついて徒歩巡拝をしていた遍路も、昭和初期には汽車、汽船、乗合自動車の交通機関を乗り継いで廻り始めるようになる。しかも旅としての行楽を兼ねた遍路も出てくる。それが戦後の復興と高度経済成長により一層の変化を見るようになる。

遍路の復活の兆しは昭和三十年(一九五五)代後半頃と見ることができる。それは遍路体験をした人による巡拝記や案内書が少しずつ発行されるようになったことでもわかる。例えば、昭和三十年に荒木哲信の『遍路秋色』が発行され、同三十七年には後に奈良市長を務める鍵田忠三郎の『遍路日記　乞食行脚三百里』、同三十八年には松田富太郎『四国八十八ヶ所霊場巡拝記』などが発行されている。それに加えて、案内書も出版される。昭和三十一年に岩波書店編集部から『写真集　四国遍路』が発行され、同三十七年には荒木戒空『巡拝案内　遍路の杖』、同三十八年に日本交通公社から『四国遍路の旅』が出版されている。更に三十九年には戦後の案内書の代表作とも言える西端さかえ『四国八十八札所遍路記』が発行される。同書は昭和三十三年に宗教雑誌『大法輪』十月号から三十七年四月号まで連載されたものを単行本として出版したものである。

遍路の復活の今一つの兆候は、地元のバス会社などが巡拝の団体バスを運行するようになり、それを利用した遍路が出始めるようになったことである。

その後の昭和四十年代以降は高度経済成長で所得が上昇し生活が豊かになる。交通機関もより一層発達することから、遍路の数も増加して行く。併せて宿泊施設などにも変化が起こってくる。その変化の中で最も著しいのは交通手段と宿泊施設であった。

一　交通手段の変化

戦前にも交通機関を利用した遍路はあった。それは主に富裕階級や知識層、ジャーナリストたちであった。一般庶民の事例としては愛媛県新居浜に生まれ育った白石トメ子の遍路体験を挙げることができる。白石トメ子は昭和十一年(一九三六)に二十一歳の時に伯母と二人で遍路を行った。その行程では、出発してすぐに多喜浜駅から汽車に乗り観音寺駅に到着している。志度寺から大窪寺まで自動車を利用して八〇銭支払っている。それ以外にも「安芸ヨリ六里四十八銭デ汽車ニノル」とか、「久礼ヨリ自動車デ三十七ウチ、佐賀ニ出ル」などと日記に記している(印南俊秀　前掲論文)。白石トメ子の遍路は交通機関と徒歩とを併用した巡拝になっている。

ところで、昭和二十八年に伊予鉄バスが初めて団体の巡拝バスを運行する。それは八十八ヶ所の全行程をバスで廻る巡拝である。四月二十六日に運転手、世話人二人ずつと男女一四人ずつの三二人を乗せた巡拝バスは伊予鉄本社前を出発した。しかし、予め下見をしていないことや道路事情が悪く、予定通りには行かず、悪戦苦闘している。

一行は食糧事情が未だに悪く、米を持参してバスの座席の下に押し込んで運んでいた。その費用は十四日間で一万三五〇〇円、それに小遣いを合わせると約二万円を要した。宿泊施設は寺院と旅館が半々の割合である。旅館は一泊七〇〇円であった。これらの金額は当時では高い値段でもある。

その当時の道路事情は悪く、バスも門前まで入れず、駐車できる場所でバスを下車した巡拝者は寺院の参道を歩く

伊予鉄の巡拝団体バス（『へんろ』昭和62年4月1日付け）

ことになる。旅館、寺院に到着するのは夜になり、それから入浴、食事を済ませると夜の十時を過ぎることにもなった。試運転なしのぶっつけ本番で計画通りには進まず、一日延長して五月十日無事に伊予鉄本社前に到着している（岡崎忠雄「第一号巡拝バス旅行日記」『へんろ』昭和六十二年四月～九月）。

八十八ヶ所を約二週間で廻る費用が一万三五〇〇円とは高額なものであった。当時の公務員の初任給が七六五〇円（昭和二十七年十月）、巡査の初任給は六九〇〇円などで（週刊朝日編『値段の明治大正昭和風俗史』上　一九八七年）、巡拝バスの費用はこれらの二倍の金額に相当している。出発前に撮った記念写真には、女性は和服姿に下駄履きで札挟みを首からぶら下げ、手に金剛杖を持っている。男性は洋服に帽子を被っている。この光景から参加したのは富裕階級の人びとであった考えられる。

団体バス以外にもハイヤーによる巡拝も昭和二十年代後半に登場する。徳島県の鴨島タクシーが昭和二十七年に初めて「順拝タクシー」を始めている。巡拝の団体バスやハイヤーが昭和二十年代後半に運行され出すが、食糧事情や道路事情が悪く、しかも費用も高額であったことから、それを利用する人びとは限られていたと言えよう。

昭和三十年代初期までは戦前のように徒歩に汽車、路線バスを利用するスタイルがとられている。昭和三十三年に遍路体験して、その記事を雑誌『大法輪』に連載し、後に『四国八十八札所遍路記』を著した西端さかえは、路線バスを中心に、汽車、電車、ハイヤーを利用している。同書の中で、第五番札所の住職が「全行程を歩く人もまれになった」と語ったことを記し、「遍路入門」の項では、

徒歩遍路で終始する人はごく少なくなったが、（中略）いままでは殆どの遍路さんは、バスとか汽車、電車の通っているところは、それ等の乗りものを利用している。私もそれにならったのである。それでも歩くところはなかなか多い。

と述べている。

巡拝バスが普及し始めるのは昭和三十年代中頃以降と考えられる。昭和三十七年に発行された荒木戒空の『巡拝案内　遍路の杖』には四国のバス会社の募集広告が掲載されている。地元四国のバス会社の徳島バス、四国交通、瀬戸内バス、琴参バス、伊予鉄バスなどが巡拝バスを運行している。その費用は十四泊十五日で一万八五〇〇円となっている。昭和二十八年の伊予鉄バスの料金より五〇〇〇円高くなっているが、昭和三十七年の公務員の初任給が一万七一〇〇円と二倍以上になっているので、団体バスの利用の料金は相対的に安

四国のバス会社の広告（『遍路の杖』より）

くなったと言える。

鴨島タクシーによる巡拝は、四人乗りの小型タクシーでは十一泊十二日で六万円、五人乗りの中型タクシーは七万円となっている。なお、徒歩巡拝の費用は約四十日の日数で概算として一万五〇〇〇円、一方、徒歩と途中汽車、バスなどを利用しても、約二十五日で概算一万五〇〇〇円であった。日数がかかると宿泊費がふくらむので、徒歩巡拝と随時交通機関を利用しても総額はほぼ同額である。

昭和三十年代後半は敗戦からの復興を象徴するように、昭和三十九年に東京オリンピックが開催される。それに先立って九月には名神高速道路、十月には東海道新幹線などが開通する。交通網の整備が急ピッチで進み、好景気が続くことになる。それが地方にも波及して社会全体が豊かになる。そのような状況で巡拝バスが遍路に利用され出すことになる。

昭和四十年代になると、団体の巡拝バスが主流となっていく。それについて記した文献が幾つかある。その一つに、昭和四十六年に大八車を曳いて小屋掛芝居を演じながら、晩夏から年の瀬までの四ヵ月の遍路をした笹原茂朱は、常宿を橋の下の「橋元旅館」と呼んでいる老人に出会う。その老人は一二回の放浪遍路をして、「そうさね、今じゃ歩きはまず十人もいますまい」と語っている。そして、笹原はバス遍路について次のように述べている。

峠の頂から遍路バスが何台も列を連ねてこちらの側を砂塵巻き上げながらおりていったが、バスの窓からは真新しい白装束もそのままに団体遍路が居眠りしているのが見える。遍路バスなら八十八ヵ所巡礼は十五日間。歩きなら九センチは磨り減るという金剛杖も、（後略）（笹原茂朱　前掲書）。

同じ年に妻の追善供養で遍路した伊藤延一も、巡拝記『四国へんろ記』の中で、住職から聞いた話として団体バスの盛んなことを次のように触れている。

巡拝バスの車中の風景（昭和40年代）（前田卓提供）

近頃のおへんろさんはほとんど団体さんで大型バスで一度にたくさん来られるが、老人が多いので、車から降りるとまず便所へ争って走り行列が出来る。バスは予定があるので女の車掌さんが早くお参りをとせきたてる。なかには、本堂にも大師堂にもお参りせずにそのままバスにのる人もある。まるでお便所へんろだと苦笑されたが、笑いごとでないものを感じた。団体でサッと来てサッと去る。

道路網が整備されると、本州からの団体バスもフェリーで渡るようになる。ある札所の住職による困惑した次のような談話もある（矩口勝弘「四国八十八ヵ所へんろ道」『中央公論』昭和四十六年六月号）。

こないだなんかはあんた、朝の二時半に二百人もの団体さんが、バス四台でやってきて戸を叩くんですわ。フェリーが終夜運航になったのはええが、こっちはえらい迷惑ですがな。いっそ門に板でも打ちつけといたろうか思たぐらいでしたわ。

昭和四十年代に団体バスによる巡拝が盛んになると、遍路のマナーの悪さが目立ってくる。既述のように深夜に寺の門を叩くのもその一例である。第五十六番札所・泰山寺の先代住職、故大本祐章は『同行新聞』を主宰していたが、昭和五十二年十月十一日の社説で次のように述べている。

春の巡拝時期の日曜日ともなれば一日コースで車で巡拝する人、大型バスを借り切っての団体巡礼者の人々でごったがえす。（中略）

しかし、反対に周囲に、及ぼす悪影響は比較にならない。多くの巡拝者は、寺の門前でジュースを買い、ミカンを買い、そして車中で食べ終え飲み終わったジュースのあきカンやくずは、草むらへ遠慮なく中からほうり出される。おかげで田や川の中はゴミだらけになる。ビニール袋へ入れて、駐車場のゴミ箱へ投じる人も、燃えるもの、不燃性のあきビンなどもいっしょである。そうして草むらに投棄されたゴミは悪臭を放ち門前の駐車場はゴミの山となる。

個人で徒歩巡拝する場合は理性を持てるが、団体バスで足早に廻ると「お便所へんろ」と言われたり、はたまた車中で出たゴミ、カンなどを分別なく投棄するマナーの悪さが目立ち、周囲の人びとに迷惑をかけることにもなっていた。

昭和四十年代はバスによる遍路が主流になってくるが、果たしてどの程度の割合であったであろうか。前田卓は『巡礼の社会学』の中で、昭和四十四年の一年間の遍路総数は一万四二五七人であったとして、その内の約七割にあたる六七・三％が団体バスの利用者であった、と述べている。その上で、「八十八ヵ所を四、五十日かけて歩くお遍路さんが、年間三百名ほどいることを忘れてはならない」と述べ、雨の中をビニール合羽で杖をついて廻る姿の写真を掲載している。従って、「歩き遍路」は激減したが、少なからずあった。その後も同五十年代後半までは団体バスによる巡拝が主流になっている。

バス巡拝が盛況であった背景には、便利で費用も安いことであった。昭和四十年代中頃では十二泊十三日で四万六〇〇〇円が標準価格で、同五十四年では十一泊十二日で九万八〇〇〇円であった。巡拝バスの費用の安さに加えて、札所の立地の要因もあった。四国霊場は山岳地や海岸沿いに位置し、鉄道や路線バスの走る地域から離れていた。しかも汽車、路線バスの乗り換えの不便さや時間待ちのロスも生じる。宿泊所探しにも苦労する。その点、バス巡拝では乗り換えの必要もなく、宿泊も宿坊や旅館などが確保されている。そのために個人の苦労が大幅に軽減されるのであった。

今一つバス巡拝の人気が高かったのは、寺院の参道の整備であった。四国霊場は山岳地に札所があって、麓から山道を徒歩で登らなくてはいけなかったが、寺院側がケーブルやロープウェー、自動車道路を建設して参拝者に便宜を図ったことである。例えば、八栗寺には戦前からケーブルカーが設置され、白石トメ子も昭和十一年に利用している。それが戦時中に鉄の供出で撤去されたが、再設置されている。屋島寺にはケーブルカーの設置とドライブウェーも開通し、より便利になっている。太龍寺でも麓から三キロ余りの急傾斜を登っていたが、ドライブウェーが四十年代初めに開通している。讃岐の弥谷寺でも自動車で山門までつけられるようになった。難所の一つであった雲辺寺は標高九一一メートルにあって参拝者を悩ませたが、昭和六十二年四月にロープウェーが開通している。

しかし、昭和五十年代後半から六十年代になると、自家用車を利用した遍路も多くなる。その背景には自家用車の普及が進んだことである。昭和四十五年の乗用車の普及率は二二％と低かったが、同六十三年には所有台数が三〇七七万台で普及率七一・九％と大幅に伸びている。更に平成七年(一九九五)には所有台数三九一〇万台で普及率八二・六％となる。一家に一台の自家用車を所有し、二台持つのも珍しくなくなった。そして各地で高速道路網が整備されるようになる。それに伴い、長期の休暇の取れない人や、土曜、日曜日の週末に廻る人、そして団体バスの不便さである食事、入浴の団体行動を嫌う人などがマイカーで廻るようになる。筆者が平成八年（一九九六）から九年に調べたところ、自家用車の利用が最も多く、六一・一％を占めている。団体バスは二七・七％と急激に減少している（佐藤久光『遍路と巡礼の社会学』二〇〇四年）。

平成期に入ると、二、三の新たな変化が起こってくる。その一つは自家用車、バスによる巡拝に加え、平成十年には小型飛行機による空中参拝が登場する。それは機内に賽銭箱を置いて札所の上では空中停止し、読経をあげ三泊四日（市街地の札所は飛行禁止でタクシーで廻る）で巡拝できる、というものである。それについては後に再び触れることにする。

二つ目は格安バスの運行である。日本交通公社は平成三年に大阪から十泊十一日の行程で一八万円（朱印料、巡拝用品を除く）の価格設定で募集した。これは従来までの「通打ち」巡拝で八十八ヶ所を一度で廻るものである。

ところが、明石海峡大橋の開通で、京阪神からの日帰り巡拝バスが登場し、大阪の旅行会社が平成十二年に阪神地域を出発点として五九八〇円（京都・大津出発は六三八〇円）の価格で募集を始める。それに対して、関西の大手私鉄系列の交通社は平成十五年頃からそれよりも料金を低く設定し、先達の同行や昼食付き、納札付き、ローソク・線香付きのサービスを売り物にしたツアーを始める。そのバス巡拝の募集は日帰りで、当初の料金五九八〇円台を四九八〇円、三九八〇円に下げ、最終的には二九八〇円と大幅に値下げをしている。更に平成二十二年（二〇一〇）には年号に合わせて二〇一〇円と破格の値段設定までしている。これによって手軽に安い料金で巡拝できると、中高年の人びとが遍路に出かけるようになった。但し、高知県や愛媛県などの遠隔地では宿泊を余儀なくされるので料金は上積みされることになる。日帰りは徳島県内や香川県の一部の札所である。それ以外は一泊二日の行程で合計十一、二回の分割の巡拝である。

それ以前にも何回かに分割して廻る「区切り巡拝」の団体バスがあり、宿泊を伴うので値段が高かった。しかし、新たなる巡拝ツアーは日帰りすることができるので便利になる。それが可能になった背景には、平成十年に明石と鳴門を結ぶ明石海峡大橋が開通しことで大幅に時間短縮が出来るようになったことと、四国各地に高速道路が整備されたことによる。しかも長引く平成不況とデフレ経済の中で格安バスが最適であったことも一因となっている。

今一つの変化は、新しい流れというよりは古来の伝統習俗が復活し始めたことである。それは「歩き遍路」と呼ばれた。「歩き遍路」という用語は、小林淳宏の『定年からは同行二人　四国歩き遍路に何をみた』（一九九〇年）で使い出された。同書は好評で版を重ねて出版されたことで、その用語が普及することになる。「歩き遍路」は、かつては「徒歩《かち》歩き」とか「徒歩巡拝」と呼ばれていたものである。

「歩き遍路」が注目され出したのは、交通手段を利用した遍路への反省があったと言える。そして、その後押しをしたのがマス・コミによる報道であった。ＮＨＫは昭和六十年から六十三年にかけて毎年「花へんろ」のドラマを放映した。更に平成二年八月二十一日には大物女優・左幸子を登用し、遍路道を題材にしたスペシャル番組「聖路」を放送した。その反響は非常に大きく、番組を企画したディレクターによると、テレビ局には視聴者から「遍路に出てみたい」という投書が多く寄せられたという。その後もＮＨＫは平成十年四月から十二年三月まで、著名な作家、作曲家、歌手、タレントなどを登用して、霊場紹介の番組を放映した。それは平成十三年にも再放送されている。

マス・コミの報道のもう一つは、朝日新聞社が主催する「空海のみちウオーク」である。平成二年三月から五月にかけて四回に分けて行われた。しかし、これは全行程を歩くのではなく、バスも併用したものである。初回には二十七歳から八十二歳までの一二九人が、北は秋田県、南は鹿児島県からの人びとが参加している（『朝日新聞』平成二年三月三日付け）。

へんろみち保存協力会編の案内書

それ以外にも「歩き遍路」を促す動きはあった。平成四年には「へんろみち一緒に歩こう会」が結成されている。遍路道の保存に尽力している宮崎建樹などの「へんろみち保存協力会」編による『四国遍路ひとり歩き同行二人』（一九九〇年）の発行である。同書は案内書であるが、気候状況や所要日数、コース選定、費用・予算、へんろ心得・戒めなどを記している。その上で、真念、寂本の著作、武藤恵真『四国霊場礼讃』、安達忠一『同行二人　四国遍路たより』など先学の文献に依拠しながら、国土地理院発行の地形図に経路を記した地図を掲載している。「歩き遍路」での悩みは道に迷うことである。道の所々には道標はあるが、細かい道では目印もなく困惑する。それがこの地図によって歩きやすくなった。

その他にも「歩き遍路」を体験した人びとによる巡拝記の出版が相次いで発行される。定年退職後に遍路を体験した人、女の一人遍路、学生が野宿で廻った体験などである。巡拝記の出版が増えたことも、「歩き遍路」の増加の一因となったと言える。

それでは、果たして「歩き遍路」の人数はどれくらいなのだろうか。それをいろいろな視点で捉えようとする試みがある。その一つは、第一番札所・霊山寺に「歩き遍路」を志す人が記入した「徒歩巡拝者名簿」が置かれている。それによると、昭和六十三年には二六三人であった。平成六年には約五〇〇人に増え出す。平成十年には約一〇〇〇人、同十二年には約一七〇〇人と増え、十年間で七倍と激増している（『朝日新聞』平成十三年五月三十一日付け）。しかし、出発当初は歩いて廻ると決意しても足、膝などの肉体的苦痛や、負傷して途中で断念する人も少なくない。小林淳宏は霊山寺の名簿に触れて、昭和六十三年には約三〇〇人で、半分は脱落するらしい、とも述べている。

月岡祐紀子は平成十二年に遍路体験し、住職から聞いた話を基に概算している。住職の話では、「平成に入ってからどんどん増え、春、秋の最盛期で日に七人、夏、冬でも日に一人はいるそうです」と月岡は前置きし、多い月、少ない月、中間の月の三つに分けて概算すると、年間一一四四人と計算している（月岡祐紀子　前掲書）。

田中慶秀は札所間の距離が長く、一泊を余儀なくされる民宿に残された宿帳の記録をもとに「歩き遍路」を試算した。それによると、昭和六十年から平成二年までは二〇〇人未満で推移していたが、平成三年からは三〇〇人前後となり、同八年には四〇〇人を超えている（田中慶秀『癒された遍路』二〇〇二年）。

「歩き遍路」の概念には定まったものがない。接待として一時的に車に同乗することはままあることである。「歩き遍路」の正確な概念、厳密な人数の把握は困難であるが、各種のデータ、情報を手懸りにすると、平成期に入って「歩き遍路」は増加する傾向にあることには疑いない。

「歩き遍路」が増えるにつれて、衰退していた個人による接待の習俗も復活するようになる。バス、自家用車を利用すると札所で降りて参拝するだけで、次の札所へ向かい沿道の人びととの接触はなくなる。そのために地域住民は遍路姿に接することも少なくなり、接待の習慣は衰退していった。しかし、「歩き遍路」が出始めると、遍路姿を見かけた住民は自ら進んで食べ物や、飲料水、金銭などを接待するようになる。最高の接待は「善根宿」であった。善根宿では遍路を丁重に扱い、食事、寝所を提供した。「善根宿」の言葉も現在では使われなくなり、「接待所」「無料接待所」などと呼ばれるようになる。その詳しいことは第四章「四国遍路の巡拝記を読む」で既述した。

現代の交通手段は自家用車、バスが主流になっているが、「歩き遍路」も増加傾向にある。それ以外にもバイク、自転車、タクシーを利用する人びとも少なくない。多様な交通手段の中で遍路仲間では、交通手段にランク付けがある。肉体的な苦痛や費用、日数のかかる「歩き遍路」はトップに位置し、次いで自転車、バイク、自家用車、タクシー、バスの順で下位となる、と言われている。

二　宿泊施設の変化

遍路の交通手段が変化したことで、それまでの遍路の習俗とされてきたものが衰退、消滅することにもなった。その一つが宿泊の習俗である。徒歩による遍路の時代には各札所に通夜堂があったり、農家の副業としての遍路宿があった。それが徐々に消えていくことになる。

四国遍路には不治の病を抱えた人や、国元を追われた人など下層民が多かった。その遍路たちは通夜堂や道中の地蔵堂や遍路宿に泊まったり、はたまた野宿していた。西端さかえは昭和三十三年（一九五八）に遍路体験をして、『四国八十八札所遍路記』を著している。そこには当時の宿泊について詳しく述べている。当時はまだ遍路宿が残り、利用されていた。「農家を兼ねた遍路宿」の項では、第二十七番札所に向かう所で次のように記している。

下車したところに遍路宿が三軒あって、二軒はすでに満員であった。雨のために足どめされたからであろう。残る一軒に空室があって泊まることにした。お杖を洗うと仏壇に丁重にたててくれたのはうれしかった。仏壇といっても押入であるが、壁には大師さまの御影《みえい》をかけ、前には位牌などならべ、お花も供えてある。（中略）この遍路宿は農家かなにかの兼業らしく、普通の四間の家で、茶の間に家族がかたまり、三つの部屋に私を入れて八人の遍路さんが宿った。食事は運んできてくれた。風呂と手洗は土間におりてゆく。土間にも手洗にも電燈はない。遍路さんたちは風呂に入り、食事がすむとすぐ寝《やす》んでしまう。

これが西端の最初に体験した遍路宿であったが、比較的よい宿のようであった。しかし、第二十五番札所・津照寺で通夜を共にした女連れ三人から聞いた遍路宿の様子を次のように述べている。

> （前略）この人たちが一昨日とまった阿瀬比の遍路宿は、部屋にはいると足形がつくほどホコリがつもっていて、風呂も薪《まき》がないからといってたいてくれない。仕方がないので、薪は買うから頼むと、汲みおき水がないという。そこでこの人たちが手分けして井戸から水を運び、風呂をたき、そうじをした。

このように昭和三十年代前半には戦前からの習俗が残り、遍路宿と呼ばれる木賃宿を利用する遍路が多かった。しかしながら、木賃宿は廉価であるが、設備も不備で不衛生であった。それに対して、普通の旅館では遍路姿をしていると宿泊を断られた。西端は窪川駅に夜の十時に着き、駅前の旅館に宿泊を頼んだが、「約束していた人があったから」と断られている。次の旅館では、「ハイ、どうぞ」と一度は返事があったが、障子をあけて遍路姿を見ると、部屋がないとまた断られている。西端より四年前の昭和二十九年に遍路した荒木哲信も「牟岐町へ行って宿屋を求めたが、特に遍路宿といふのがなく、普通の旅館では、この物々しい遍路姿のわたしを見て、どこでも〝満員〟〝主人不在〟でお断わりを喰った」（荒木哲信　前掲書）と、西端と同じ体験をしている。

昭和三十六年に遍路を体験した鍵田忠三郎も土佐市高岡町で、「女の人、足から頭までじろじろ見て、遍路は

西端さかえ『四国八十八札所遍路記』

泊めません」と、宿泊を断られている。そして「遍路は木賃宿か商人宿の下等でないと泊めてくれないものである」とも述べている。その上で、当時の遍路宿については、「小さな三間間取りの民家である。（中略）一泊、二食つき百二十円の泊まり」とか、「小さな民家で妻女一人だけが宿をしているようだ。（中略）せんべい布団にも慣れたが、昨夜のは薄い古い毛布ぐらいのせんべい布団であり、少し寝にくかった」と記している。

金銭の持ち合わせのない遍路は、寺院境内や遍路道の沿道にある「通夜堂」で自炊して一夜を明かしている。西端さかえは第七十八番札所・郷照寺で、「この夜庫裏でのお通夜は私一人だったが、通夜堂は修行遍路さんで満員だった」と、大勢の遍路が通夜堂で一夜を過ごしていることを述べている。その通夜堂の光景を次のように述べている。

見ると手水鉢の向こうのうっそうとした木の下で、白シャツの青年が石をかまどにし、枯枝を燃やして麦飯と、野菜をたくさん入れた味噌汁を炊いていた。そのそばの流れに沢庵《たくわん》を洗っている婦人がいる。

また、通夜堂のない寺では、「今夜本堂の縁でお通夜するというお遍路さんが二人いた。一人は山の裾で石を組み飯盒で飯を炊いていた」とも記している。

これらの記述から昭和三十年代中頃までは戦前と変わらず、遍路は木賃宿に泊まり、旅館では宿泊することは出来なかったことがわかる。また、費用の持ち合わせのない遍路は寺院や道中にある「通夜堂」で自炊して、雑魚寝で一夜を過ごしている。

ところが、昭和三十年代後半から四十年代にかけてバス、自動車による巡拝が増え始めると遍路道沿いの遍路宿は宿泊客が少なくなり、廃業に追い込められていく。例えば、伊予の最後の札所・薬王寺から室戸岬の最御崎寺までの海岸沿いの道は、かつて「飛び石　はね石　ごろごろ石」と危険な場所であった。約八〇キロの道には多くの遍路宿があったが、昭和四十年代に入って殆ど消滅している（前田卓　前掲書）。但し、寺院門前の良質な宿は残り、利用されていた。谷村俊郎は昭和四十七年に遍路を体験し、『札所の旅―四国八十八ヵ所―』を著している。その中で「昔は各寺院の付近には巡拝者相手の遍路宿があり、安い料金で泊めていたが、近年では利用者も少なく、年々姿を消している。今もいくつか残っている」と述べている。残っている遍路宿を摘記すると次のようになる。

◇(第五番地蔵寺)参拝を終わって門を出ると、門前に〝おんやど〟と看板をあげた遍路宿二軒あり、

◇(第八番熊谷寺)それより手前にある大和屋、しぶやという二軒の遍路宿。(中略)その戸袋にトタン板一枚〝おんやど　しぶや〟と書いた看板がはってある。(中略)今は一泊二食でやはり七、八百円はとるのではないだろうか。

◇(第十一番藤井寺)寺の境内を目の前にしてまず本ふじや。右側にふじや、その向かいにたつみや。いずれも、いちおう小ぎれいな田舎宿で、山のふもとに抱かれた寺門前に、泊まり客もあるのかないのか。人の気配に、宿の人が出てきてしきりに宿泊をすすめる。「値段はいくらか?」ときくと「お寺で泊まる値段と同じでよい」とのことだった。現代宿坊泊まりは千百円だから、まず千円程度でいいのだろう。

◇(第二十七番神峯寺)当寺には宿坊はなく、唐の浜の登り口に遍路宿二軒あり、千円程度で泊めてくれる。「もう、お客がガラガラで、どうにもなりません」と、宿屋のお婆さんはこぼしていた。

昭和四十年代にも「遍路宿」という言葉は使われているが、当時は宿の質に変化が起こり、かつての木賃宿ではなく、一泊二食付きの安い民宿であった。それ以外にも、昭和三十年代には第十番札所・切幡寺の門前には遍路宿が多くあったが、その一部は民宿へと変化し、残りは廃業している。

そのような状況にあって、第三十九番札所・延光寺門前の「若松屋」は最後の遍路宿として残った。西端さかえの記述にも出てくるが、それから二十年後の昭和五十四年頃まで遍路を泊めていた。千葉県銚子市の満願寺住職で「巡礼の会」を主宰する平幡良雄は、四国遍路も体験し、若松屋に宿泊したことがある。平幡は若松屋の主人から聞いた

切幡寺門前の民宿「坂本屋」

話として、その歴史の変化について次のように述べている。

宿毛市平田にある三十九番延光寺の参道に若松屋という遍路宿がある。主人は小林等さん。十三年ほど前になるが、風雨の強い夕暮れ時、（中略）偶然にも心よく泊めてくれたのがこの若松屋であった。（中略）

遍路宿を営んでから三代目に当たるという小林さんは、大正十二年に引継いだが、それまでは母親が「木賃宿」の宿札をかかげ、八銭の宿料で遍路を泊めていた。そのころ茅葺の建物で客間は四畳半が五間、定員二十人あまりのささやかな遍路宿だった。遍路は三〜五合の米を持参し、宿ではそれを大きな釜で炊き、秤にかけて相応の量と、大根づけや野菜の一品料理を添えて渡していた。夜具は薄い布団一枚。ある晩など一枚に四、五人がくるまって休んだ。小林さんが引継いでからは宿料十五銭で、一汁一品の粗食。夜具は一枚六円をかけて新調（そのころの米四斗の値段がちょうど六円）した。若松屋が綿入りの夜具を使うようになってから、遍路の間で評判となり、宿泊者が増加し、現存の建物を新築することになる。（中略）

近年五十名あまり泊まれる、五エ門風呂、外に洗面所と便所のあるなつかしい昔ながらの遍路宿の面影をとどめた建物を増築した。

その若松屋も昭和五十四年頃には「若松旅館」となり、かつての遍路宿ではなくなっているが、その面影を残す建物があった。(平幡良雄「四国霊場の心に残る人々」『大法輪』昭和五十四年四月号)

昔ながらの遍路宿は徒歩巡拝が激減し、バスを利用した遍路が増え出した昭和五十年代には消滅することになる。その遍路宿は廃業するか民宿や旅館へと切り替えられた。

遍路宿に代わって団体の遍路を収容できる寺院の宿坊や旅館、ホテルが利用されるようになる。寺院の宿坊は戦後、農地解放で田畑を失い経営が苦しくなり、それを補うために遍路を泊めるようになったものである(前田卓　前掲書)。それがバスによる遍路が増えるにつれて団体客を受け入れるようになる。谷村俊郎『札所の旅—四国八十八ヵ所—』(一九八三年)によると、札所で宿坊を開業していたのは六二ヵ寺に上っている。宿坊で五〇〇人収容できる最大規模を誇るのは第六十一番札所・香園寺である。それは大正末期から昭和初期にかけて子安大師講の講中を泊めるために建設されたもので、戦後は遍路にも開放し、昭和四十六年に増改築もしている。土佐文雄は『同行二人—四国霊場へんろ記—』で、宿坊について触れている。第六番札所・安楽寺では「本堂は銅葺で鉄筋コンクリートづくりである。(中略)つい最近再建したばかりである。宿泊所も増築中で、二、三百人は楽に宿泊出来る」と述べている。第十九番札所・立江寺の宿坊はユースホステルを兼ねていた。そして、

宿泊所は増築につぐ増築中である。シーズンには団体遍路で一杯になるという。

「まるで旅館並みですね」

というと、

「いまのお遍路さんは、昔のようなシラミの宿では泊まってくれませんからね」と女中さんの弁である。

と記している。第五十六番札所・泰山寺の宿坊「同行会館」は昭和四十六年に開業している。宿坊の増改築は当時の

泰山寺宿坊「同行会館」の玄関上の額

主流であったバスによる団体遍路を念頭にしたものであった。しかも食事や風呂、夜具など施設の質的向上へと変化している。

交通手段を利用した遍路の増加で、徒歩巡拝が激減して道路沿線の遍路宿は泊り客がなくなり、いち早く廃業に追い込まれた。遍路宿が消滅した第二の理由は、経済成長に伴って生活水準が高くなり、粗末で不衛生な木賃宿は嫌われたことである。団体以外の個人や小グループの遍路たちも所得水準が上がり、旅館、ホテルに宿泊するようになった。その上、遍路の目的も行楽を兼ねるようになると、良質な宿と美味しい食事を求めるようになる。

その宿坊も遍路の少ない夏や冬には休業するところも多くあった。それに加えて昭和末期から平成期に入ると、バスによる遍路は減少し、自家用車による遍路が増える。個人や小グループの遍路の中には、宿坊の相部屋、入浴などに不満を持つ人びともいた。そのような人たちは民宿や旅館、ホテルを利用する。そのため、昭和四十年代から五十年代少なくなっていく。そのような状況で宿坊の利用者はに開かれた宿坊も閉鎖するところが出て、平成五年（一九九三）にはその数は二九ヵ寺に減少し（淡交社編集部編『四国八十八ヵ所の旅』一九九三年）、平成十三年には更に四ヵ所減って二五ヵ所となる（月刊『へんろ』平成十三年五月号）。

今一つの宿とされてきた「通夜堂」も衰退し、消滅することになる。貧困層で金銭の持ち合わせのない遍路は、寺院境内や道中沿いの大師堂や地蔵堂で一夜を明かしていた。徒歩巡拝が減少するとそれを利用する人も少なくなった。薬王寺から室戸岬の御最崎寺までの長丁場には遍路宿と通夜堂があった。その代表格が「鯖大師堂」であった。既述のように西端さかえの著作にも通夜堂で過ごす人たちの様子が出てくる。また、伊藤延一の『四国へんろ記』にも宮崎から来た母と娘二人の三人組は、家財道具一式をリヤカーに乗せて遍路していた。伊藤は彼らに二度出会って話をしている。一度目は昭和四十五年に平等寺の通夜堂の土間で自炊していた時である。二度目は翌年仏木寺でリヤカーから荷物を下ろしている時で、一行はここの通夜堂で泊まるという。このことから、昭和四十年代中頃までは一部に通夜堂が残っていた。

しかし、徒歩による遍路が少なくなるにつれて通夜堂の利用者も少なくなった。利用されない通夜堂に地元の男女が夜に紛れ込むなど、風紀上から世間の批判の的ともなる。その通夜堂は老朽化も進み防犯、防火上から取り壊されるようになる（前田卓　前掲書　口絵13）。

第二節　昭和後期から平成期における遍路の動向

江戸時代の寛政年間（一七八九—一八〇一）には、土佐藩佐川領の役人の調べで年間の遍路の数は二万一八五一人と記録され、その内「逆遍路」は一七〇九人と記されている。それでは現代の四国遍路は果たして年間どれほどの人数

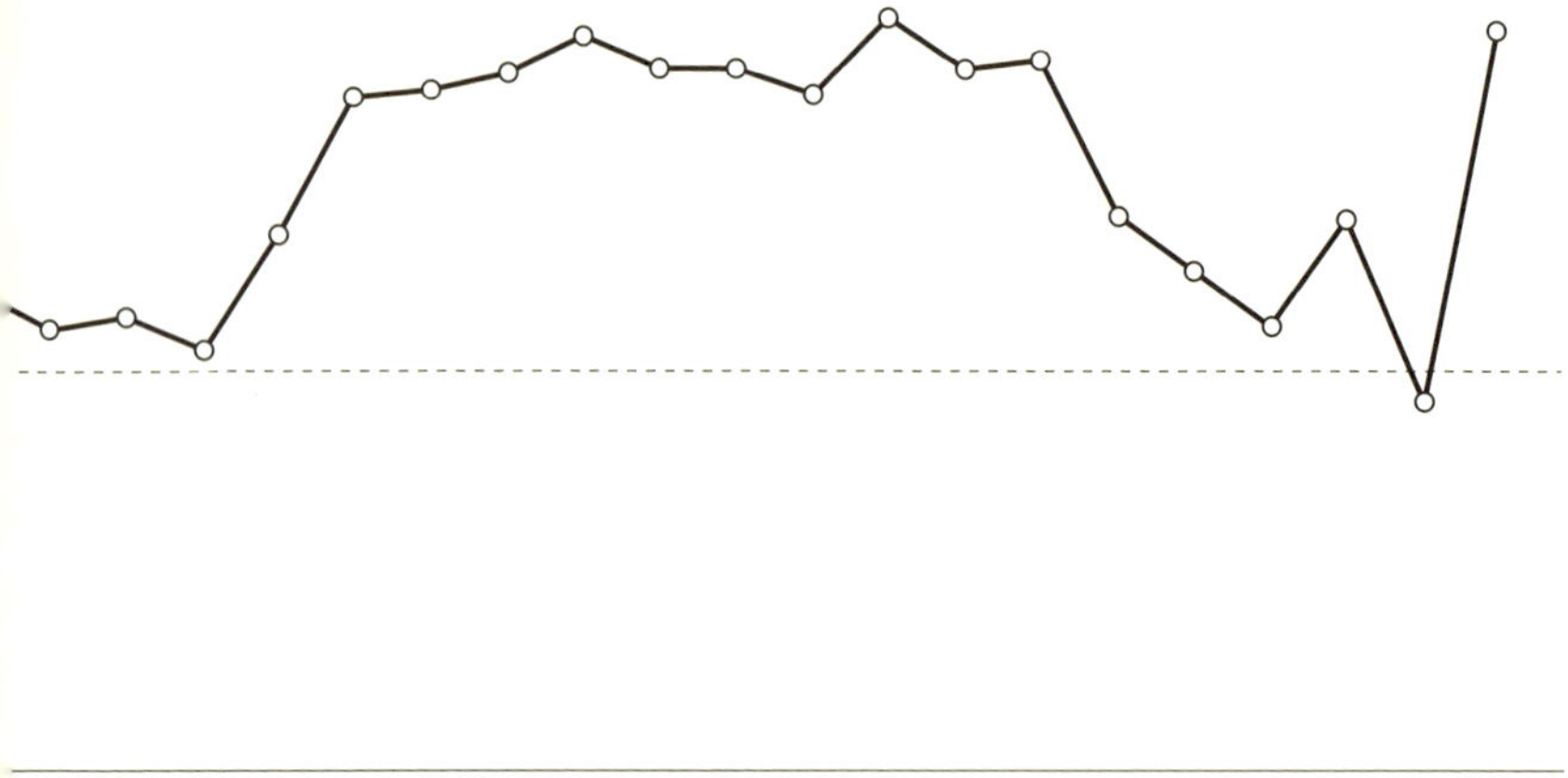

26年	八五、四二二
25年	四七、六四五
24年	六八、〇五〇
23年	五五、一三七
22年	六一、三〇六
21年	六八、四七五
20年	七九、〇三一
19年	七七、五二九
18年	八六、一六九
17年	七四、九七五
16年	七七、〇六六
15年	七七、二三五
14年	八二、六五六
13年	七七、一五五
12年	七五、五三六
11年	七五、一四三
10年	六七、〇四八
9年	五二、七一一
8年	五七、二一六
7年	五五、六二一

があるのであろうか。そしてその人数の推移は時代によってどのように変化しているのであろうか。また、一年の内、季節的にはどの時期に遍路が多いのかなど、遍路の動向について述べることにする。

一　年間の動向

遍路の年間の総数についてはマス・コミなどでは、一〇万人、二〇万人などと報道されるが、それは風聞による数値でもあるが、札所に納められた納札を調べた調査でもそれに匹敵する人数が挙げられる（月刊『へんろ』平成五年四月一日付け）。納札には代参の札や、未成年の子供の札が含まれてもいる。その上、一〇〇回以上の錦札は貴重なことから納札箱から盗まれるなど、納札で総人数を把握するのには適していない。筆者はより正確に遍路の人数を把握するために、愛媛県今治市内に

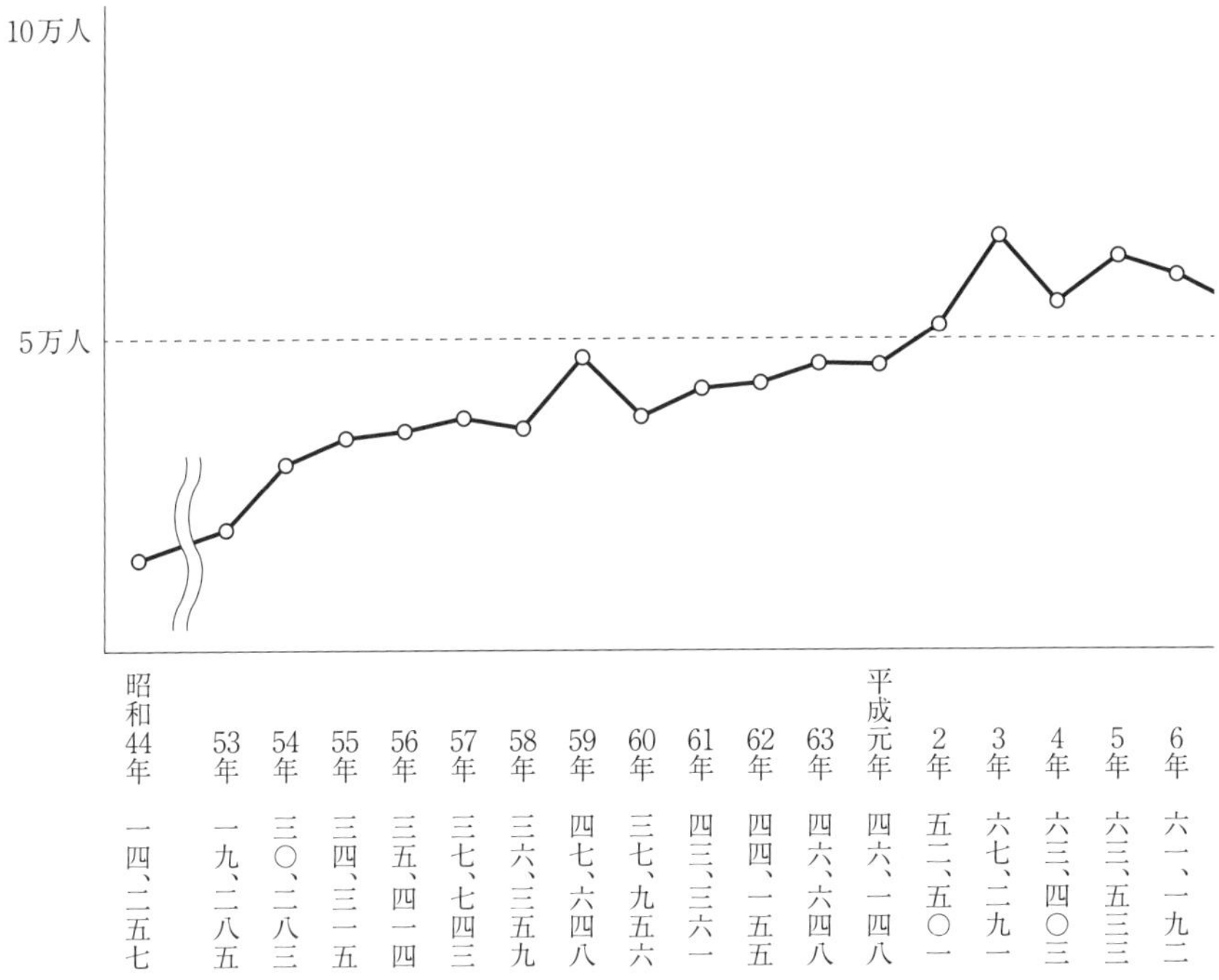

図2　四国遍路の動向・推移（昭和44年は前田卓『巡礼の社会学』による）

ある札所の納経料金をもとに計算した。一人の遍路が納経帳、笈摺、掛軸などの納経料金としてどれだけの金額を納めるかを調べ、その上で寺院に納められた納経料の総額を除して人数を計算した。昭和五十三年（一九七八）から平成十四年（二〇〇二）までの二十五年間の動向は『遍路と巡礼の社会学』で発表している。それに平成二十六年までの十二年間の動向を追加したのが図2である。三十七年間に及ぶ遍路の動向の推移とその背景を昭和期と平成期の二期に分けて考察する。

1　昭和期の動向

現代に入ってからの四国遍路の年間総数の正確なデータは、前田卓の『巡礼の社会学』に載せられた昭和四十年代のものが最初である。それによると、昭和三十九年（一九六四）頃には年間僅かに七一四七人であったが、同四十四年には二倍の一万四二五七人と大幅に増加している。そして、昭和四十八年に弘法大師生誕千二百年記念行事が催され、遍路が増え出す。

筆者が調査した昭和五十三年以降は遍路は徐々に増加する傾向にあった。五十三年には一万九二八五人と二万人弱であったが、翌五十四年には一万人余りの大幅な増加となり、三万人を突破している。五十年代は三万人台を微増していたが、同五十九年は弘法大師入定千百五十年に当たり、過去最高の四万七六四八人を記録する。大師は承和二年（八三五）に高野山の奥の院に入定されたが、それから千百五十年に当たる昭和五十九年には真言宗各寺院では盛大な記念法要が行われた。寺院内外でも宝物の展示や講演会など様々な行事が執り行われた。そのような機運の中で遍路は一万人以上も増加したことになる。

昭和五十九年前後の五十八年と六十年には手控えと前年の反動現象が起こるが、大幅な落ち込みにはなっていない。昭和五十九年の記念行事は、それまでの静かなる密教ブームの延長線上で、その人気をより一層加熱する作用を果たした。それは翌年以降に現われる。記念行事が単なる一過性のものであるならば、翌六十年には大幅に減少するものと考えられるが、同年は通常時では過去最高の三万七九五六人となっている。更に六十一年以降も増え出し、遂に四万人台を突破することになる。以後昭和末期の六十三年までは微増する傾向にあった。その結果、遍路の総数は昭和五十年代中頃からは三万人台、六十年代は四万人台と増加するようになった。

2　平成期の動向

平成期に入っても遍路の年間総数は増加の傾向を辿った。特に平成二年（一九九〇）には初めて五万人台に突入し、翌三年には過去最高の六万七〇〇〇人余りを記録した。その翌年の同四年には前年の反動によるものか約四〇〇〇人減少する。しかし、同五年には再び増加に転じた。その後は同九年までそれ以前に比べると少なくなり、停滞気味になる。平成十年には再び大幅に増加し、以後増加の傾向に転じる。同十一年には七万人を超え、十四年には八万人台と急激な増加となる。

しかしながら、平成十五年から三年間は七万人台で停滞気味である。ところが、平成十八年には急激に増加し過去最高の八万六〇〇〇人余りとなる。この年は大師の誕生寺・善通寺の創建千二百年に当たり、記念行事が開催されたことで多くの遍路があった。しかし、それ以後はその勢いは徐々に薄れ、人数は減少傾向に転じる。同二十一年、二十二年には六万人台に減少し、二十三年には五万人台まで落ち込むことになる。二十四年は閏年に当たり「逆打ち」遍路を旅行業者が大々的に広告したことで前年に比べ一万人余り増え、六万八〇〇〇人台に戻る（口絵8）。しかし、翌年の二十五年には再び大幅に減少し、五万人を割って四万七〇〇〇人余りに減少する。そして同二十六年には八万五〇〇〇人と大幅に増加した。その年は四国霊場が開創されて千二百年に当たり、盛大な記念行事が行われたことで大勢の参拝者が押しかけた影響である。しかしながら、平成二十年以降は遍路総数が下降化傾向になっている。

昭和後期は日本経済の高度成長期にあたり、遍路の総数も年々微増しながら増加する傾向にあった。平成期に入ってもその傾向が続き、五、六万人と多かった。しかし、平成期に入ると、それまでの増加の一途を辿る傾向とは異なって、増加と減少を繰り返す「波打ち現象」が出るようになる。ところが、平成十年を境に急激な増加が見られ、七万人台となる。そして同十四年と十八年、二十六年には八万人と突出する。しかし、「波打ち現象」は続き、年次によって増減が見られる。

昭和後期から平成期に入っての遍路の動向で、大幅に総数が増えていることが注目されている。日本の巡礼の原型である西国巡礼では昭和後期の五十年代、六十年代に七万人を記録し、最も多かったのは六十二年の七万九六一九人であった。平成九年までは七万人台を維持していたが、同十年以降は漸次減少傾向となる(佐藤久光『遍路と巡礼の社会学』)。その後も減少し続け、平成十七年には盛期の約半分の三万六七二一人までと減少している。

西国巡礼の総数はかつて遍路の総数を上回っていたが、平成十年以降は経済不況が長引くなどの影響で減少する傾向になった。それに対して、四国遍路は平成期に入って増加し、西国巡礼を上回るようになる。遍路が増加した現象の背景を検討してみる。

3 遍路増加の背景

遍路増加の背景は幾つか挙げられるが、その第一は、マス・コミによる遍路の報道である。平成二年(一九九〇)は五万人を突破するが、その背景にはＮＨＫによる遍路を取り上げた番組の放送が相次いでいることである。今一つは朝日新聞社が主催する「空海のみちウオーク」への参加や報道などの影響があったこともある。ＮＨＫは昭和六十年(一九八五)から六十三年にかけて毎年、「花へんろ」のドラマを放映した。更に平成二年八月二十一日には大病から復帰した大物女優・左幸子を登用し、遍路道を題材にしたスペシャル番組「聖路」を放送した。その反響は非常に大きく、番組を制作したディレクターの談によると、テレビ局には視聴者から「遍路に出てみたい」という投書が多く寄せられたという。テレビ放送の影響が翌三年以降の大幅な増加につながったと言える。

その上で、ＮＨＫは平成十年四月から十二年三月まで著名な作家、作曲家、歌手、タレントなどを登用し、「四国八十八か所」と題した霊場紹介の番組を放送した。それが平成十三年にも再放送されている。更にＮＨＫは「ひるどき日本列島」(月曜日から金曜日まで)で、平成十年九月七日から三週間にわたり、霊場と遍路道を舞台とした生中継の放送を行っている。それらのテレビ放映が平成十年以降の急激な増加の一因でもある。

「空海の道ウオーク」の出発風景（『朝日新聞』平成2年3月3日付け）

マス・コミの今一つは、新聞による報道であった。朝日新聞社は、自社などが主催する「空海のみちウオーク」の行事に関する記事を平成二年二月から度々掲載した。そして、平成二年三月三日付けの新聞には、「春の香と人情道連れに出発　空海の道ウオーク」の見出しで記事が載せられ、第一番札所・霊山寺を出発する巡礼者の姿を写した写真が掲載されている。この記事以外にも平成二年には、「〝お遍路学校〟初の卒業生」「お遍路道　トイレもきれいに」など、遍路関連の記事が多くみられる。このような平成二年のマス・コミの報道が翌年効果として現われ、急激な増加に大きく作用した。

遍路増加の第二の要因は、本州から四国への交通のアクセスが飛躍的に向上し、しかも四国内でも高速道路が次々に開通したことである。四国と本州を結ぶ架橋は昭和末期から平成十一年にかけて開通する。まず昭和六十三年には岡山と香川を結ぶ瀬戸大橋が開通する。平成十年には兵庫県明石市と徳島県鳴門市を結ぶ明石海峡大橋が、翌十一年には尾道市と今治市を結ぶ通称「瀬戸内しまなみ海道」

（西瀬戸大橋自動車道）が完成する。その中でも明石海峡大橋の開通が、関西圏と四国を結ぶ物流や人の往来を飛躍的に向上させる効果があった。大阪から淡路島を経由して鳴門、徳島まで約二時間で行くことができ、ゆっくりと日帰りができる行程になったことである。第一番札所・霊山寺には最も近いルートでもある。明石海峡大橋の開通以外にも、それ以前から建設が進められていた四国内の高速道路の整備も進んでいる。それによって、自家用車を利用した関西からの遍路が非常に便利になった。それは信仰心に加え、ドライブとして行楽を兼ねた人びとにとっては恰好の場所として受け止められた。

平成十年の明石海峡大橋の開通を記念して、四国霊場会は各札所の本尊の御影（「お姿」）を複製して一年間限定で提供している。その記念にと巡拝する人も増えた（月刊『へんろ』平成十年二月一日付け）。

明石海峡大橋の開通で関西圏からは日帰りの行程となり、バス巡拝が各旅行会社によって企画・募集され出す。その始まりは平成十三年頃からであった。徳島県に所在する札所は二、三回に分割して日帰りの巡拝であった。高知、愛媛、香川の各県は一泊二日の日程となり、合計一二回で巡拝する日程となっている。当初一回目の費用は六、七千円台であったが、やがて四九八〇円、三九八〇円と値下げされ、更に二九八〇円まで下がり、二〇一〇年（平成二十二）には年号にちなんで二〇一〇円という値段となる。そのツアーには先達が随行し、添乗員が朱印集めの代行をし、昼食付きなど様々な特典を付けられていた。それは不況下で出費を抑えたい高齢者層には魅力となって、遍路の増加の一因ともなった。

平成十一年には、三本目の架橋となる尾道と今治を結ぶ通称「瀬戸内しまなみ海道」が開通した。それによって中国地方、特に広島、山口から四国へ渡るのに、それまでの船便に代わって車で通れるようになった。山陽道周辺は江戸時代から現在までも遍路の多い地方であり、大橋の開通は遍路の増加に拍車をかけた。

本四架橋の開通が本州と四国の交通のアクセスを向上させたが、それに連動するように四国内の高速道路網の整備が徐々に進んだことも見逃せない。四国内の高速道路の整備は昭和後期から始まる。昭和六十年代には川之江を中心として四路線が部分開通したのを皮切りに、平成三、四年にも三路線、平成六年から十年までは六路線が開通する。これまで部分開通していた路線も連結されて便利になる。そして平成十一年から十五年までには新たに十二路線が開通した。それに伴って自動車の総量が増えたことで、平成十五年には「いよ西条」から川内(四月)、川内から松山まで(十一月)は四車線に拡幅される。平成十六年から二十年までにも六路線が開通し、その内の二路線は四車線化されたものである。

高速道路網の整備によって自家用車はもちろんのこと、巡拝バスは時間の短縮が出来たことで、旅行各社は競うように巡拝者を募集し、バスの増便を行った。

このようにマス・コミによる報道と四国への交通のアクセスの向上、四国内の高速道路網の整備などが、平成期に入って遍路の大幅な増加の主要な要因と言える。それに加えて、第三の要因は霊場寺院の記念行事が開催されたことで大幅な増加につながっている。平成十八年は、四国霊場第七十五番札所で大師の誕生寺・善通寺が大同二年(八〇七)に創建されてから千二百年に当たり、記念法要を始めとして様々な催し物(「創建一二〇〇年祭」)が行われた。

主な催し物として、香川県歴史博物館では「空海誕生地・善通寺展」(四月二十二日〜五月二十八日)が開催された。前年から「弘法大師誕生所・善通寺展―出開帳と四国八十八ヶ所お砂踏み」が全国六ヵ所で行われた。善通寺では四月二十九日には秘仏本尊・瞬目《めひき》大師像の特別御開帳、五重塔の特別公開、同宝物館の「密教のほとけ―曼荼羅・仏像・仏画」(六月十五日まで)の展示、そして「善通寺薪能」が行われた。五月には著名人による講演会(作家の早坂暁、平松和平など)、シンポジウムも開かれている。そして六月には行事はクライマックスに達し、一日から大師誕生日の十五日まで霊場会、真言宗連盟などの記念大法要が連日営まれた。

この一連の行事は善通寺の創建千二百年を祝うものであるが、善通寺は弘法大師の誕生寺である。その大師は遍路と深く結びついていることで、参拝者は大勢押しかけるとともに、それを契機に霊場を廻る人も増えた。

同年にはマス・メディアが再び遍路を取り上げている。NHKは教育テレビ「趣味悠々」で九月六日から十一月二十九日まで週一回、一三回にわたって「四国八十八ヶ所はじめてのお遍路」を放送した（翌週にも再放送）。それはこれから遍路を始めようとする人への入門の内容で、遍路への誘いともなった。その結果、過去最高の八万六〇〇〇人余りの遍路を記録することになる。

平成二十年以降は遍路が減少し始めるが、同二十六年には八万五〇〇〇人余りと再び大幅な増加となる。それは四国霊場が弘仁六年（八一五）に開創されてから千二百年に当たり、記念の行事が数多く開催されたことが増加の大きな要因となっている。その記念行事の概要を月刊『へんろ』（伊予鉄不動産株式会社「へんろ」編集部）から摘記すると、次のようになる。

□第三番札所・金泉寺は一月二十六日、開創記念で秘仏の本尊・釈迦如来像（十一年に一度）の御開帳を行っている。

京都から巡拝バスが八台訪れている。

□愛媛県歴史文化博物館（西予市）は、「四国遍路ぐるり今昔展」（二月十八日〜四月六日）、「弘法大師空海展」（四月二十六日〜六月八日）を開催する。

□第二十六番札所・金剛頂寺は、記念行事として不動堂本尊を御開帳（二月二十七日）、大師堂本尊御開帳（四月二十日）。

□第三十一番札所・竹林寺は五十年に一度の秘仏本尊・文殊菩薩像の御開帳を行う（春季は四月二十五日〜五月二十

五日、秋季は十月二十五日〜十一月二十五日）。千二百年記念と重なる。
□第七十五番札所・善通寺は五月九日、霊場開創千二百年記念の大法要を営む。記念行事の錬行「お大師さまと歩む四国遍路」が善通寺で結願（前年二月四日に出発して月に二回の徒歩遍路）。
□霊場会阿波部会主催の記念講演会が六月四日に行われる（家田荘子、演題「わたしのつなぎ遍路」）。
□四国霊場開創千二百年記念四国連携事業としての「空海の足音　四国へんろ展」が、高知県立美術館（八月二十三日〜九月二十三日）、愛媛県美術館（九月六日〜十月十三日）、香川県ミュージアム（十月八日〜十一月二十四日）、徳島県立博物館（十月二十五日〜十一月三十日）で開催される。
□開創フォーラムの開催（霊場会土佐部会主催「これからのお遍路、これからの四国」九月五日、讃岐部会主催十月十七日）。
□第二十八番札所・大日寺は記念行事として十月二十一日〜十一月二十八日まで本尊の御開帳を行う。
□第三十八番札所・金剛福寺で記念行事として十一月二日、柴灯護摩供が営まれる。
平成十八年は善通寺の創建千二百年、同二十六年は霊場開創千二百年の年に当たり、記念行事が数多く開催された。それによって遍路も増加した。同様なことは過去にもあった。昭和五十九年は弘法大師入定千百五十年に当たり、法要を始めとして様々な行事が行われた。それによって四万七〇〇〇人余りの遍路があった。

寺院における御遠忌、御開帳などの記念行事が開催されると、多くの参詣客で賑わう。例えば、秩父観音霊場では午年の十二年ごと（近年は六年ごと）に総御開帳が行われてきた。それは江戸時代から続けられている。筆者の調べでは、御開帳の年には巡礼者の数は通常の年の二、三倍に増加する（佐藤久光『秩父札所と巡礼の歴史』）。平成二十六年も午年の総出開帳が行われた。近年の通常の年間総数は一万六〇〇〇人前後と低調であったが、平成二十六年には約六万五〇〇〇人（ある札所寺院の推計）と約四倍と大幅に増加している。

遍路の増加の背景にはそれ以外にも一、二の要因が挙げられる。第四の要因として徒歩巡拝（「歩き遍路」）の増加が挙げられる。「歩き遍路」は遍路全体に占める割合では僅少である。しかし、既述のようにＮＨＫによる数々のテレビ放送や、朝日新聞社などが主催する「空海のみちウオーク」などの企画、そして小林淳宏による『定年からは同行二人　四国歩き遍路に何をみた』（平成二年）、へんろみち保存協力会編による『四国遍路ひとり歩き同行二人』（平成二年）などの出版物も発行される。更に平成四年には、へんろみち保存協力会による「へんろみち一緒に歩こう会」が結成される。同会はその後も会員を募り、毎年徒歩巡拝を行っている。これらの影響に触発されて「歩き遍路」が徐々に増加する傾向にある。様々な情報や統計では「歩き遍路」は平成期に入って増加し、平成十二年頃には一一〇〇人台から一七〇〇人台と増えている。

初めて遍路をしようとする人にとっては、「歩き遍路」を目指したいが、体力的に不安があり、時間的に余裕がないなどで、自家用車を使用する人も少なくない。そこで「歩き遍路」の復調に触発された人びとが、交通機関を利用した遍路に出るようになる。ある事例を見てみると、京都府亀岡市に住む親子の遍路は次のようなものである。脳障害で話すことができない息子を持つ母親が、二人で遍路を始めたのは平成四年であった。そのきっかけはテレビで霊場を放送する番組を見たことである。それはＮＨＫのテレビ放送を見たものと思われる。最初は車で寝泊りしながら廻った。部屋に閉じこもっていた息子が外に出るのが好きであることに気付いた母親は、以後五〇回以上も廻って「歩き遍路」も二回行っている（『朝日新聞』平成二十六年五月八日付け夕刊）。

第五の要因としては、バブル経済の崩壊による平成不況で会社が倒産、統合・合併で失業した人が再起を目指すためのきっかけとか、あるいは都市化で日本各地から自然が失われ、殺伐とした中で美しい自然が残る四国路に憧れて遍路に出るケースもある。巡拝記を読むと足摺岬や室戸岬から眺める太平洋の壮大さ、狭い入り江に無数の島々が浮かぶ西伊予の海などの四国路の自然に感動した件《くだり》がよく出てくる。

また、遍路の習俗である地域住民による「接待」が「歩き遍路」の復調で復活してきた。人と人との結びつきが希薄になった現在では、接待は苦労して廻る遍路には何ものにも代え難い貴重な体験である。接待のもてなしを巡拝記で読み、あるいは「口コミ」で聞いて遍路に出てみようとする人も増えている。一度遍路を体験した人が再び遍路に出る背景には、苦労が喜びに変わり、接待による感謝の気持ちが心に残っていることにもある。

それ以外にも新しい風潮が芽生え始めている。後に詳しく述べるが、病気回復の手懸りになるのではないかと、遍路体験を行った人びともある。NPO法人「ニュースタート事務局」は、平成十五年に引き籠りの若者たちを社会に送り出す試みとして、一三人の若者を遍路体験させている（二神能基「「ひきこもり」を連れて四国遍路」『文藝春秋』平成十六年三月号）。

地元の宗教文化を見直す動きもある。愛媛県今治市にある今治明徳短期大学では、平成十三年から「地域文化論（遍路体験学習）」を開講した。旅のプランや白装束を自分で作るなど、遍路体験を学ぶことで単位履修ができるようになった（『朝日新聞』平成十二年十二月付け）。また、香川大学教育学部のゼミ「遊びと人間」では、平成十二年秋から「頭ではなく、体で学ぼう」と「歩き遍路」を始めている（『朝日新聞』平成十三年五月三十一日付け）。これまでも若者が悩みの打開や自己を見直すなどと個別的に遍路に出ることはあったが、遍路を教育、学習として位置付けして若者が体験する新しい動きでもある。

これらの新しい風潮は、これまでの中高年層の信仰や行楽を兼ねた遍路に加えて、若者たちにも関心がもたれ、遍路層の裾野が広がってきたと捉えることができる。

4　動向の「波打ち現象」

昭和後期は高度経済成長期とバブル経済で、遍路も年々増加する「右肩上がり」の傾向であった。平成期に入るとバブル経済の崩壊で経済が混乱し、景気は低迷するが、遍路の総数は既述のような要因が働いたことで増加する傾向にあった。但し、増加した年次の後に減少する「波打ち現象」が起きるようになる。一時的ながらも遍路が減少する背景には何があったのであろうか。その要因として幾つかの点を挙げることができる。

その第一は、平成七年（一九九五）一月に阪神・淡路大震災が起こり、六四三四人の人びとが死亡し、負傷者や家屋の半全壊などと、甚大な被害を被った。そのことによって多くの遍路を輩出する大阪、兵庫の人びとが減少し、平成五、六年に比べ五、六千人余り減少する。その影響は同八、九年にも影響を与え、五万人台と停滞することになる。

第二に、納経料金の値上げも遍路の総数に微妙に影響を与えている。平成六年には納経帳、掛軸、笈摺への朱印料金がそれぞれ一〇〇円ずつ値上げされた。そのために前年の秋には、値上げ前に駆け込みで遍路する人が増加している。具体的には秋の十月には前年の一〇〇〇人増で、十一月は二〇〇〇人弱増え、十二月は二倍以上の増加となっている。冬の十二月は、閑散期で例年では一五〇〇人前後であるが、平成五年十二月は三三五〇人と大幅に増えている。

第三に、平成二十年九月のアメリカ、リーマン・ブラザーズ社の証券不正問題が発覚し、いわゆる「リーマンショック」が世界中を駆け巡り、日本経済にも影響を与えた。それによって景気が一層悪化し、人びとは不要、不急の出費を抑えようとした。その影響が翌二十一年から二十三年の三年間は徐々に減少する傾向となった。しかも二十三年は五万五〇〇〇人台までと大幅に減少することになる。

第四には、格安バスによる巡拝の影響が考えられる。日帰りの格安バス巡拝は平成十三年頃から運行された。このバスツアーは当初は一人でも気軽に巡拝できるとして、景気低迷のデフレ経済の中では五十、六十歳代に人気があった。それが遍路の増加を促す側面として働いた。平成十年代中頃から始まった関西地区からの日帰り巡拝バスには旅行会社五社ほどが参入している。東京に本社を置く国内大手の旅行会社二社と、関西では私鉄系列の旅行会社を含む三社である。それに四国・高松に拠点をもつ私鉄系列の旅行会社が加わる。それに加えて四国・高松の旅行会社は前者五社とは企画を異にし、「歩き遍路」を関西地区で募集するものである。そのためにバスの送迎代金、救護バス費用、宿泊代を伴うことから初回でも料金が割高となり、一万八〇〇〇円となる。

日帰りの巡拝バス運行は、当初各社が互いに競い合って巡拝者を募ったので遍路は増加した。その好例は平成十四年で、国内最大の旅行会社が「創業九十周年特別企画」として大々的に巡拝者を募集した。その結果、遍路は年間八万人台を突破する。しかし、その後、競争が激化するにつれて旅行会社間にも優劣が生じてくる。そこで最も低料金を設定し、発着地を関西各地に約六〇ヵ所を設けた関西の私鉄系列の旅行社には人気が集まったが、他社は苦戦を強いられている状況である。

また、地元四国でそれまで巡拝の団体バスの中核を担っていた伊予鉄バス、琴参バス、瀬戸内バス、阿波交通バスなどの巡拝客は急激に減少する現象が起こった。併せて、四国の零細旅行業者も低価格競争で採算がとれずに撤退を余儀なくされた。そして、寺院が募集する檀信徒による参拝バスも高齢化などで大幅に減少する傾向になる。

格安の巡拝バスは初回(第一番札所から第六番札所まで)が破格の低料金で、先達が同行し、昼食付き、納札付き、線香・ローソク付きなどのサービスもあり、朱印は添乗員が代行するなどと、至れり尽くせりである。しかし、二回目以降は料金も上がり、高知県、愛媛県などは一泊二日の日程となり、料金もそれ相応の値段となる。例えば、高知県内は一泊二日で約二万三〇〇〇円台、愛媛県内は約二万五〇〇〇円台となる。宿泊施設は宿坊かビジネスホテルで相

格安巡拝バスの広告（『朝日新聞』平成26年8月2日付け）

部屋となる。相部屋の人数が少なくなると割り増し料金がかかる。そのために関西から遠隔地に当たる高知、愛媛県の札所まで足を延ばす人は大幅に減少する。そして格安バスによる巡拝は、一巡すると、二回、三回と廻る人は殆どなく、旅行会社は新たなる乗客の掘り起こしをしなくてはならない。

札所の住職の話によると、何回も廻る「重ね印（判）」（口絵7）と呼ばれる納経帳を持参する人の数が少なくなった、という。格安バスによる巡拝は一時のブームとなったが、業者間の競争が激しくなり、中小のバス会社や旅行会社は低価格競争から撤退するところが出ている。関西に拠点をもつ私鉄系列の旅行会社でもかっての勢いはなくなっている。そこで旅行会社は巡拝者の発掘に力を入れることになる。例えば、四年ごとの閏年には「逆打ち」遍路をキャンペーンに募集を行い、平成二十年、二十四年には前年を上廻る人数となって効果が出ている。また、平成二十二年（二〇一〇）には年号に合わせて初回の料金を二〇一〇円としたり、六十歳以上の応援キャンペーンとして三〇一〇円から一〇〇〇円引きにしたりしている。平成二十三年には翌年の閏年に向けて「逆遍路」のキャンペーン、「バスツアー催行本数二〇、〇〇〇本突破記念」と名を打って、二〇〇〇円に値引きするなどと、新聞紙面で大々的な広告活動を行っている。格安バスを利用した巡拝にも停滞・減少傾向があり、しかも従来の寺院が募集する檀信徒の団体バスも衰退していることで、総数は減る傾向が見られる。

以上のような要因が関係し、昭和後期から平成初期までは増加の一途を辿っていた遍路の総数も、増加する時期と減少する時期とを繰り返す「波打ち現象」の傾向となる。そして平成二十年以降は徐々に減少して下降化の傾向の様相となっている。その背景には、遍路を信仰、精神修養などに力点を置く傾向から、旅行会社が「旅」「行楽」と捉え、客寄せに過剰なまでのサービスを提供する商業主義の風潮が強くなり、その余波も一因とみることができる。

二　季節別遍路の動向

遍路の動向の今一つは、一年間の季節別の動きである。「遍路」は春の季語である。その由来は、農民たちが農作業の忙しくなる前の三、四月に遍路に多く出かけたことにある。昭和五十三年（一九七八）から平成十年（一九九八）までの季節別の平均遍路数の割合は、三月から五月までの春が四二・九％を占めている。いわば全体の約半数近くが春に遍路を行っている。次いで九月から十一月までの秋が三〇・一％となる。春と秋の二シーズンで全体の七割を超える割合となる。それに対して、夏と冬の季節は少なく、冬は一割弱、夏は一七・四％とである（図3）。

今少し年次別に季節の割合を見てみることにする。昭和四十四年と昭和末期（同六十年～六十三年）、平成期（同八年～九年）とを比較すると、そこには季節別の割合に変化が起きている。図4によると、昭和四十四年では春が六三・八％と圧倒的に多かった。それ以外の季節は秋が二一・九％、夏が一一・四％、冬は僅か二・九％に過ぎなかった。昭和末期では春が四五・六％、秋が二八・四％、夏が一七・五％、冬が八・五％となる。そして平成期では春が三

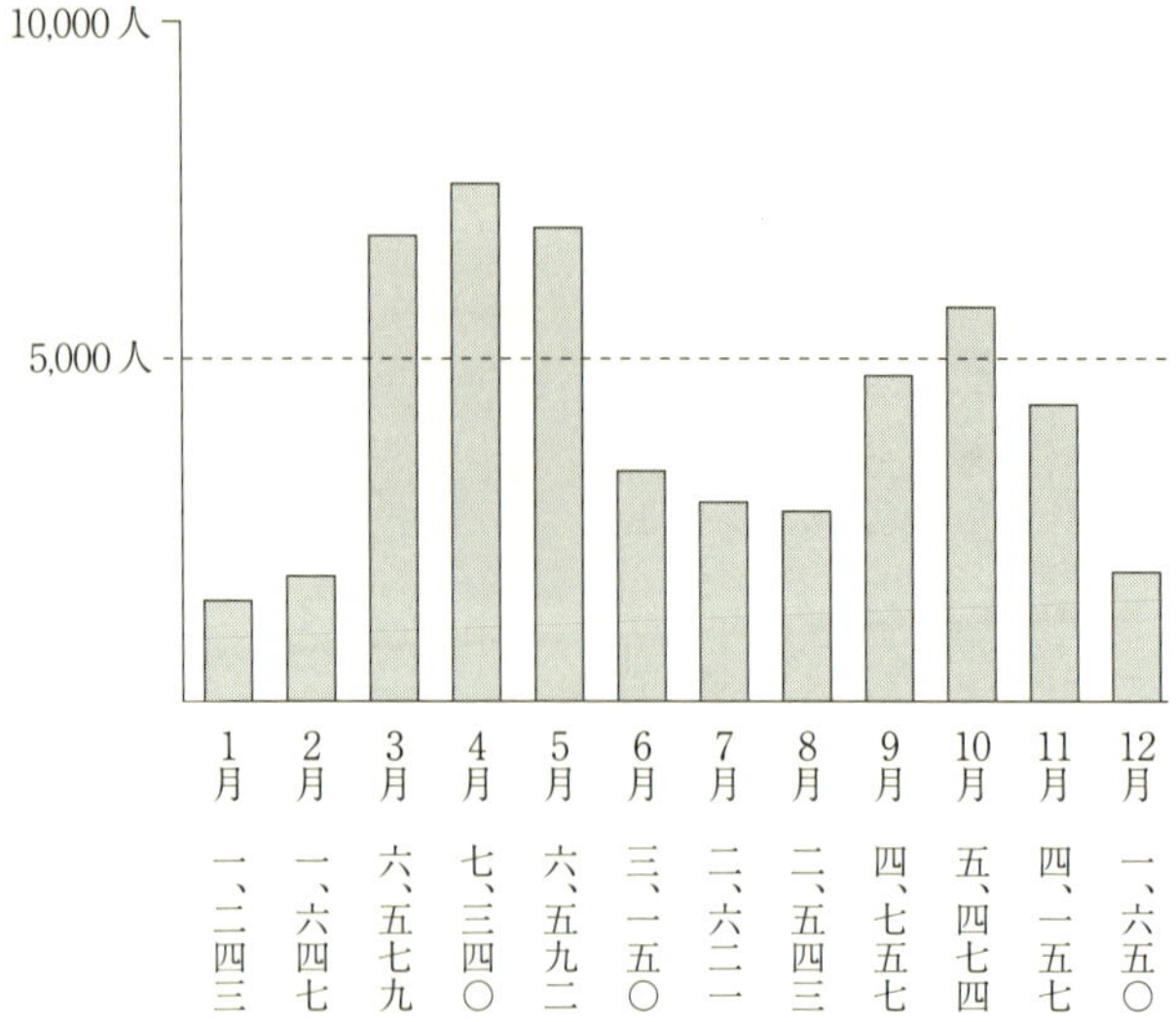

図3　月別平均遍路数(昭和53年〜平成10年)

九・六%、秋が三四・六%、夏が一五・九%、冬は九・九%と変化している。

その結果、春の遍路の全体に占める割合が徐々に減少し、それ以外の秋、夏、冬の季節の占める割合が増加するようになる。遍路の季節別動向の変化は、遍路を迎える寺院側の受け入れ態勢にも変化をもたらした。遍路が春に集中していた時代には、寺院に手伝にきていた雇い人は、五月中頃には暇を貰って実家に帰っていた。しかし、遍路が増えると春以外にも人手が必要になってくる。ある札所の住職は、「春、お線香を売る堂守さんを三人雇っていたが、秋の二季になり、さらに六、七月にも伸びて、いまでは年中きてもらっている」(『朝日新聞』平成二年二月三日付け)と述べている。このことは遍路の季節別動向の変化を如実に物語っている。

その背景には二つの要素が考えられる。その一つは遍路の交通手段の変化である。かつての徒歩《かち》きの遍路は気候が暖かくなり、日照時間が長い春のシーズンが最適であった。しかし、昭和中期からは団体バスが主流となり、約七割を

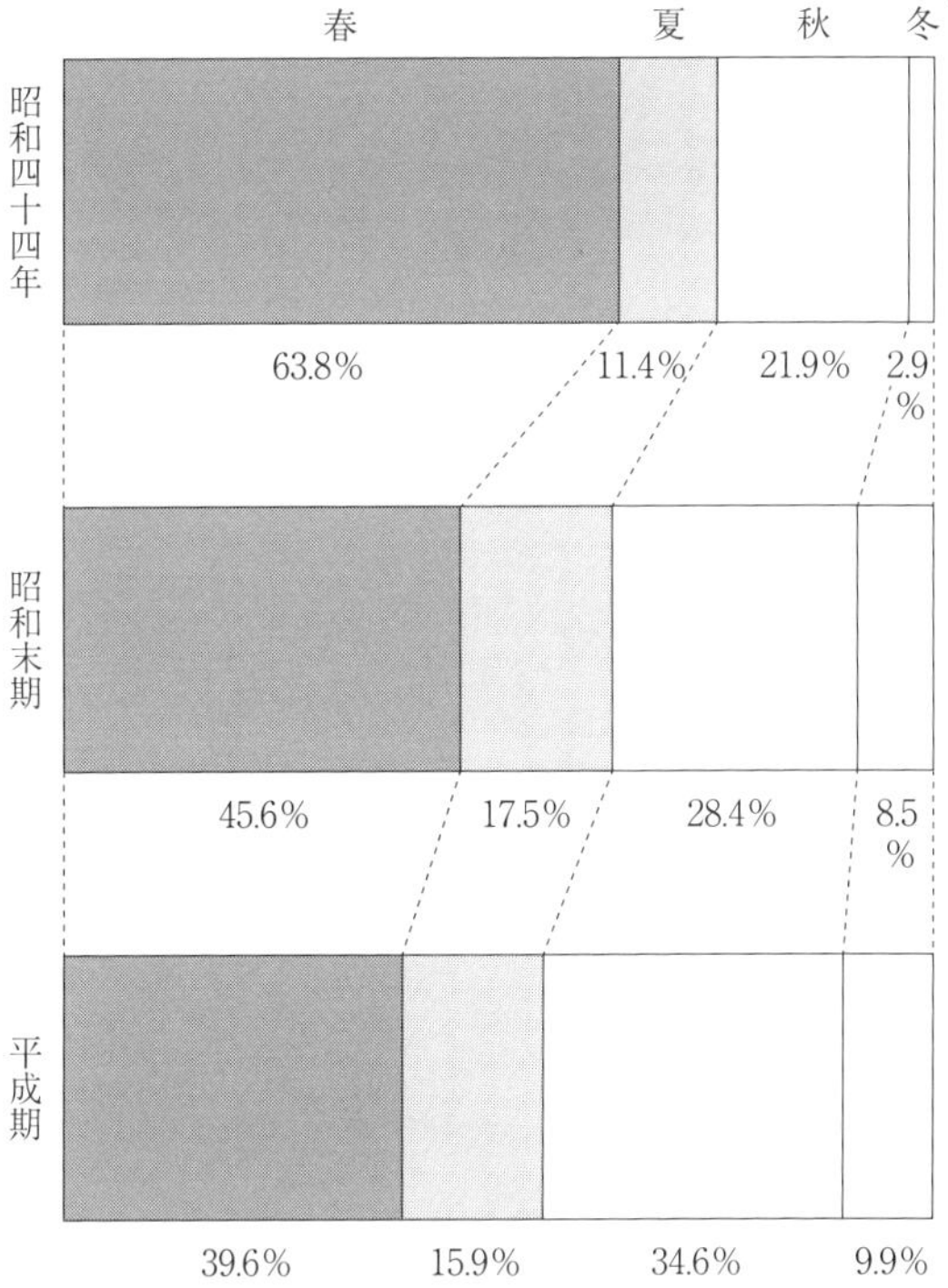

図4　昭和期と平成期の季節別比較
（昭和44年は前田卓『巡礼の社会学』による）

占めている。この団体バスは寺院の檀信徒や地域社会で募集された婦人層が多かった。しかし、昭和末期には自家用車が普及し、昭和六十三年の普及率は七一・九％となる。そのことで自家用車を利用した遍路が増加した。自家用車を使用すると、日程を自由に決められ、しかも車中は冷暖房が完備しているので季節、気候に左右されなくなる。そして平成期に入ると自家用車の普及は更に進み、平成七年には八二・六％となる。しかも四国では高速道路の整備が行われたことで、遍路の約六割は自家用車を利用している。

そのために、春だけに集中する傾向から春（四割）と秋（三・五割）に二分されるようになる。そして、かつては敬遠された夏、冬でも増える傾向になった。現在では遍路は特定のシーズンに集中するのではなく、四季に分散する様相を見せている。例えば、夏遍路は高温多湿、強い日射などで「歩き遍路」には過酷で敬遠されていた。また、夏の時期は寺の宿坊や民宿が休業するところが多く、遍路には不向きであった。ところが、夏は雨も少なく野宿も可能で若者が夏休みを利用して遍路するケースも少なくない。

今一つの要因は、遍路の総数の増加や目的の多様性が季節別遍路の割合に変化をもたらしている。中高年の中には夫婦で自家用車を利用して、遠出のドライブと遍路を兼ねる人も少なくない。休暇のとりやすい夏には若者や中高年が徒歩や自転車、バイクで精神修養を目的とした遍路をするケースもある。

このように交通手段の変化や目的の多様性が、春の季節の占める割合を相対的に減少させ、秋、夏などの季節の増加を促している。そのような変化の中でも、四国遍路の特徴は季節のよい「春遍路」であり、その割合が多いことには変わりがない。

第三節　現代における遍路の実態

江戸時代の四国遍路については第二章で詳しく述べた。その一つに遍路の出身地・国元については前田卓による過去帳の調査、喜代吉栄徳やクワメ・ナタリーと内田九州男による納札調査、そして接待の記録を分析した井上淳などの調査で判明する。また男女別の比率については、新城常三による『会所日記』の分析でもわかる。遍路の階層も各種の古文書で貧困層が多かったことも判明する。しかしながら、江戸時代の遍路の属性は国元や男女別などに限定されている。

それに対して、現代の遍路の実態について本格的に調査したのは前田卓で、『巡礼の社会学』の中で昭和四十年代中頃の実態が述べられている。そこでは遍路の出身地、男女別・年齢別、目的などが分析されている。筆者は前田の聴き取り調査を踏襲し、昭和末期から平成期（昭和六十三年〔一九八八〕四月から翌年の平成元年〔一九八九〕三月まで、A調査と呼ぶことにする。「四国遍路の社会学的考察」下『密教学』第二七号　一九九一年）、及び平成八年四月から翌年三月まで（B調査と呼ぶことにする。「平成期における四国遍路の動向と実態」『神戸常盤短期大学紀要』第二二号　二〇〇〇年）の二回、アンケート調査を実施した。それに加えて、昭和六十一年六月から翌年五月までの一年間に納められた納札調査も行ってきた（C調査と呼ぶことにする。「納札に見る四国遍路」『佛教と社会』一九九〇年）。それらを基に遍路の出身地、男女の比率、年齢層、遍路の目的、同行する人びとの編成・間柄、信仰する宗派、回数などを捉えることができた。ここでは遍路の出身地、男女別、年齢別、目的、宗派、回数、交通手段と編成人数などについて分析する。

一　遍路の出身地

遍路はどこから来ているのか、その出身地は各種調査で捉えることができる。表1は遍路を輩出している都道府県の上位一〇位を挙げたものである。調査によって多少順位に変化はあるものの、一定の傾向を読み取ることができる。アンケート調査では四国四県が上位を占めている。最も多いのは愛媛県である。以下香川、徳島、高知県の順になる。納札の調査では四国四県に大阪府が割り込み、第二位の多さになっている。四国四県は全体の五割前後を占めている。但し、納札調査では四国四県の比率がアンケート調査に比べ一割前後少なく四割程度に留まっているが、他の地方を大きく引き離している。

地元四国以外には、対岸に当たる大阪、兵庫、和歌山などの近畿地方と、岡山、広島などの山陽道を中心とする中国地方である。これらの地方以外に注目されるのは、愛知県と東京都、千葉県などの首都圏が上位一〇位に含まれていることである（表1）。A調査、B調査のサンプルで抽出されなかった県もあったが、納札調査では四七都道府県に加え、外国から来日して遍路する人びと三四人も含まれている。次に遍路の多い都道府県の背景について述べる。

四国四県の遍路が約半数を占めているが、その理由として幾つかの点を挙げることができる。その一つは、四国の

表１　都道府県別にみた遍路

Ａ調査

都道府県名	実数（％）
愛　媛	244（23.2）
香　川	178（16.9）
徳　島	105（10.0）
高　知	75　（7.1）
大　阪	74　（7.0）
兵　庫	62　（5.9）
愛　知	45　（4.2）
岡　山	43　（4.1）
広　島	22　（2.0）
東　京	21　（2.0）
合計数	1,048

Ｂ調査

都道府県名	実数（％）
愛　媛	201（15.8）
香　川	190（14.9）
徳　島	130（10.2）
高　知	107　（8.4）
大　阪	81　（6.3）
岡　山	75　（5.8）
兵　庫	70　（5.5）
京　都	41　（3.2）
東　京	37　（2.9）
千　葉	30　（2.3）
合計数	1,272

Ｃ（納札調査）

都道府県名	実数（％）
愛　媛	3,968（14.2）
大　阪	3,452（12.4）
高　知	2,529　（9.1）
徳　島	2,336　（8.4）
香　川	2,108　（7.5）
兵　庫	1,815　（6.5）
愛　知	1,487　（5.3）
岡　山	1,319　（4.9）
広　島	1,319　（4.7）
和歌山	875　（3.1）
合計数	27,263

一国詣りの巡拝風景（泰山寺）（前田卓提供）

人びとは四国以外の人に比べて、時間と費用が軽減されるという利点があることである。地元の人は最寄りの札所から気軽に出発できる便利さがある。その代表例が一国詣りや十ヵ寺詣り、七ヵ寺詣りである。この数ヵ寺詣りは室町後期、及び江戸時代初期から始まったといわれ、第五十二番札所・太山寺には貞享年間に収められた「七ヶ所」詣りの札が残されている(口絵5)。十ヵ寺詣り、七ヵ寺詣りは手軽で一日、二日で廻れることから主婦たちの行楽を兼ねた巡拝ともされている。愛媛県が四国でも最も多いのは、調査地が愛媛県今治市内の寺院であることから一国詣りや十ヵ寺詣りの参拝者の影響も考えられる。愛媛県での十ヵ寺詣りには二つのタイプがある。その一つは第四十四番札所・大宝寺から第五十三番札所・円明寺までと、今一つは第五十四番札所・延命寺から第六十四番札所・前神寺(六十番横峰寺は除く)までの十ヵ寺である。調査地の第五十六番札所・泰山寺は後者のタイプの十ヵ寺詣りに含まれている。

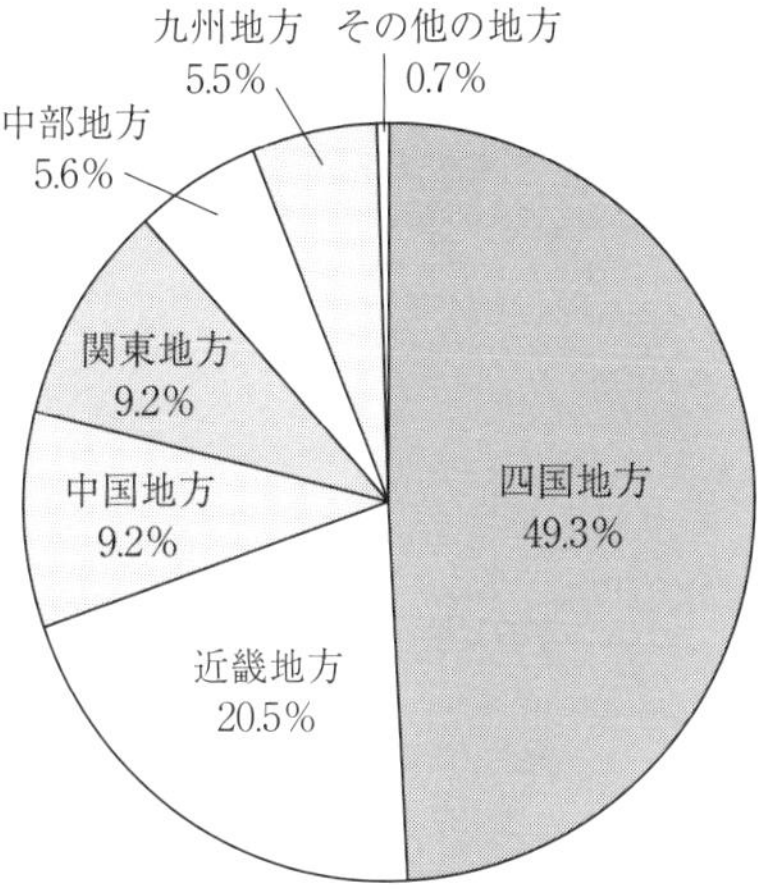

図5　地方別の遍路の割合

しかし、地元四国の遍路が多いのは、単に立地条件や費用の軽減だけではなく、遍路に対する信仰心も強いことが、遍路の多い第二の要因として挙げることができる。四国霊場には弘法大師と縁の深い札所もある。大師は讃岐の国(香川県)・善通寺に生まれ、京の都に上り、勉学を志した。やがて入唐して密教を学び、恵果阿闍梨から灌頂を伝授される。帰朝後、我が国の真言宗を開創した。大師は修行で太龍寺と最御崎寺にも滞在している。女人禁制の恩山寺では訪ねてきた母・玉寄御前に大師は孝養を積み、その像を刻んで安置されている。これらの四ヵ寺は八十八ヶ所霊場に含まれている。札所以外でも大師が四国住民と関わった事例がある。乾燥する讃岐平野には溜池が多くあったが、日本一大きい満濃池は降雨期には度々決壊し住民を困らせた。大師は朝廷の勅命でその池の修築を行い、農民を救済している。

その他の札所や寺院にも伝説として大師が刻んだとされる仏像が安置されている。また、四国各地には大師が村人の意地悪に会い、それを懲罰する伝説として「喰わず芋」「喰わず貝」などが残されている。広く民衆を救済した大師の偉大さに対する大師信仰が、四国には現在でも根強く残されている。

地元四国の人びとが多い第三の要因として、四国遍路では古くから接待の習慣があり、地元住民は道行く遍路に米、餅、野菜、菓子などの食べ物や草鞋、金銭などを施してきた。その習俗が自らを遍路へと促す要因ともなっている。四国各地では成人への儀礼として、結婚前の娘を遍路に出す習慣があった（前田卓　前掲書）。辛くて苦しい遍路を体験することで成人と見なされ、嫁入りができるとされたからである。

四国に次いで多いのは対岸の近畿地方である。関西と四国は古くから船を利用した往来が盛んであった。江戸時代の大坂は商都として全国から物資が集まり、四国からも物資が運ばれ、人の交流も盛んであった。泉州和泉には和泉接待講が文化元年（一八〇四）に作られ、第十九番札所・立江寺で接待を行って、戦前まで存続していた（前田卓　前掲書）。

遍路の最も早い案内書である真念の『四国邊路道指南』は、大坂心斎橋筋久太郎町の書肆から発行されている。そこには摂津大坂から阿州徳島ルート、讃岐丸亀への渡海の案内が記されている。寂本と真念の著『四国徧礼功徳記』も大坂心斎橋筋久太郎町の「ほんや平兵衛」から発行されている。更に遍路の最初の地図は細田周英によって宝暦十三年（一七六三）に作られるが、それも大坂の柏原清右衛門などによる木版墨刷であった。このように遍路の書籍が大坂で発行され販売されたことは、人口の多い大坂の人びとに遍路へと働きかける効果をもたらした。現在でも船便は

もとより、本四橋の明石海峡大橋が完成してより往来が活発になっている

歴史的には和歌山からの遍路も多かった。和歌山には大師が入定した高野山があり、人びとは大師への信仰が篤かった。そして、わざわざ四国まで出向いて遍路に接待する講が組織されていた。伊都郡を中心とした紀州接待講は第二十三番札所・薬王寺で彼岸の終わりから一、二週間、接待を行ってきた。有田接待講は四月初め、野上接待講は三月の彼岸頃に第一番札所・霊山寺で施しを行ってきている。和歌山からは加太浦港～徳島・撫養港のルートが古くから開かれていたので、接待船を仕立てて名物のミカンなど接待の品々と講中を乗せて四国へ向かった。その講中たちは接待するばかりではなく、自らも交代で一国詣りを行っていた（前田卓　前掲書）。江戸時代の和歌山藩士の妻の記述にも、貧者が四国遍路に出かける様子が記されている（「小梅日記」『和歌山県史』近世史料Ⅱ）。

兵庫県も遍路を多く輩出している。江戸時代の過去帳調査では上位から六番目になっている。また、播州加東郡黍田村（現在の小野市黍田）から遍路に出たことを記した古文書が残されている。黍田村は四国の北対岸にあって往復には数日で済む利便性があった。その村人で最初に遍路に出たのは、明和五年（一七六八）に六十九歳になる老齢の太郎兵衛であった。太郎兵衛は安永七年（一七七八）にも七十九歳で二度目の遍路に出かけたが、宗門改帳には「四国行不帰」と張り紙があって、行き倒れになったと思われる（山田正雄『黍田村に生きる人々』一九八四年）。

四国の対岸にあたる近畿地方は江戸時代から遍路が多く、特に摂津大坂や和歌山、そして播磨の遍路が多かった。そのことが現在にも影響していると言える。

四国、近畿に次いで遍路が多いのは中国地方である。北対岸に当たる岡山、広島の山陽道筋は納札調査では上位八位、九位になり、A調査でも同じ順位で、B調査では岡山は四国四県、大阪に次いで六位となっている。江戸時代の備中からの遍路は前田卓の過去帳調査でも多く、特に明和年間（一七六四―七二）からその数が増加している。また、

備前・備中・備後摂待講中の石碑（道隆寺）
（前田卓提供）

備中浅口郡乙島村からは、幕末には多くの遍路が出かけ、接待講も近年まで残っていた。（新城常三　前掲書）。第七十七番札所・道隆寺の境内には、備前、備中、備後の摂待講中の連名で建立された石碑が残されている。現在でも昔の名残が残され、倉敷市、井原市などの接待講が挙げられる。

江戸時代の文政二年（一八一九）に、土佐藩奈半利村の庄屋であった新井頼助は遍路に出かけ、その日記が「四国巡拝日記」（仮称）として残されている。その一節に三月二十八日、「うたつノ道場寺と、向へ地より四国順拝ノ人ハ、是より札初ム所也。備後ヨリ摂待ニ来る人〻夥敷、銭或ハわらぢ等也」（広江清編『近世土佐遍路資料』一九六六年）とあって、備後から来た接待講による接待のあったことを記している。

今一つ、現代の岡山県の遍路の多さを示す資料がある。それは昭和五十年代（五十二年―五十七年）、ある宿坊に巡拝者を運んできたバス会社別の統計である。遍路を乗せたバス会社は伊予鉄バス、瀬戸内バスの大手を始めとして四国四県のバス会社で占められていた。そこに四国以外のバス会社として井笠バスが含まれている。井笠バスは岡山県西部の井原市、笠岡市を中心とした地域でバス運行をしていた。その団体バスの台数は多くはないが、年間十台前後あった（石村隆「四国遍路」昭和五十九年卒業論文資料）。それは、かつて備後の人びとが遍路に出かけた習慣が、現代にも残っていることを物語っている。

安芸も備中と同様に江戸時代には過去帳では多くの遍路が見られた。そして、神石郡三和町などからの接待講も四国に渡り、接待するとともに講中自身たちも一国詣りを行っていた（前田卓　前掲書）。また、安芸藩は伊勢参宮、西国巡礼を度々禁止していたが、それを抜けるように四国遍路にも出ている。文政八年に江田島村から遍路に出たのは男性四六人、女性三人で合計四九人あった（『新修広島市史』一九五八年）。これらの歴史的影響が現代の遍路にも受け継がれていると言えよう。

遠隔地からの遍路も少なくない。その代表格の県は愛知県である。愛知県は西国巡礼や秩父巡礼でも地元の府県に次いで多くの巡拝者を出している（佐藤久光『遍路と巡礼の社会学』、『秩父札所と巡礼の歴史』）。四国遍路でも昭和四十四年のアンケート調査では第四位と上位にランクされ一一％を占めている（前田卓　前掲書）。納札調査でも上位十位にランクされている。その背景には江戸時代から西国巡礼や四国遍路に出かける風潮があったことでわかる。

愛知県には大師とゆかりのある寺院が多い。伝説によると、弘仁年間（八一〇―二四）に大師が東国への巡錫からの帰途、立ち寄って村の人びとに霊験を示し、自らの像を赤目樫の木で刻み残したと言われる。知立市の遍照院、刈谷市の西福寺、密蔵院は「三弘法」と呼ばれ、大師が残した「見送り大師像」を祀っている。その三弘法を含む三河新四国霊場が江戸時代の寛永年間（一六二四―四四）に創設されている（『三河新四国霊場案内』一九八三年）。また、知多半島にも文政七年に「知多新四国八十八ヵ所」が創設されている（中尾堯編『古寺巡礼辞典』一九七四年）。これら四国八十八ヶ所霊場を模したミニチュアの霊場は一時衰退するが、昭和四十年頃から再興・復興し、縁日には大勢の参詣者で賑わっている。

江戸時代の元禄二年（一六八九）、名古屋城下の町触には、「近年、御城下町中男女、西国順礼四国辺渡仕候者共年々

多ク罷成、去年当年は別而多罷出候由相聞へ候」(『名古屋叢書』第三巻　一九六一年)とあって、名古屋から西国巡礼、四国遍路に出る人が多かった。そのような信仰心の篤さが現在でも受け継がれ、四国霊場会公認の先達の数も愛知県が最も多いと言われている(星野英紀　前掲書)。

四国から最も遠い北海道からの遍路も見られる。A調査では一〇名、納札調査では二四三名ある。北海道には明治期に四国から真言宗の信者たち(特に阿波の農村出身の次三男)が屯田兵として派遣され、移住していった(前田卓　前掲書)。その子孫たちが先祖の地である霊場に参詣に来るのである。

昭和二年に四国遍路を体験し、国内外で最も早く遍路の学術書を著したアルフレート・ボーナーは『同行二人の遍路』の中で、自ら撮影した写真の一枚に北海道から訪れた男二人連れの写真を掲載している(口絵10)。坊主頭の五十歳前後の二人は、白衣と白のズボンを着て、金剛杖と菅笠を持ち、首から札挟みをぶら下げ、草鞋履きである。当時、交通機関は不便で、船や列車を乗り継いで日数をかけて四国を訪れたものであろう。

月岡祐紀子は瞽女唄を奉納して遍路をしたが、第十番札所・切幡寺で北海道から来た六十代のおばさんと出会っている。月岡は遠く北海道から来たということで「北海盆唄」を演奏してあげている。そのおばさんたちは演奏中、「あーどうした、どうした」と合の手を入れ、「あ、故郷が聞こえるよォ」と大喜びであった(月岡祐紀子　前掲書)。四国と北海道とは歴史的な結びつきが今も受け継がれている。

東京近郊からの遍路も増える傾向にある。東京都はA調査では第十位、B調査でも第九位、納札調査では第十一位となっている。千葉県はB調査で第十位となるなど、首都圏からの遍路も見られる。首都圏の人びとはマス・コミによる遍路に関する番組を見て一度は訪れたいと願う人や、旅行会社の募集で巡拝する人も増える傾向にある。

遍路の出身地として、都道府県別に見たが、日本人以外の外国人たちにも遍路を体験する事例が徐々に増えてきている。例えば、平成六年の夏に、オランダ・ランデン大学の九人の学生が来日し、剃髪して遍路の装束を着て徒歩で廻っている(『朝日新聞』平成六年六月二十八日付け)。ニュージーランド人のクレイグ・マクラクランは遍路体験記『四国八十八か所ガイジン夏遍路』(二〇〇〇年)を著している。月岡祐紀子は遍路途上で、アメリカからきて愛媛県で英語教師をしている二人の女性に出会っている。彼女たちはテントを持参して、礼儀正しい作法で巡拝していた(月岡祐紀子　前掲書)。韓国人女性の崔象喜《チェサンヒ》は父を事故で亡くし、その供養で歩いて霊場を巡拝した。崔はその後も来日して廻り、合計四巡して「先達」の資格条件を満たした。その後、研修を受けて先達として公認されている。先達の中でも外国人女性は初めてである(『朝日新聞』平成二十五年十二月四日付け)。

このように西日本の一地方に位置する四国の島に、日本各地や外国からも霊場を巡るために多くの人びとが来ている。四国霊場は世界的にも注目を集めている。

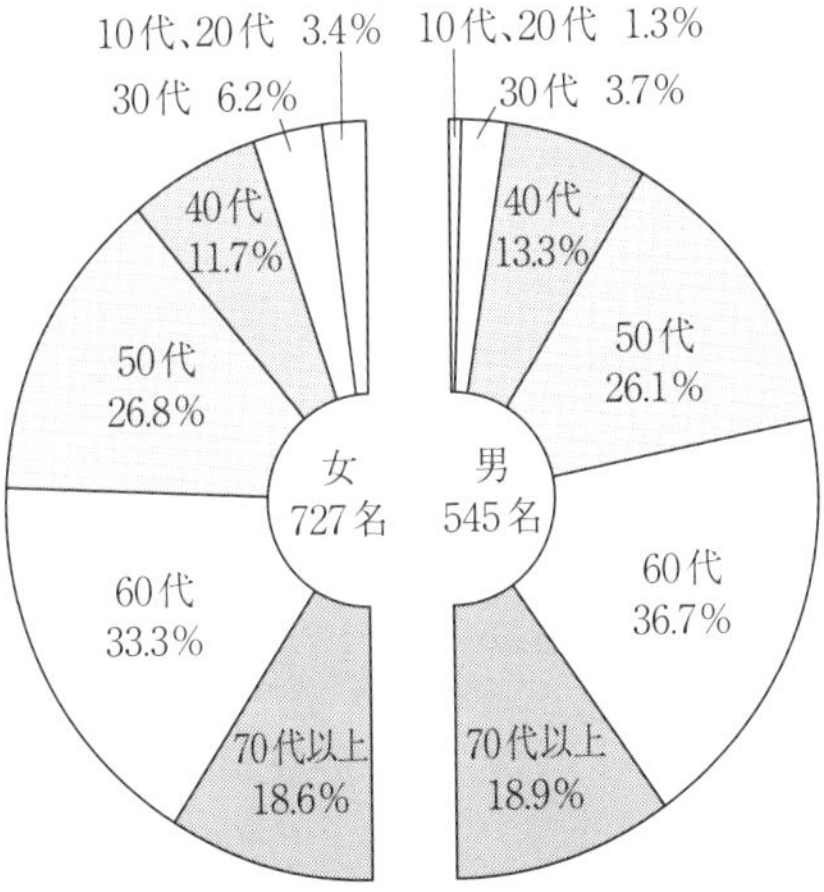

図6　男女別及び年齢別割合

二　男女別、年齢別の遍路

B調査での結果を男女別及び年齢別に分類して整理したのが図6である。まず、男女の比率についてみてみると、女性が五七・一%、男性が四二・九%で女性の遍路が多い。年齢別に男女の割合をみたときも、どの年代でも女性は男性を上回っている。四国遍路では行楽、見聞を深めることを主眼に置く西国巡礼とは異なって、女性が比較的多いことは歴史的にも様々な資料で判明している。その理由として幾つか挙げられる。

母と娘の遍路
（アルフレート・ボーナー『同行二人の遍路』より）

その一つに、四国各地に嫁入り前に遍路を体験する習慣があり、「娘遍路」が盛んであったことである。それは一人前の大人になる試練として遍路に出た。女性は結婚後には家事、育児などで忙しくなることで遍路に出かけることができないので、嫁入り前の遍路となった（前田卓　前掲書）。大正時代末、高知県窪川村（現在の四万十市）の娘たちが、年配の女性に連れられて娘遍路をしたときの記念写真が残されている（写真集『くぼかわ今昔』一九八五年）。

女性の遍路が多かった理由の二つ目は、経済力が弱かった女性でも、費用が安く済んだことである。それは住民たちによる食糧などの接待があったことによる。接待で受けた米などは木賃宿で炊いてもらえた。また時にはその米を売ることもできた。昭和十一年（一九三六）に二十一歳の時、伯母と遍路した白石トメ子は接待攻めに会っている。受けた米を売って金銭に換えた記録も残している（印南敏秀　前掲論文）。昭和十二年秋に二回目の遍路をした放浪俳人・種田山頭火は金銭を持たずに、乞行で食糧、金銭を調達した。一度だけ高知県の川口で、「お遍路さん米売ってくれないか」と呼び止められ、一升を四二銭で売っている（山頭火　前掲書）。接待の中でも「善根宿」は最高級で、食事と宿の提供であった。そのことによって費用が安くできた。米を持参して炊いてもらう木賃宿では、菜っ葉、漬物、汁などの副食が宿のサービスであったので安価であった。

第三に、遍路には貧困者や不治の病を抱えた人も少なくなかった。その中には女性も含まれていた。その人びとは生き延びるために、はたまた死に場所をもとめての遍路であった。昭和四十年代に母と二人の娘が家財道具一式をリヤカーに載せて曳き歩き、通夜堂で炊事する遍路もあった(伊藤延一　前掲書)。平成期に入っても人生に失敗した七十二歳の老婆が、乳母車に生活道具一式を積んで遍路を行っていた(辰濃和男『四国遍路』二〇〇一年)。

女性遍路が多い今一つの理由は、団体バスを利用した遍路に女性が多いことである。かつて寺院が檀家を教化の一環として遍路に出た場合や、近年の旅行会社が募集するバス巡拝には七、八割が女性で占められ、男性は極めて少なかった。高齢者の女性は交通手段を他人に依存せざるをえないことと、一人での参加を嫌って仲間と連れだって参加することである。それに対して、男性は夫婦連れのケースが多く、次いで男性同士数人の小規模なグループ、はたまた気兼ねしない自家用車、バイク、自転車などを使って一人で廻ることになる。

次に、年齢別に遍路をみてみると、最も多いのは六十歳代で、三四・八%を占めている。次いで五十歳代が二六・五%、七十歳代が一八・七%と続く。その結果、五十歳代以上が全体の八割を占めることになる。それに対して、四十歳代以下の若い世代は少ない。

近年では二十歳代から四十歳代の若い世代も遍路に対する関心をもつようになった。例えば、大学生が夏休みの期間中に徒歩で、あるいは自転車で廻る事例や、地元、今治明徳短期大学の学生が「地域文化論(遍路体験学習)」で廻るケースなどが出ている(『朝日新聞』平成十三年五月三十一日付け)。四十歳代では不況のあおりで失業した男性などが、将来への展望や自己を見つめるためにと遍路をする事例もある。また、次節で述べるように、引き籠りの若者たちの遍路体験も出ている。しかし、遍路の絶対数が増えているので、若者たちの占める割合は相対的に少ない。

従って、遍路の年齢層は五十歳以上の人びとで占められる。その中で、七十歳以上の高齢者が二割弱もあるのは注

所帯道具を担いで廻る老婆(昭和40年代初期)(前田卓提供)

目される。老齢者の遍路は古くからあった。既述の播州黍田村の太郎兵衛は六十九歳で遍路に出ている。その十年後にも遍路に出て不帰となっている。鍵田忠三郎は昭和三十六年に遍路をした時、横峰寺に登る難所で、七十歳ぐらいの老婆たちに出会い、「この老婆たち、よくここまで歩いて来たものだと思う」と述べている。辰濃和男は平成十一年に、第四十七番札所・八坂寺で乳母車に毛布、雨傘などの道具一式を積んで廻る七十二歳の老婆に出会っている。クレイグ・マクラクランは香園寺で住職に宿坊での善根宿を勧められ、夕食で隣り合わせたのは一二二回廻った八十三歳の老人であった。このように老齢者が徒歩で、あるいは自家用車、バスを利用して廻っているケースは昔も今もみられる。

三　遍路の目的

遍路は当初、僧侶の修行を目的として起こった。四国の険しい山野や海辺を歩くには強靭な肉体と精神力が必要とされていた。しかし、現在では交通機関の発達や道路網の整備、宿泊施設が設置されているので、様々な目的で遍路する人びとが増え出した。B調査で遍路の目的を尋ねると（図7）、最も多いのが「信仰心にもとづいて」が三五・四％を占めている。次いで「信仰心と行楽を兼ねて」が二六・五％、「精神修養のため」が一四・七％、「納経帳や掛軸への集印に関心をもって」が一二・六％などの順になる。遍路を「行楽」と答える人は僅か三・一％に過ぎない。

この結果をそれ以前の調査と比較したのが図8である。それによると、「信仰心と行楽を兼ねて」と「行楽」の割合には変化が少ないが、「信仰心にもとづいて」の割合は減少している。それに代わって、「精神修養のため」と「納経帳や掛軸への集印に関心をもって」は増える傾向にある。遍路の目的の変化について、その背景に触れてみる。

その第一に、「信仰心にもとづいて」の割合が減少した点である。かつての遍路の中核を占めていたのは各地の大師講や真言宗寺院の檀信徒であった。その講中たちが高齢化し、その遍路が減少していることが挙げられる。札所の住職の話では「重ね印」と呼ばれる納経帳を持参する巡拝者が少なくなったと言われる。いわば「常連」の巡拝者の減少である。また、遍路の絶対数が昭和四十年代に比べて平成期では四倍に増加し、それに伴って中高年層の目的に多様性が出始めたことである。それが「信仰心と行楽を兼ねて」の割合の微増につながっている。例えば、平成二年（一九九〇）から始まった「空海のみちウオーク」に集まった高齢者層は健康増進や、参加することの楽しみを兼ねた遍路の様相があって、一途に信仰だけに主眼を置いた遍路とは趣を異にしている。そのために、単に「信仰心にもとづいて」を目的とする人は相対的に少なくなり、信仰心に加えて他の目的を組み合わせる多目的な遍路のタイプが少しずつ増えてきた。しかし、「信仰心にもとづいて」と「信仰心と行楽を兼ねて」を併せると六割を上回り、信仰心に裏付けられた遍路が多いことには変わりはない。

「信仰心と行楽を兼ねて」は以前からあった。江戸時代の文政二年（一八一九）に、奉公人と思われる男と遍路した

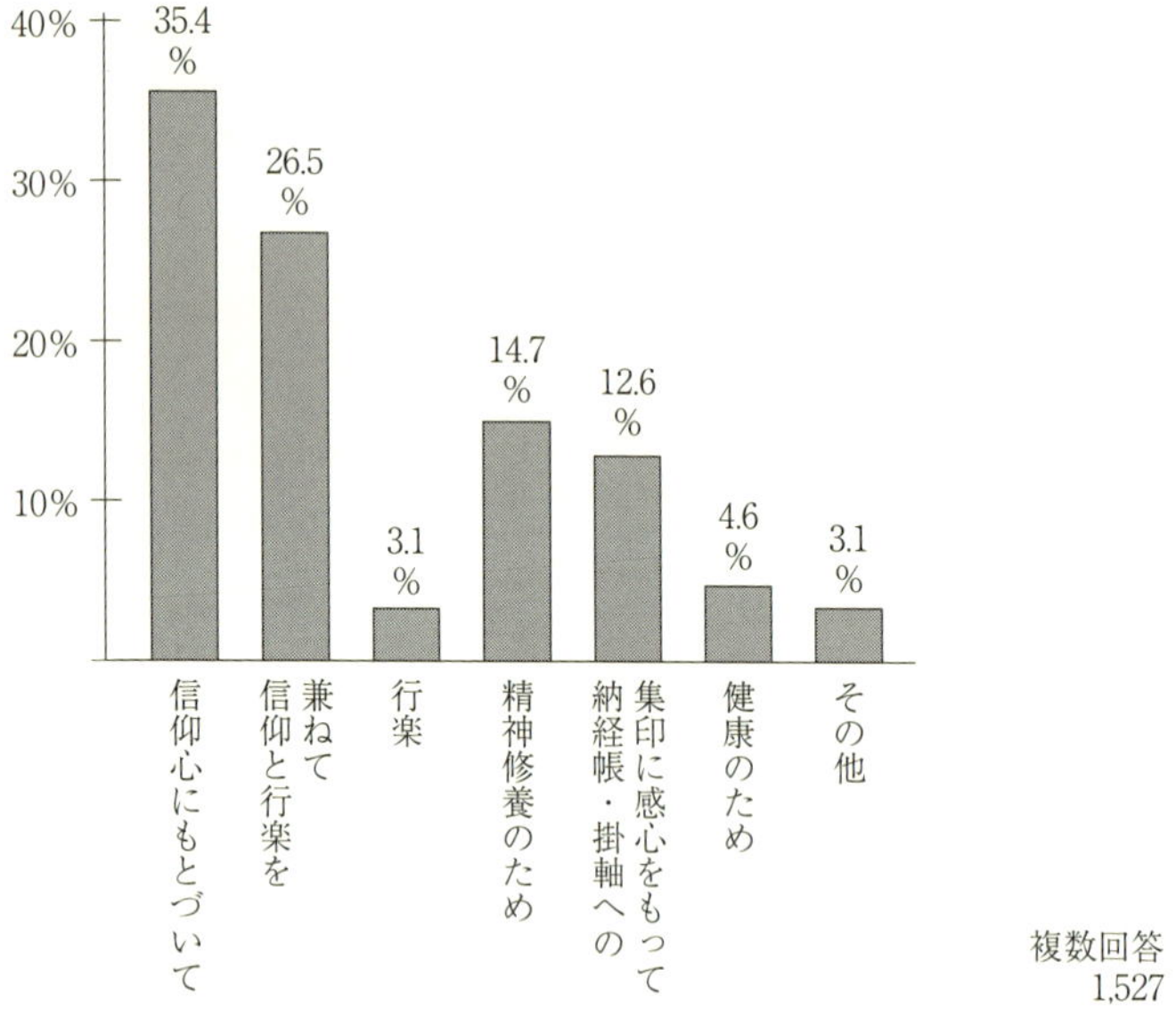

図7　遍路の目的別割合

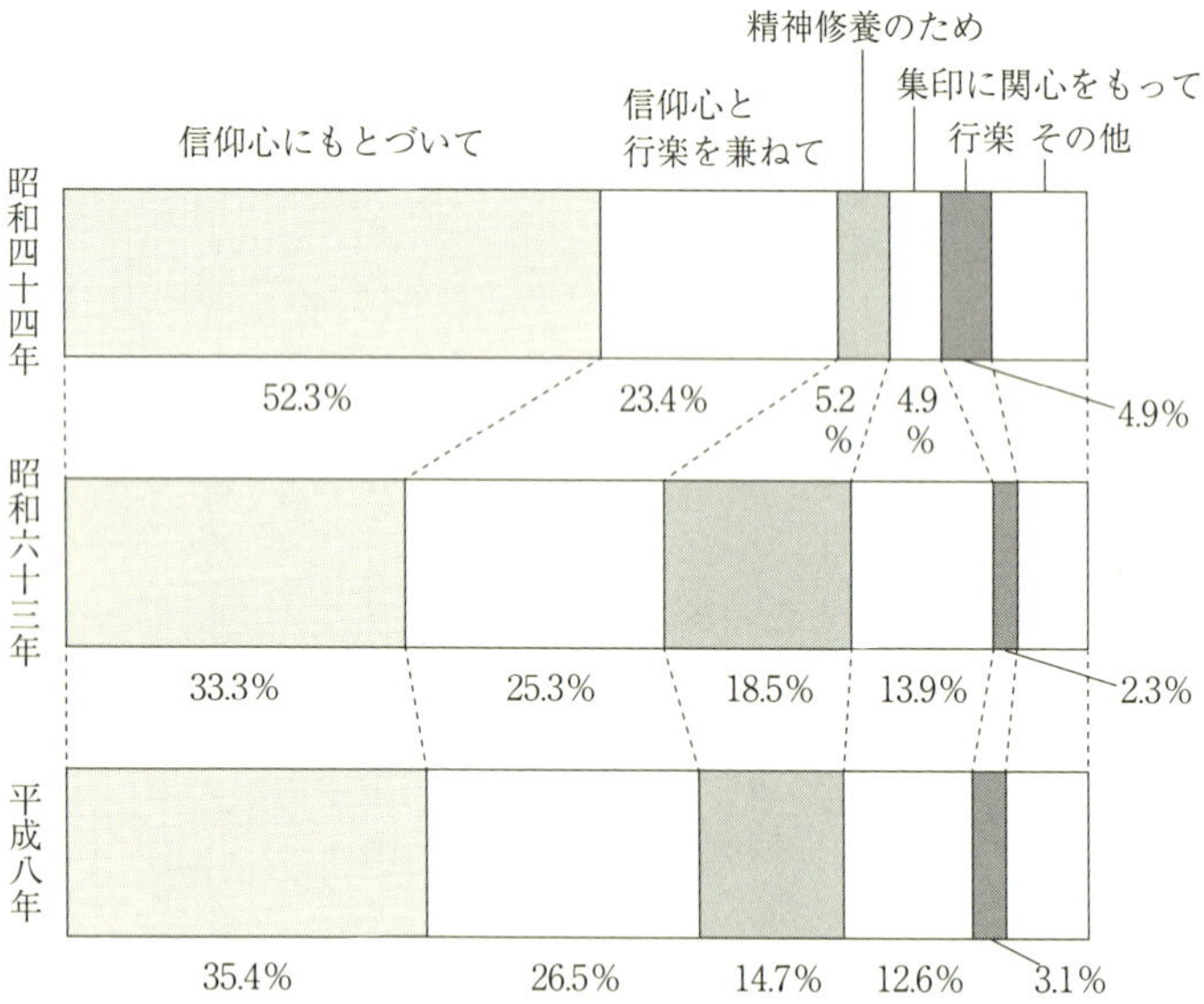

図8　遍路の目的の年代別比較（昭和44年は前田卓『巡礼の社会学』による）

土佐藩安芸郡奈半利村の庄屋であった新井頼助は、札所以外に各地の神社などにも詣っている。それは讃岐の金比羅宮を始め、安芸の宮島の厳島神社、更には対岸の備前の由加神社まで足を延ばして参拝している。新井は神社仏閣の参拝以外に、道後温泉に三日間逗留し、一日四度も湯に浸かり松山城下の見学もしている。そして度々飲酒し、煙草も嗜んでいる。酒饅頭、蕎麦を食べて、俳句を詠むなどと旅の楽しみを満喫している。新井頼助の遍路は、庄屋の身分であったからできた例外的な遍路であったのかもしれない。

しかし、信仰心だけでの遍路はやがて近代に入ると、徐々に行楽的要素が加わってくる。それは第六章第四節の「旅、行楽としての遍路」で詳しく述べた。特に昭和期に入ってからの出版物では、遍路を行楽と位置付ける観点が出てきている。その代表例が島浪男の『札所と名所　四国遍路』（一九三〇年）である。また雑誌『旅』に掲載された下村千秋「四国遍路礼讃」（一九三七年）では、当時流行していた「ハイキング」に遍路が最も相応しい、とも述べている。しかし、行楽を目当てに遍路をする人は高所得者で、時間的に余裕のある人に限られていたと考えられる。現在では所得水準も大幅に上がり、交通機関も便利になったので、「信仰心と行楽を兼ねて」の割合が全体の四分の一を占めるようになった。

第二に、「精神修養のため」を目的とする人が増えている点である。精神修養として遍路に出かけた事例としては、かつて四国各地に先輩の先達に引率された娘遍路があった。それは嫁入り前に、大人の仲間入りとしての通過儀礼や、遍路での辛苦を体験することで結婚後も辛いことに耐え忍ぶことができる、などという意味で捉えられた。

しかし、現在では地域社会での通過儀礼はなくなり、別の意味合いがある。その一つの背景には現在の日本社会の状況との関わりが考えられる。戦後、飛躍的に経済発展を遂げた我が国は、国民が豊かな暮らしを送り、物質的欲望も一通り満たされた。しかし、その間に精神的な心の問題が置き去りにされた。バブル経済に酔い、金銭的欲望に奪われてモラル低下を引き起こした。そのバブルが崩壊すると企業の倒産や合併・統合が急速に進み、人減らしで働き盛りの中年男性が数多く失業する事態となる。不況下で就職難に苦しむ若者も出る。先行きの見えない混迷と殺伐たる社会の中で、犯罪の増加、自殺者も増え出す。平成十年には自殺者が三万人を超え、その後十四年間連続して三万人を超えた。

そこで、心の問題を解決する機会、場所として遍路に出かける人が増え出す。日常生活の繁忙さやストレス、雑踏から逃れ、山や海の自然が残る四国路に足を運ぶ人も少なくない。また挫折からの救済を求めたり、自己の生き方を顧みる、あるいは目標を見失い真の自分をみつけようと「自分探し」の遍路に出かける人が、中高年層や若者にみられる。

第三に、「納経帳・掛軸への集印に関心をもって」を目的とする人びとも増加している。それが遍路増加の一因にもなっている。四国遍路では朱印、寺印は納経帳や笈摺に押すのが慣習とされてきた。それは自らが巡拝した証としての質素な集印であった。一巡して集めた納経帳は高い値で売ることができたことから、盗まれる事件が戦前からあった。それは結願の大窪寺において、見知らぬ男が近づいてきて納経を取ってきてあげるといって、奥の院の参詣を勧め、その間に納経帳が盗まれることであった(宮尾しげを　前掲書)。それが戦後にもみられ。昭和三十三年に遍路した西端さかえは、「巡拝者のなかには納経帳だけが目的の人もあって、納経印をいただくと、本堂にちょっと頭だけ下げて行ってしまう」と、納経帳への関心を持つ人があったことを述べている。そして「大阪辺では納経帳を一万円でも二万円でも買う人があるらしい」と、納経帳の売買に触れている。住職に結願近くの札所に行ったら気をつけなさい、と注意されたことも記している(西端さかえ　前掲書)。

ところが、昭和五十二、三年(一九七七、七八)頃から掛軸にも集印する人が少しずつ増え始めた。第五十六番札所・

泰山寺先代住職（故大本祐章）の話によると、掛軸に寺印を押すようになったのは昭和十二年が始まりであった。同年五月、南海電鉄沿線で四国八十八ヶ所霊場の総出開帳が開催され、当時既に西国霊場で行われていた掛軸への集印の慣行を四国遍路にも導入した、という。その料金は納経帳五銭、笈摺三銭であったが、「軸物金十銭」とされ、納経帳の二倍と高かった（吉田卯之吉編　前掲書）。しかし、当時の社会・経済状況では掛軸への集印は非常に少なかった。その後も掛軸への集印は費用も高く、質素を旨とする遍路には受け入れられなかった。

掛軸への集印に関心が高まったのは昭和五十年代に入ってからである。当時は高度経済成長期でもあって、所得が増えていた。それに拍車をかけたのが昭和五十九年の弘法大師入定千百五十年記念行事であった。掛軸を制作するには掛軸代、納経料、表装代などを併せると高額な費用がかかる。しかし、費用がかかっても苦労して得た集印に本人自身が満足し、周囲からも評価を受けることで人気を呼ぶことになる。団体バスによる巡拝では時間の制約から、添乗員が予め先回りして納経を受けて廻っていた。ある添乗員は、「バス一台で帳面三十冊、白衣二十枚、掛け軸十本ほどが平均的。目方にすれば十五キロ前後でしょうか」と語っている（『朝日新聞』平成元年七月二十九日付け）。

それ以外の目的としては、僅であるが「その他」の回答があった。その中にはその人なりの独自な目的も考えられる。例えば、人生の挫折から再出発しようとする人もいる。病気回復で廻る人もいる。亡くした夫や妻の追善供養と自らの心の癒しで廻る人もいる。後に触れるが一人の引き籠りの青年による遍路体験、またＮＰＯ法人

掛軸に集印するドイツ人
（前田卓提供）

による「引き籠り」の若者たちの社会復帰を促す遍路もある。

近年では、宗教的行為や行楽と捉える視点から、日本の宗教文化、仏教文化あるいは四国独自の地方文化と捉える見方も出ている。そこには歴代の高僧たちが創建した建築物、仏像などの発見や、伝統的に支えられた接待の慣習、廃れていた遍路道の保存、及びそこに残された道標の保存などの視点が含まれている。それらの学習、見聞を目的とする人もある。特に外国人による目的は日本文化の体験を主眼とするものである。

四　宗派別の遍路

四国霊場は弘法大師と有縁な札所が数ヵ寺ある。大師が満濃池を修築して讃岐平野の住民の救済を行った事実もある。大師伝説でも数々の逸話が残されている。大師は我が国の真言宗を創設した開祖でもあるが、八十八ヶ寺の札所のうち、八十ヵ寺が真言宗に属している。遍路が着る白衣の背中には大師の宝号である「南無大師遍照金剛」と書かれ、納札には「同行二人」と記して大師と同行していることを意味している。霊場巡拝の作法は真念による最初の案内書『四国邊路道指南』に記されている。寂本、真念は、高野山の僧侶、沙門であったことで大師への崇高の念が強く、真言宗の色彩が色濃く出ている。

四国霊場を廻る人びとは宗派的にどの宗派が多いのかをみてみる(家の宗旨をも含む)。図9はB調査で仏教の宗派別の遍路の割合を示したものである。最も多いのは真言宗で四八・一%を占めている。次いで浄土真宗が二一・二%と続く。以下禅宗九・六%、浄土宗六・五%、天台宗五・七%などとなる。この割合は昭和末期に行ったA調査と比較しても、多少の数値に違いはあるものの変化は少なく、一貫した傾向を示している。

宗派別の特徴は、真言宗の遍路が多いことである。その理由には、弘法大師の遺徳を慕い遍路に出る信者が多いことである。その代表例が真言宗の僧侶が修行を兼ねて廻ることである。後に真言宗の各派の高僧となる人たちが若い時に遍路体験している。例えば、小林正盛（雨峯）は明治四十年（一九〇七）に第五十番札所の羽生屋東岳（隆道）と二人で遍路を体験している。小林は昭和五年に真言宗豊山派の管長となるが、昭和七年（一九三二）に『四国順礼記』を著している。富田斅純もその一人で大正十四年（一九二五）に遍路に出て、翌年『四国遍路』（一九二六年）を出版している。富田は「遍路同行会」を結成し、その機関誌『遍路』を発行し、遍路の啓蒙に力を注ぎ、やがて真言宗豊山派の管長ともなる。富田の薫陶を受けた安田寛明は、十八歳の明治十五年に遍路を始め、七度の巡拝を体験し、昭和六年に案内書『四国遍路のすすめ』を出版している。

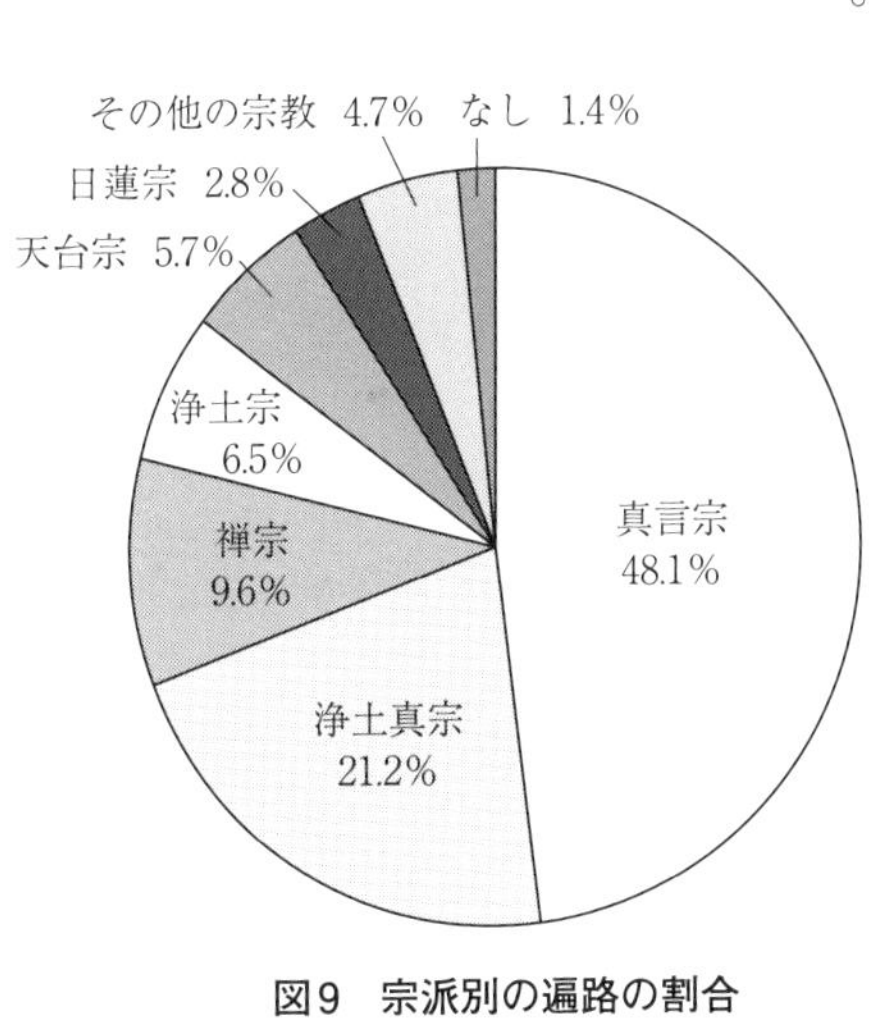

図9　宗派別の遍路の割合

また、真言宗の寺院では、檀家の教化の一環として団体バスで遍路に出かけるのも大きな要因である。その上で地元四国の遍路が多いこととも関連する。真言宗は宗教集団としての母集団は必ずしも大きくはないが、四国と関東地方に比較的多くの檀家、信者を有する。対岸の岡山、広島地方にも多くの信者がみられる。日本の仏教は開祖・宗祖を重んじる祖師信仰が古くから根強く残されている。従って、遍路で真言宗が多いのも宗祖・弘法大師に対する崇拝の念の表れでもある。

しかし、遍路の半分は真言宗以外の人びとである。浄土真宗、禅宗、浄土宗の檀家、信者などである。浄土真宗は母集団が大きく、しかも大阪府、兵庫県などの近畿地方や、岡山県、広島県にも多くの檀信徒が分布している。この地域は地元四国に次いで多くの遍路を輩出している府県で、その関連が指摘できる。真言宗以外の各派は、他宗の宗祖と有縁な霊場を檀信徒が廻ることは好ましいとは捉えていない。しかし、信者の自主的な気持ちを阻止することはできなかった。江戸時代の享和二年（一八〇二）に、摂州西成郡大坂本町橋詰町の法眼菱垣元道橘義陳が著した『四国八拾八箇所納経一部』の「四国道中手引案内」には次のような記述がある。

一何宗旨にても寺往来持参可被成候、尤法華と門徒ハ外方参詣往来ハ出不申候、然バ関所通る事成がたく依之法華宗ハ千ヶ所参幷ニ日本順拝、門徒宗ハ二十四拝幷日本順拝と記シ候得バ法義も立、何国へも通られ申候、此段（専一）寺々え御頼の事、

（泰山寺所蔵　翻刻は『四国辺路研究』第一八号　二〇〇一年）

これは日蓮宗や浄土真宗では四国遍路に赴くことを嫌い、檀信徒に往来手形を発行するのを拒むことから、「千ヶ所参り」「二十四拝」「日本順拝」などの口実を使い遍路に出たことを記している。

それに対して、禅宗では多少異なった見解で遍路に出る事例が見られる。禅宗では自派の教えに凝り固まるのではなく、視野を広めるという視点があった。後に東福寺派の管長を務めた尾関行応は明治三十四年と昭和九年に二回の遍路を体験している。尾関はその体験を記した『四国霊場巡拝日誌』（一九三六年）で次のように述べている。

我が禅門では雲水修行中に、真に願心あるものは、大底《ママ》一度は西国四国の霊場を巡拝して、魔障なく、大事了畢する様、祈願すると同時に、旅行の艱難辛苦をも体験し、一方霊山勝域に触れて、一層堅固にするのと、（後略）

尾関は巡拝の苦労を体験し、見聞を広めることを強調している。自身も四国遍路に出る前の明治三十二年に西国巡礼を行っている。そして、「四国八十八ヶ所の霊場を、弘法様の独占か、真言一宗の霊場の様に思ふのからしてが、一大誤謬である」と述べ、聖徳太子、行基菩薩、役小角などが開創した札所寺院もあり、真言宗だけの寺院だけではなく、他宗にも開かれた信仰であることを指摘している。

ニュージーランド人のクレイグ・マクラクランが巡拝した時、一時同行した若者があった。その若者は「タケゾウ」と呼ばれ、彼の菅笠と三衣袋《さんねぶくろ》(頭陀袋《ずだぶくろ》)には「天龍寺」と書かれていた。「タケゾウ」は京都・天龍寺の修行僧であった。「タケゾウ」は師匠から一日に三度の施しを求めよ、と勧められていた。

鍵田忠三郎も曹洞宗の寺院で得度を済ませ、禅宗の僧籍をもっていた。遍路で納めた札は奈良・大安寺の住職に書いてもらい、それを印刷している。その一節に「修行基勤操空海三大徳宿縁業」とある。

月岡祐紀子は遍路する二人のアメリカ人女性と出会い、会話を交わしている。その中で一人の女性アイリーン・エリスは、「四国を歩くことは「神様に感謝すること。歩かなければ本当の感謝にならない」」と言った。彼女は「神」という表現からキリスト教徒であったのかもしれない。オランダ・ライデン大学の学生たちも日本文化を学ぶために遍路体験をしたが、仏教徒ではなかったであろう。

このように遍路する人びとの宗派は真言宗が半数占めるが、それ以外の半数は各宗派や仏教以外の宗教を信仰する人も多い。いわば宗派を超えた信仰がみられる。最近では日本仏教の独自な文化と捉える傾向も出始めてきている。それが日本人以外の人にも魅力とされている。

五　回数別の遍路

四国八十八ヶ所の霊場を一巡するには、徒歩で四、五十日、団体バスでは十二、三日、自家用車では八、九日かかる。とりわけ徒歩巡拝は心身ともに過酷である。徒歩巡拝は雨に降られ、風に吹かれ、はたまた灼熱の舗装道路を歩かなくてはならない。一巡するのにも苦労するのに、二回、三回と遍路する人も少なくない。B調査で何度目の遍路であるかを尋ね、それを図式化したのが図10である。

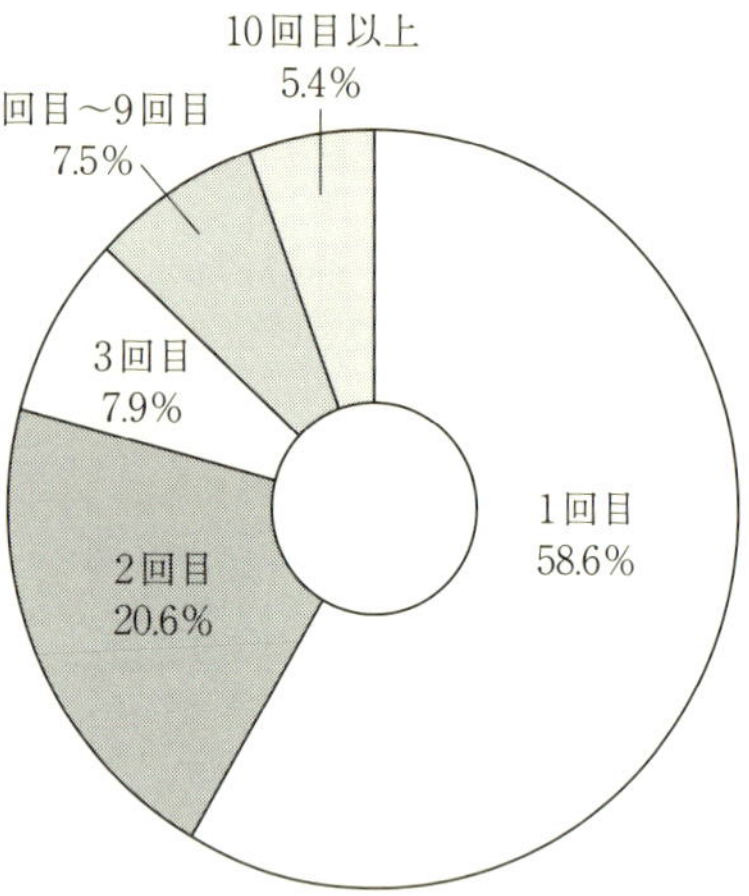

図10　回数別遍路の割合

それによると、初回の遍路は五八・六％で最も多く、次いで二回目が二〇・六％と続き、三回目は七・九％、四回以上一〇回未満は七・五％などの割合になる。そして一〇回以上を数える人も五・四％とある。この傾向は昭和四十年の前田卓の調査や筆者のＡ調査や納札の調査でも一貫している。それに対して、西国巡礼では初回の人が大多数を占め（八一・二％）、多度巡拝は極めて少ない（佐藤久光『遍路と巡礼の社会学』）。秩父巡礼でも初回の人は七〇・一％と多数を占めているが、二〇回以上を廻る人もあり、その中には四五回、六五回と廻り続け人もあった（佐藤久光『秩父札所と巡礼の歴史』）。西国巡礼、秩父巡礼に比べると、四国遍路における多度巡拝は際立っている。それが四国遍路の一つの特徴とも言える。

遍路における多度の巡拝は江戸時代から受け継がれているものである。享和二年に摂州の法眼菱垣道元橘義陳が書いた『四国八拾八箇所納経一部』には、次のように記されている。

一　四国巡りきたりて直さま御礼廻り被成候ハバ何国の人たりとも寺往来取替来るべし、其時新しき納経に二度目としるし旅の薬と青き納札三百枚を遺し、（中略）三度目右の通りと金壱歩相添遣す、四度目ハ壱歩弐朱、五度めハ弐歩、六度目ハ弐歩弐朱、七度目ハ右の通は勿論、外ニ六貫三百五十弐文ツツ壱人毎ニ施し申候、（後略）

そして後続の「四国道中手引案内」の項では、札の色に触れている。二回目は青札、三度目は赤札、四度目は黄色、五度目は白札と述べている。その札は本堂、大師堂にそれぞれ八八枚と、それ以外にも善根宿を施された所に「宿札」

を凡そ五〇枚、接待の返礼に「接待札」を凡そ七〇枚、都合二〇〇枚ほどを持参することが述べられている。札の色については、土御門神道の五行思想が影響しているという指摘もある（喜代吉栄徳「《色札》のこと」『四国辺路研究』第一八号）。

天保七年（一八三六）に四国遍路した松浦武四郎も納札の色について触れ、「七度廻りしものは赤紙札を納む。十四度より青紙納、十八度より黄紙札、廿一度より上は皆文字なしの白札を納む」と記している（松浦武四郎『四国遍路道中雑誌（巻之一）』吉田武三編『松浦武四郎紀行集』中　一九七五年）。

回数によって納札は色分けされているが、時代によって回数と札の色には違いが見られる（佐藤久光『遍路と巡礼の民俗』）。現在では一～四回までが白札、五回以上が青札、七回以上が赤札、二五回以上が銀札、五〇回以上が金札、一〇〇回以上は錦札となっている。

100回の巡拝を記念して建立した石碑

歴史的に遡って多くの回数を重ねた人をみてみると、最も多くの回数を重ねたのは幕末から明治・大正期にかけて二七九回の巡拝した中務《なかつかさ》茂兵衛義教がいる。茂兵衛は故郷の山口県大島郡椋野村を慶応二年（一八六六）に出奔し、大正十一年（一九二二）に高松市内の信者宅で死亡するまで終生遍路に没頭した。その都度、日程の日記を残し、二〇〇余りの道標の建立などに力を注いだ（喜代吉栄徳『中務茂兵衛と真念法師のへんろ道標並びに金昌寺中司文書』一九八五

接待の返礼に差し出す納札（上田雅一提供）

年）。それに次いで多くの巡拝した人物に、信州戸隠の行者・光春（一九九回）、備中の五弓吉五郎（一六二回）を挙げることができる（喜代吉栄徳　前掲書）。

現在でも多くの巡拝を重ねる人が少なくない。辰濃和男が出会った老婆は四三回廻っていた。伊藤延一が二回出会い喜捨をした母娘の三人は二十年間も廻っていた。クレイグ・マクラクランが善根宿の夕食で隣り合わせになった八十三歳の老人は一二二回廻り、錦札を持っていた。錦札を持つ人は稀で、その功徳にあずかる信仰も根強く、それを分け与えられて大切に保存する信者もいる。

多度巡拝は四国遍路の一つの特徴であるが、その理由については幾つかの点を挙げることができる。その第一は遍路の目的にある。純粋に宗教的行為として修行と位置付けたり、祈願を叶えるとすれば、その達成までは度数を重ねることになる。その例が光春、五弓吉五郎などの行者や先達たちである。

その第二は、四国遍路が醸し出す環境、雰囲気が遍路の心に強く焼き付いている点である。霊場寺院は険しい山岳地や海辺の岬などの僻地に多く、質素で素朴な伽藍が遍路の心を和らげてくれる。そこは日常の喧騒からかけ離れた信仰の場と、人びとに認識させる雰囲気がある。また、四国路の自然が遍路する人の胸に感動を与えてくれる。高知の東西の岬、室戸岬と足摺岬から眺める太平洋の海の広大さや、岩屋寺の奇観、瀬戸内に浮かぶ無数の島々、山中の渓谷美などに遍路は心を打たれる。放浪俳人・種田山頭火は、「室戸岬は真に大観である。限りなき大空、果てしなき大洋《ママ》、雑木山、大小の岩石、なんぼ眺めても飽きない、眺めれば眺めるほどその大きさが解ってくる」（山頭火　前掲書）と綴っている。山頭火は二回遍路を体験している。鍵田忠三郎も室戸岬で、「暁の海、実に気持ちよし。太陽、大きく真赤に昇る。漁船多数沖に向かう」と記し、伊予では「景色もまた、太平洋の黒潮が岩を噛む単調なものから、内海の多島海、変化に富んだ波の静かな景色に変わった。落ち着いてくる」と述べている。そして第五十八番札所・仙遊寺では「山頂の寺からは瀬戸内海の島が多数望まれ、春霞みたなびき、まさに絶景である」（鍵田忠三郎　前掲書）と瀬戸内の景色を堪能している。

多度巡拝の背景の三点目は、遍路のスタイルに注目される。遍路は一定期間日常の世俗を離れ、白装束に身を包み、菅笠を被り、金剛杖をついて歩く。寺院では読経して自身の名を記した納札を納める。それは一種の自己変身でもあり、日常から離脱した非日常の「聖なる体験」である。宿坊に泊まると早朝からの勤行に参加し、法話に耳を傾けることもある。これらの体験は最初は苦痛であっても徐々に慣れ出す。この「聖なる体験」は人びとの心の緊張を高め、心をリフレッシュする働きをする。ここに弛緩した日常の惰性、習性とは異なった新鮮な感動を呼び起こし、心に強い印象を残す。

第四に、遍路の途上における人と人の触れ合いが心を打ち、想い出として残ることである。徒歩巡拝や自転車による遍路は肉体的に疲労困憊して苦しいが、住民の温かい接待は心が和らげられ、勇気をかきたててくれる。宿泊先で

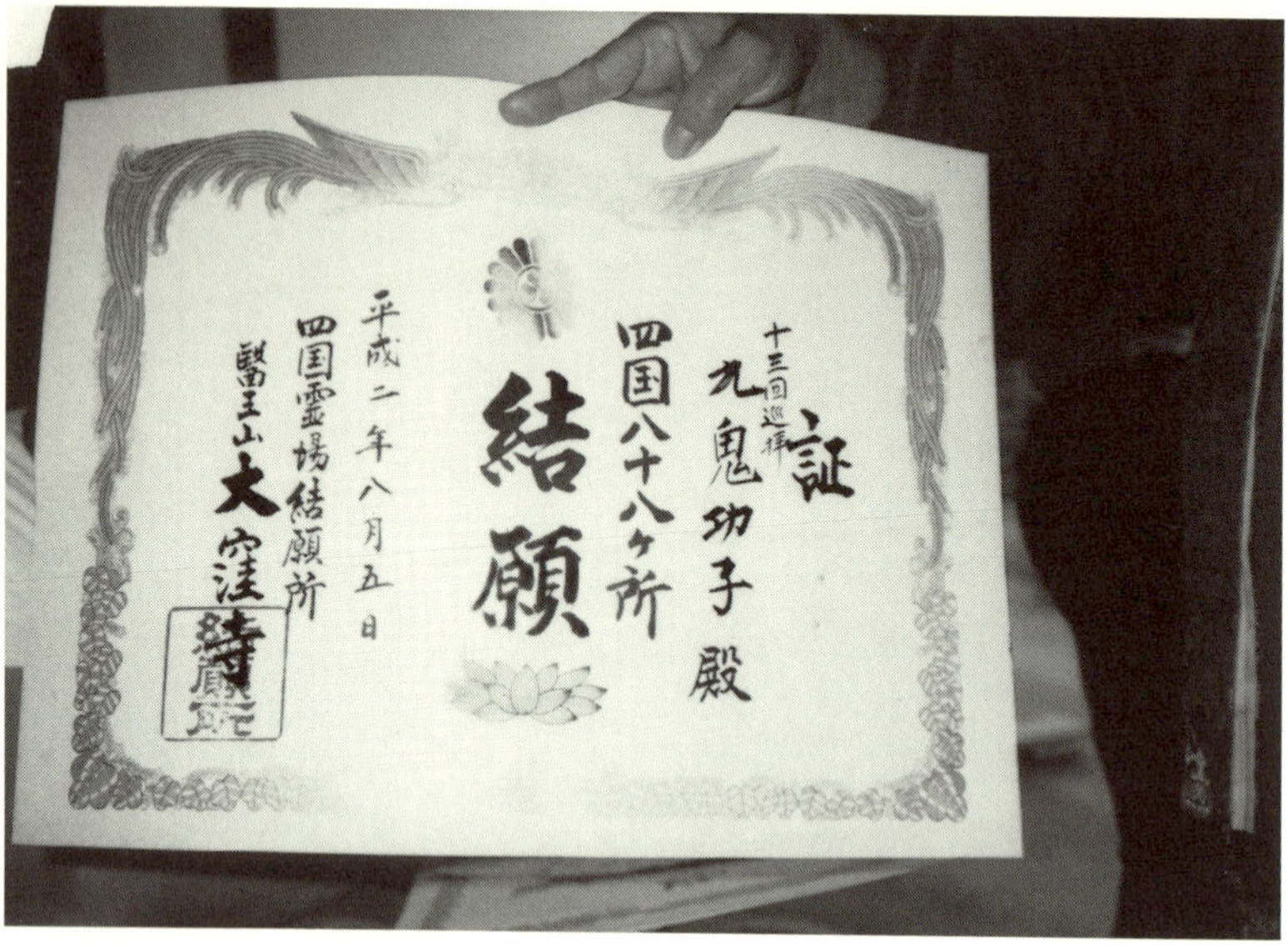

大窪寺が発行する結願の証書

の洗濯の世話や握り飯の手配など温かい心遣いも忘れられない。クレイグ・マクラクランは道中で多くの人びとの接待を受けている。寺院の接待では納経料金や善根宿もあった。また、焼山寺に登る直前の藤井寺では、住職夫人が急遽昼食用にとパンと牛乳一パックを持たせてくれた。室戸岬の最御崎寺では、夏遍路であったので汗と埃で汚れきった白衣を洗濯し、代わりに新たなる白衣を提供され、冷たい牛乳と軽食もご馳走になっている。何よりもマクラクランが感動したのは、足摺岬に向かう途中で腰の曲がった小柄で皺だらけのおばあさんが、白い日傘をさして足を引き引き近寄って来て、「がんばって」と言いながら十円硬貨を押し付け、よたよたと立ち去ったことである。彼は「十円硬貨そのものよりも、その心のこもった仕草にわたしは心が温かくなった」と感激している（クレイグ・マクラクラン　前掲書）。

　四国の人びとは、遍路に接待することが功徳を積む行為として、道行く遍路を大切に扱う。接待に限らず、見知らぬ遍路同士が情報を交換して助け合い、触れ合うことにも心打たれるものである。一人で歩く遍路にとっては人と人との触れ合いが感動になる(小林淳宏　前掲書、月岡祐紀子　前掲書)。

想像を超える数々の体験を重ねながら、順打ちでは最後の第八十八番札所・大窪寺は「結願寺」となる。そこでは申請すると一巡した証の証書を発行してくれる。その証書を手にした喜びは計り知れないものがあろう。やがて、かつての苦しい体験や人との触れ合い、遍路途上の発見が感動、余韻となって心に残る。

このような要因が多度の巡拝へと駆り立てているものと考えられる。病を幾つも抱えて壮絶な遍路体験した鍵田忠三郎は、「帰国して十日も経つと、また四国に遍路したいという気持ちになってくる。不思議なものだ」と述懐している。笹原茂朱も大八車を曳きながら小屋掛け芝居を演じながら遍路をした。その行程は晩夏から年の瀬まで約四ヵ月かかっている。笹原は、「もう一度八十八ヵ所を巡り歩きたい衝動にかられるのである」(笹原茂朱　前掲書)と綴っている。苦労した遍路ほど感動、余韻が残り、それが多度の巡拝へと駆り立てる要因になっている。

六　交通手段と編成人数

遍路は本来、自らの足で廻る「徒歩き《かちある》」(徒歩巡拝)であった。しかし、明治以降交通機関が発達したことで、汽車や乗合バスなどを利用するようになる。昭和二十八年(一九五三)には伊予鉄バスが貸切の参拝バスを運行し、タクシーによる巡拝も出始める。昭和三十年代後半から五十年代には団体バスが主流となった。昭和四十年代中頃では約七割が団体バスの利用者で占められていた(前田卓　前掲書)。高度経済成長が続くと人びとの所得も上がり、自家用車の所有率が高まる。それに併せて道路網が整備され出す。移動に自家用車が多用され、それが遍路の交通手段として使われてくる。遍路の交通手段の変遷については第一節「遍路習俗の変化」で詳しく述べたが、平成期における交通手段はどのようになっているのか、それを次に述べることにする。

具体的に遍路の交通手段をみてみる（図11）。平成期に入ってからのB調査によると、自家用車を利用した遍路が全体の六一・一％を占めて最も多くなっている。次いで団体バスの利用者で二七・七％となる。この二つの交通手段で全体の九割を占める。それ以外にはタクシーによる巡拝やバイク、自転車などを使った遍路もある。その中で徒歩巡拝が四・九％ある。

昭和三十年代後半までは徒歩巡拝が中心であったが、その後団体バスや自家用に押されて、徒歩巡拝は大幅に減少した。昭和四十五年に遍路した伊藤延一は、途中で知り合った五人と藤井寺から焼山寺へと約一二キロの山道を登っている。藤井寺の住職の話では、歩いて登る遍路は年に一組か二組という話であった。歩く遍路が激減したことで山中の遍路道は草が生え、道幅も狭くなっていた（伊藤延一　前掲書）。昭和四十六年に遍路した笹原茂朱は尺八を吹きながら乞行で廻る老人夫婦の口から、「そうさね、今じゃ歩きはまず十人もいますまい」と聞いている（笹原茂朱　前掲書）。二つの話は正確ではないにしても、徒歩巡拝が激減していることを物語っている。

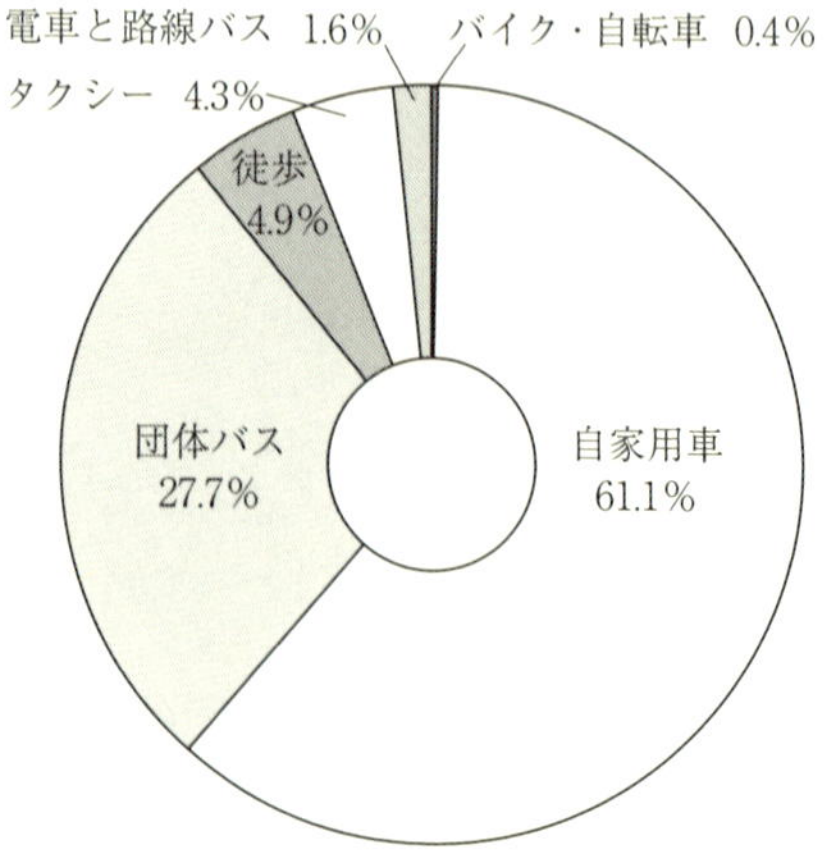

図11　交通手段の割合

しかし、平成期に入ってから「歩き遍路」という言葉が用いられ、それが徐々に増加するようになってきた。歩き遍路の復活のきっかけは幾つかの要因が挙げられる。その一つはＮＨＫによる昭和六十年代から平成期にかけて、度々遍路を題材にしたテレビ放映である。二つ目は朝日新聞社が平成二年（一九九〇）から「空海のみちウオーク」を

一人で廻る女遍路

開催し、そこには全国各地から老若男女が参加している。そして宮崎建樹などの、へんろみち保存協力会による『四国遍路ひとり歩き同行二人』（一九九〇年）の発行で、歩き遍路の詳細な地図ができたこともある。今一つは「歩き遍路」を体験した人びとによる巡拝記の発行が相次いだことも挙げられる。定年を機に一人で遍路した人や、女性による体験記も発行されている。これに触発されて「歩き遍路」を目指す人が出てきた。

平成期に入って「歩き遍路」は増加してきた。しかしながら、既述のように各種の情報では「歩き遍路」が増加傾向にあるものの、その正確な把握は困難である。

次に、遍路で同行する人数について触れてみる。遍路は「同行二人」と言われ、たとえ一人で廻っても、弘法大師が同行し、見守っていることを意味している。大師との同行は信仰上のもので、実際に同行する人数やその間柄は誰であるのかを表したのが図12である。

最も多いのは「一〇人以上の団体」のグループで、全体の三〇・三%を占めている。次いで「家族二人で」が二八・七％と続く。その差は僅かである。それ以外では「友人と五人以上一〇人未満」が一〇・二％、「家族三人で」が八・三％、「二組の夫婦で」が六・九％などとなる。それに対して、「一人で」や「友人と二人で」などは少ない。

その結果、同行する編成には二つの傾向がみられる。その一つは多人数による集団巡拝である。その例は宗教団体や寺院が檀信徒を引率した巡拝や、旅行会社の募集による四、五十人程度の集団巡拝である。それに加えて大師講や地域社会の老人クラブなどの団体である。それがＢ調査後の平成十四、五年頃からは多少変化が起きている。それは京阪神を出発点とする格安の巡拝バスが運行されたことである。それによる団体バス利用の遍路は増えたが、その反面に従来の大師講や、寺院の檀信徒の集団の巡拝は高齢化が進み、急激に減少している。

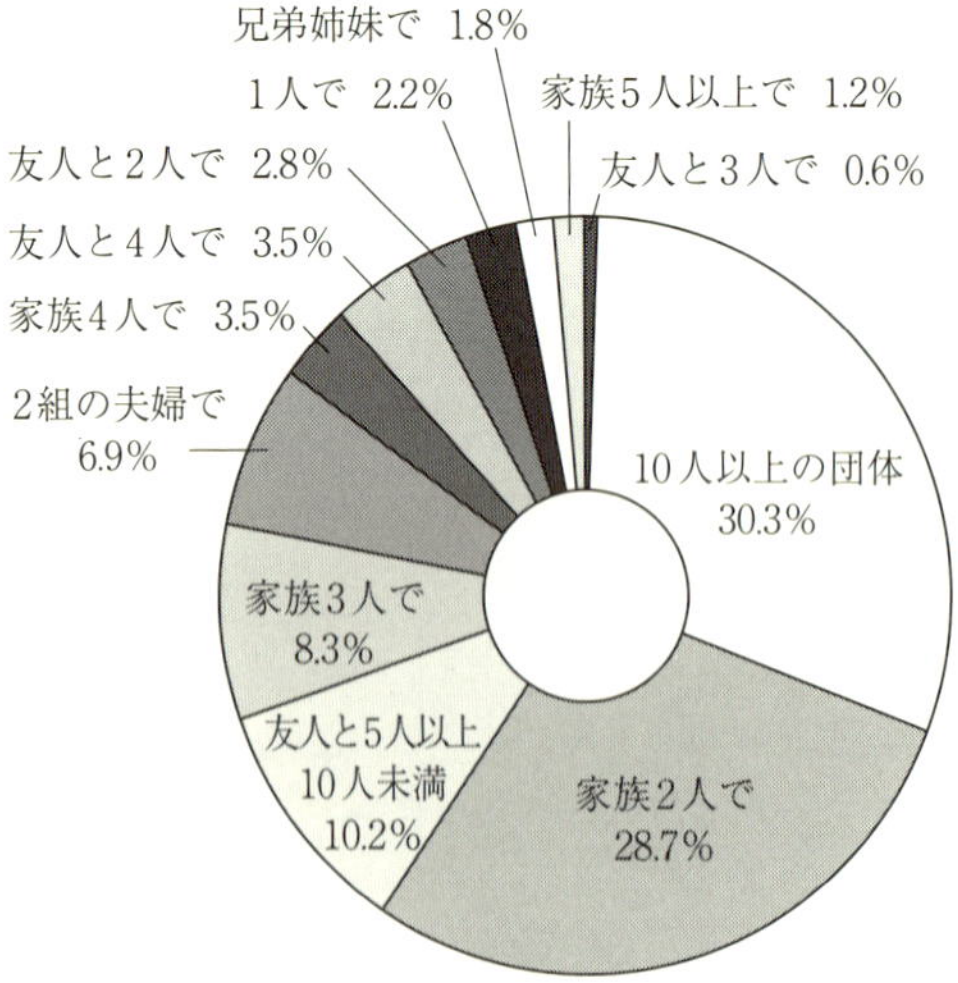

図12　遍路の同行編成の割合

団体バスによる巡拝は費用が安く、先達や引率者が随行するので肉体的、精神的に苦労は少なく気軽である。しかし、集団行動を余儀なくされるので問題点も少なくない。その一つは時間的な制約があって、寺院では集団での読経を促され、急ぎ足になることである。宿泊を伴う場合では朝の勤行に参加し、入浴、食事も集団行動となる。いわば個人の行動が制約される点にある。

今一つのタイプは家族単位の編成である。その中でも最も多いのは「家族二人で」が三割弱を占めている。それに

野宿用具を載せて廻る遍路のバイク

「家族三人で」や「家族四人で」を加えると、全体の四割にも相当する。同行の家族の間柄では、「家族二人で」は殆どが夫婦二人連れである。子離れした夫婦による自家用車を利用した巡拝である。「家族三人で」は息子と高齢の両親のタイプと、中年の夫婦にその父か母の組み合わせで、中高年の余暇利用や集印を兼ねた巡拝が多い。家族での遍路は気心が知れて、日程、行動を自由に変更をすることができるので便利さがある。

集団による巡拝と家族単位の遍路の二分極化にあって、一人で廻る遍路も少なくない。その人たちは徒歩で、あるいはバイク、自転車などを利用するケースである。同行者がいないことで、道に迷ったり、宿泊の心配が常に付きまとい、精神的な不安も大きい。近年の傾向として、中高年の男性が一人でバイク、自家用車で廻り、車中で寝泊り、野宿して経費を節約するケースも出てきている。一人での遍路でも確固とした目的をもち、自らの精神修養とするならば、人に頼らずに一人での遍路は価値のあるものとなる。例えば、子供や妻を亡くした人が追善供養で遍路に出る場合や、病に冒されその回復を願い遍路する人、人生で挫折しながら再起を願う人などである。平成不況が長引く中で、不安と悩みを抱える人が増えている。そのような思いを抱える人には一人での遍路が適している。

第四節　現代遍路いろいろ

四国霊場には江戸時代から現代まで夥しい数の人びとが巡拝してきた。その中には京都・智積院の澄禅を始めとした僧侶、地元四国の村々の庄屋、近代に入ると作家、俳人、詩人、画家、ジャーナリスト、研究者なども含まれている。その体験を巡拝記として日記に書留め、出版物として発行した人も少なくない。それを取り上げた『巡拝記にみる四国遍路』（二〇一四年）を筆者は上梓したことがある。同書は江戸時代から現代までの一〇篇の巡拝記を取り上げ、遍路の目的、要した日数、費用、予期せぬ事態との遭遇とその対応、道中の心境などを詳しく考察した。その一部は本書の第四章でも触れた。そこには人それぞれの遍路体験があったことがわかり、興味深いものがあった。それ以外にも様々な遍路が見られ、その幾つかを取り上げることにする。

一　上空からの巡拝

遍路の交通手段は戦後大きく変化したが、究極の移動手段は空を飛ぶことである。四国航空は平成十年（一九九八）二月末にヘリコプターで廻る遍路を企画し、札所の上空から巡拝するユニークな試験飛行を実施している。そこには三人の札所住職も同乗している。市街地の飛行禁止の二十四ヵ所の札所はタクシーで廻り、三泊四日で結願できるものである。それに対して、「空から参拝しても、信心さえあればお参りしたことになる」という賛成派と、「ただ早く

小型飛行機で上空から参拝する遍路（『朝日新聞』平成10年5月16日付け）

回るだけでは意味がないのではないか。長い行程を歩きながら、自分自身の内面の問題と向き合い、それを克服する方法を見つけだすのが本当の四国遍路の姿だ」という反対派の見解が新聞に載せられている（『朝日新聞』平成十年四月二十日付け）。

ヘリコプターによる巡拝は、試験飛行を経て五月に参拝者を乗せて運行されている。機内には賽銭箱と納経箱を設置し、札所の上空で停止し、白衣と和袈裟を着た参拝者が合掌して読経を唱える。それが済むと次の札所の上空へと向かうことになる。その費用は八十八ヶ所にちなんで八八万円で、「さて、安いか、高いか？」（『朝日新聞』平成十年五月十六日付け）と、新聞記事は読者に判断を委ねている。

筆者は昭和五十年代に、ネパール・ヒマラヤの各地で調査を行ったことがある。ネパールの中央部から北部は山岳地帯で、歩く以外に移動の手段はなかった。ある年の雨季に、かつての旧チベットとインドとの交易で活躍し、ヒマラヤ・トレーダーと呼ばれたタカリー族の拠点であった西ネパール・トゥクチェ村（標高二四〇〇メートル）を訪れたことがある。その道程は険しいものであった。ネパール第二の都市ポカラから、幾つもの峠を越え谷を渡り汗だくの歩行で五日間かかった。ネパールの雨季は毎晩バケツの水をひっくり返したような雨が降る。それが翌朝の

濁流に架かる吊り橋

太陽に照らされて水蒸気となって上昇する。まるで蒸し風呂の状況である。前夜の雨水は濁流となって流れ下る。その川に架かるゆらゆらと揺れる吊り橋を渡る怖さ、山を登ったり下ったりを繰り返すと膝が笑い出し、下り坂を転び落ちるような恐怖なども体験した。

そのような苦労の道中で、上空をトゥクチェ村の北にあるジョムソン空港へ向かうヘリコプターを見て羨ましく思ったこともあった。ヘリコプターだとポカラからジョムソンまでは三十分余りである。しかし、ヘリコプターでは速いが、点在する村々やそこに住む人びとの生活の姿は見ることはできない。苦労しながら道を歩くことで現地の人びととも触れ合えることができた。シーカ村に辿り着く前の夕暮れに、雨が降り出し、日は暮れた。その時、蛍の光りを見つけ、やがて乱舞するような幻想的な光景に遭遇することができた。

四国山地はネパール・ヒマラヤのような高い山岳地ではないが、「遍路転がし」と呼ばれた焼山寺の坂道や太龍寺、雲辺寺などは険しい山頂にあって、多くの遍路は山岳地の札所を詣るのに苦労してきた。ヘリコプターでの移動は便利で遊覧には向いているが、宗教的行為としての巡拝には不向きかもしれない。しかも費用が高額であったことから、上空からの巡拝は適さなかったことであろう。

二　歌舞伎役者の遍路

歌舞伎役者の八代目市川団蔵は、昭和四十一年（一九六六）四月二十五日、東京・歌舞伎座で引退興行を行い、五月一日に念願の四国遍路に出かけた。約一ヵ月で八十八ヶ所を廻り、帰途には小豆島に立ち寄り、六月四日午前零時、坂手港出航の関西汽船・山水丸に乗った。そして播磨灘で入水して最期を遂げている。享年八十四歳であった。大手新聞は六月五日付けで一斉に「老優〝旅路の果て〟」（『読売新聞』）とか、「海に消えた？巡礼の老優」（『朝日新聞』）、「老優、寂しい花道」（『毎日新聞』）、「団蔵さん汽船から投身自殺　雨の瀬戸内（小豆島→大阪）に消える」（『産経新聞』）などの見出しを付け、団蔵の遍路姿の写真を掲載して大々的に報じている（口絵11）。

市川団蔵は、七代目市川団蔵の二男として明治十五年（一八八二）に生まれ、二歳で舞台を踏み、八十年以上も歌舞伎役者として活躍した。団蔵の性格は正直、律儀で、自分を光らせて見せるようなことができない人だから、舞台はまじめであった。自ら「いい役者ではない」と自身を知り四十歳で引退を申し出ているが、それが許されずに舞台生活を続けた。その精神的な苦労で辛い人生の連続であった。それに加えて芸の精進に苦労があったことだろう。律義な性格から「役者は名前が大事、もうこの年になりまして、舞台でそそうしてはいけませんからね」と引退の弁を述べている（『朝日新聞』）。

作家の土佐文雄は第一番札所・霊山寺に団蔵が訪れた時、遍路姿に着替えた後に言葉を交わした住職の芳村超全から聞いた話を、次のように綴っている。

「これで私も外見だけでもお遍路にみえますでしょうか」

と静かなまなざしで問うた。その顔付きやたたずまい、ものごしにはどことなく気品がただよっている。

「ご立派なお遍路さんに見えますとも」と住職はいい、老人の年をきいた。

「八十四歳です」

年よりも若く元気なのに住職は驚いた。

「とてもそんなお年には見えませんね。まず十歳は若くおみえです」

住職が思ったままをいうと老遍路はにっこりと頬笑《(ママ)》み、

「ありがとう、じつは四国遍路は私の二十年来の念願でした。やっとお遍路になれてこんな嬉しいことはございません」

といった。門を送り出すとき、

「道中は大変なのでお気をつけて下さい」

というと老遍路は、

「途中で倒れても悔いることはありません。死ぬも生きるもお大師様とご一緒ですから」

ときっぱりと答え、元気に旅立っていった。

笹原茂朱は大八車を曳きながら小屋掛芝居を演じながら四ヵ月の遍路を行った。途中で地元住民とも親しくなり、会話を交わしている。笹原は第六十五番札所・三角寺の山麓にある番外札所・椿堂（常福寺）に立ち寄り、住職から市川団蔵の話を聞いて、次のようなことを述べている。

団蔵はこのお堂の縁側に腰をかけ、お茶を飲みながら住職となにげない世間話をしていたという。しかし、慧眼の持ち主であった住職は、団蔵の顔には既に冥途からこの世を見ている〝死相〟が出ていたという。

市川団蔵の遍路の目的は、世話になった恩人で無縁仏になった人や、弟子たちの弔いの供養であった。妻には五月三十日消印の手紙を出している。そこには次のように記している（『読売新聞』）。

今朝屋島を立ましたが、山下にてサンケー記者三名にあい車にて八十五、八十六、八十七、八十八番まで行、巡拝は終りました。これからは自由なので只今小豆嶋まで来ました。今度は長生きしたのが徳《ママ》だと思いました。

父母の五十年忌も済ませし上
無縁の人までとむらいにけり

札所で一服する市川団蔵
（『毎日新聞』昭和41年6月5日付け）

この手紙は六月三日、妻のところに届いている。そこには死を予測されることは書かれていなかったので、妻は「心当たりがございません」と記者に語っている。しかし、団蔵は二週間前に妻や長女、孫たちに伊予絣を一反ずつ送っていた。受け取った妻は、旅先から夫がみやげ物を送ってきたことはなかったので、「どうした風の吹きまわしか…」と不思議がったことであった（『朝日新聞』）。引退時に団蔵は、

「永生き損じゃ　月々《ママ》いやなこと　見聞く憂き世は　あきてしまった」（『朝日新聞』）

と一句を作っている。それが妻への手紙で

は「今度は長生きしたのが徳《（ママ）》だと思いました」と書き記している。

市川団蔵の遍路には、朝日新聞社の記者が半日同行して取材をしている。その時にも団蔵は霊山寺の芳村超全住職に語ったことと同じことを記者に述べている。記者は「さとりきった〝仙人〟の風情があった」と記している。団蔵は記者に「東京には家内や弟子がわたしの帰るのを待っています。しかし、わずらわしい東京へは帰りたくないのです」と語り、「いまは、人形のような舞台人生から離れ、生まれてはじめて人間らしい自由を得ました」とも話している（『朝日新聞』）。それは幼少からの舞台生活から解放されて、人に気兼ねのない自由な身を実感したのであろう。

団蔵は家族など身内には気付かれないように配慮しながらも、記者には現役を引退し、自由な身になって恩人や弟子の供養として遍路に出たことを述べている。しかし、霊山寺の住職に語った言葉や、椿堂の住職の慧眼では自らの死を決意していたようである。毎日新聞社の記者とは五月十六日に松山市内で出会い、辞世の句として、「我死なば人に迷惑かけるなよ　仏頼まずさらば地獄へ」「我死なば香典受けな通夜もせず　迷惑かけずさらば地獄へ」と詠んでいる（『毎日新聞』）。団蔵は念願の遍路を無事終え、この世には未練はなく、あの世へと旅立ったのかもしれない。

三　ある容疑者の遍路生活

ペンネームを「幸月」と名乗る男は、生活道具一式を台車に載せて四国霊場を俳句を詠んで廻っていた。そして句集『風懐《かぜふところ》に歩三昧《かちさんまい》』を、遍路雑誌を発行するシンメディア社から出版した。その俳句は俳人からも評価を受けるなど、地元でもよく知られる人物であった。その一句に「何故急ぐ何れ死が来る木枯に」がある。これをホトトギス同人、青芦会主宰・竹下陶子は、「この句に至っては生死を超越し、お大師様の御慈悲のままに法悦の日々を捧げ、木枯らしに現し身をまかせ切った金剛心…。幸月さんの俳句は折々の心に感じた事をそのまま短い言葉で述べたもの。

俳句専門家も詠い得ない素晴らしい作品」と称讃している（『へんろ』平成十五年八月号　伊予鉄不動産部）。

写真家の横山良一は取材途中で幸月に出会い、話を聞いて真っ黒に日焼けし白いあごひげの写真を『アサヒグラフ』（平成十一年八月十三・二十日合併号）に掲載している。横山は幸月について、次のように述べている。

松山を出て今日でちょうど五〇日になるという幸月氏（七七）は千日修行中だという。千日かけて四国を逆方向にまわり続ける修行で、自分のお金は一切使わず、野宿と「お接待」でやっている。みかんひとつでも、自作の俳句をコピーした小冊子を渡すという。（中略）修行している人とは思えない、実に人間くさい俗っぽさが妙に魅力的だった。

所帯道具を台車に載せて廻る幸月
（『アサヒグラフ』平成11年8月13・20日合併号）

翌年には月刊『へんろ』（二〇〇〇年　株式会社ふいっつ、後の「シンメディア」）でも幸月が取り上げられている。そのタイトルは「風懐に千日遍路」とあって、冒頭には次のように述べられている。

一番札所霊山寺の境内に響く重々しく厚みのある鈴の音。そしてどこか聞き覚えのある声が聞こえて来たかと思うと、あの幸月《こうつき》さんだった。七十八歳。千日遍路と銘じて四国霊場を家財道具一式を載せた台車をひいて歩きつづけること一三三五日間。二回目の千日遍路満願まであと六六五日だという。

編集者は前年の十一月に幸月に出会っている。そして「極めて人間的なやさしさを感ぜずにはいられない。その彼の自筆の句集『風懐に千日遍路』には彼の遍路人生が凝縮されている」と述べている。その一句「辿り来て凍飯《イテメシ》喰う寺の隅《スミ》」を紹介し、放浪の俳人、種田山頭火を彷彿させる、と絶賛している。

それから三年後の平成十五年（二〇〇三）六月二十七日、NHKは「にんげんドキュメント・生きて行くから歩くんだ」の番組で幸月を取り上げている。生活道具一式を抱え俳句を詠む風変わりな遍路として注目し、放映したのであろう。幸月は本名を田中幸次郎と言い、テレビでは本名を名乗って出演をしたことで田中の素性がわかることになった。

テレビ番組を見ていた千葉県の警察官が、指名手配の容疑者ではないかと気付き、大阪府警に連絡した。大阪府警は田中幸次郎を愛媛県新居浜市内で逮捕している。田中は十二年前の平成三年の十一月五日、大阪市西成区の路上で仕事仲間の型枠工の男性とけんかになり、左胸などを包丁で刺して一ヵ月の怪我を負わせた容疑で指名手配されていた。田中は警察に対して「刺したのは認めるが、殺意はなかった」と供述しているという（『朝日新聞』平成十五年七月十日付け）。

幸月は四国でもその存在は知られていた。田中は接待で遍路を続けていたというが、持ち合わせの金銭もなく野宿生活で廻る不自然さがあった。地元では畑の野菜が盗まれる、家財道具がなくなるなどの被害もあったようである。『へんろ』（伊予鉄不動産部）は平成十五年九月号で、前月号で取り上げた幸月の著作の「新刊紹介」に対して「お詫び」を掲載している。『へんろ』誌上で田中が逮捕されたことを伝えた上で、「その後寄せられた情報を確認しましたところ、遍路中にも各地で問題を起こしていることが判明しました」と、読者にお詫びを記している。俳句を詠んで自著を出版するなどで田中の名は知られ、地元住民や句会主宰者、マス・メディアをも騙し、その素性はわからなかった。しかし、田中は殺人未遂容疑の罪でとうとう警察に逮捕されることになった。

田中は横山良一に自らの遍路を「千日修行」と語ったというが、真相は殺人未遂の容疑の身で逃亡生活を送っていたと言える。四国遍路には接待という習俗があって、食べ物、金銭、宿の提供が今も続けられている。それをあてに貧困層が四国霊場に多く集まってきた。既に述べたように近代の明治期以降、偽遍路、乞食遍路が横行し、それを取り締まる警察による「遍路狩り」が社会問題にもなった。罪を犯し、身の置き場所のなかった田中は遍路で生活していたのである。

この件と似たような話がある。第十九番札所・立江寺には「肉髪付の鉦の緒」が残されている。それは江戸時代の享和三年(一八〇三)に、今の島根県に当たる石州・浜田の桜屋銀兵衛の娘お京は、親の借金の形に芸州広島に芸妓として売られた。その後大坂に移り住み、要助という男と深い仲となる。二人は駆け落ちしてお京の郷里の近くに移り、夫婦となった。

ところが、お京は長蔵という男と密通し、その現場を夫の要助に見つかる。二人は夫を殺して四国に逃走し、遍路を装う。そして立江寺の本堂で鉦の緒を引いた。するとお京の髪の毛が逆立ちして髪は鉦の緒の根元に巻きつき、お京を宙吊りにしてしまった。慌てた長蔵は住職に助けを求めた。住職は一巻の経を読んだが、その効力はなかった。そこで住職は、「なんじらは罪人なるか」と一喝した。二人は観念し罪の全てを懺悔する。すると黒髪は肉をつけたまま緒に残ったが、お京は辛うじて一命を取り留めた、というものである(西端さかえ、土佐文雄　前掲書)。その後、お京は改心、出家して近くの田の中山に庵をむすんで生活した、と言われる。

四国霊場には四つの関所寺があり、罪人や邪心者は大師の咎めを受けるといわれる。立江寺は関所寺の一つであった。お京は罪の報いとして苦しい思いをしながらも一命を助けられた。昔も今も四国遍路にはいろいろな人が巡拝している。

四　引き籠りの遍路

歴史的に四国遍路には貧困層が多く、しかも身体に障害を持った人や国元を追われた人も救済を願って巡拝していた。その代表がハンセン病患者であった。高群逸枝や宮本常一などはハンセン病患者の遍路と出会い、その様相の惨たらしさを記している。足の不自由な人は松葉杖を突き、あるいは箱車に乗って廻った。途中で回復した人はそれを寺院に奉納している。第九番札所・法輪寺の本堂入口に一枚の絵額が掲げられている。そこには大師に向かって合掌する三人と、平伏する一人の遍路の姿が描かれている。それは大正九年(一九二〇)に、京都市内の山口庄太郎という人物が脳卒中で言葉を失ったが、遍路途上で卒倒し、不動の三昧地に入り、病気が回復した報恩で奉納した額である。

ところで、現在でも病に苦しみ、その救済を願いながら四国遍路を廻る人がある。現代は人と人の交流が希薄になり、対人関係をうまく行えない人も少なくない。他人との交流を嫌い自分だけに閉じこもる「引き籠り」も増えてきた。引き籠りの若者たちを手助けする団体が、遍路を体験させる試みを行っている。平成十五年(二〇〇三)九月にNPO法人「ニュースタート事務局」は、引き籠りの若者たちを社会に送り出す試みの一環として遍路体験を試みた。

一行は引き籠りの若者一三人と、それをサポートするスタッフ七人余り、緊急時の対応用にトイレ、ベッドを備えたキャンピングカー一台で、九月六日から六十日間かけて「歩き遍路」を行った。その間、様々なトラブルに見舞われている。抗鬱剤を服用している者は副作用でフラフラ状態となって真直ぐに歩けないことや、癲癇の発作で倒れる者、脱走する若者も出る。脱走を五回した剛者もあった。高知県に入ると体も慣れて、自己主張をするようになり、同室を嫌うなどで喧嘩も発生している。遍路での地元住民からの接待が若者たちには重荷であった。彼らには接待は「お節介」と受け止められた。それが態度に出るために、接待する側の評判は最悪であった、とも言われる。

脱走しても再び戻るなど、様々なトラブルを抱えながらも廻り終え、全員でゴールを迎えた。完歩したのは一人だけであったが、その効果はそれなりのものがあった。その中には就職を決めた人もいれば、家業を手伝う者もいた。薬の影響で最初の頃は歩けなかった女性は次回の参加を申し込んでいる。

法人の代表者である二神能基は、「挫折するのはいいことだ」としながら、挫折のままではなく、そこから立ち直ることを学んで欲しいことを強調している。そして「ひきこもりには即効薬はあまりあてにならない。あとで本人が遍路体験をいかに反芻するかが鍵になる」とも述べている(二神能基「「ひきこもり」連れて四国遍路」『文藝春秋』平成十六年三月号)。

引き籠りの若者が四国遍路を体験し、治癒した事例が今一つ挙げられる。瞽女三味線の伝統を受け継ぐ月岡祐紀子は二度の遍路体験をした。それを記した巡拝記『平成娘巡礼記』を著している。その中で大阪から来て遍路している精神科医と出会い、会話を交わしている。精神科医の患者に引き籠りの若者がいたが、突如家族に四国に行ってくる、と言って出たという。約一ヵ月後にその若者はひょっこり医師を訪ねてきた。若者は以前とは見違えるように変わって、真っ黒に日焼けして、大声で笑ったりした。その変化に精神科医はびっくりするとともに、この患者はこれで大丈夫と確信した、と言う。精神科医は患者の若者が変化した原因を探るために、自らも遍路に出かけていたのであった。

四国霊場は別名「四国病院」とも呼ばれる。その命名者は第六十九番札所・観音寺の住職であった羽原興道である。羽原興道が説いた話を西端さかえは『四国八十八札所遍路記』で次のように述べている。

四国霊場は八十八ヵ所の分院からなる四国病院である。どんな病気の人でも、心に悩みや傷《いた》みをもつ人も、分院を巡っているうちに、自らに治され癒《いや》される。遍路してそうした功徳のいただけるのは、邪念を去り、信仰ひとすじの澄んだ気持ちで、弘法大師の加持力、おかげを信じてゆく精神作用ばかりでなく、科学的(医者のほうからいう)にいっても、歩くことが最もよい健康法であるからいやされる。身体の病気を治す病院はほかにもあるが、心身ともに治す病院は四国病院のみである。

「四国病院」は精神科を含む総合病院でもあった。信仰心と歩くことで心身ともに健康になる、と説く住職の話は、現代の病気である引き籠りにも効果的であるようである。

五　元総理大臣の遍路

平成二十三年(二〇一一)に民主党政権で総理大臣に就任した菅直人は、総理大臣就任前と辞任後に七回に分割して四国遍路を行っている。菅直人の最初の遍路は平成十六年で、当時民主党の代表を務めていたが、年金未納問題で代表を辞任した。そこで「これまで後を振り返らずに走り続けてきた。今後、何をするにしても、その前に一度立ち止まって、自分を見つめ直したかった」(『朝日新聞』平成十六年七月十六日付け)ということで遍路を始めた。忙しい合間をぬって十日間かけて第一番札所・霊山寺から室戸岬の第二十四番札所・最御崎寺まで進んでいる。次の遍路は総理大臣を辞めた平成二十三年十月に高知県から愛媛県を廻り、総理在任中に起きた東日本大震災の復興と福島第一原発事故の収束を祈っている。

菅直人の最後の遍路は、平成二十五年九月に第八十八番札所・大窪寺で無事結願している。その回想を「ゆっくりとした時間の流れや、人とのつながりにふれた遍路だった。最後の札所の門をくぐる際には、達成感と、終わってしまう寂しさを感じた」と語っている（『朝日新聞』平成二十五年九月三十日付け）。

総理大臣になった人物で四国遍路を行った人に池田勇人がいる。池田勇人は昭和三十五年（一九六〇）に総理大臣に就任する。そして、池田は戦後の復興から国民の生活をレベルアップするために「所得倍増論」政策を掲げた。その政策は的を射て日本経済は高度成長を成し遂げることになった。その池田は旧大蔵省に入省し職務に邁進していたが、思わぬことに皮膚病に苦しみ、退職を余儀なくされる。そして遍路に出かけている。

元総理大臣・管直人の遍路
（『朝日新聞』平成4年7月16日付け）

池田勇人は三十二歳の時、原因不明の皮膚病に悩まされた。母親の勧めで山口県の大島にあるミニチュアの八十八ヶ所を巡拝したところ、皮膚の痒みが和らいできた。その後夫人を伴い、病気回復を願って四国八十八ヶ所の遍路に出ている。結願した時には皮膚病も全快していた。池田の生家は浄土宗であったが、遍路で病気が治ったことから弘法大師の熱心な信者となり、死後高野山の墓地に眠っている（前田卓「遍路する人びと―時代別にみた遍路の移り変わり―」『四国八十八ヵ所の旅』一九九三年）。

池田勇人は遍路で病気が回復したことで、弘法大師に篤く帰依した。その後池田は大蔵省に復職し、やがて政界に身を投じ、総理大臣にまで上り詰めている。池田は総理大臣当時、鍵田忠三郎の巡拝記『遍路日記　乞食行脚三百里』で序文を執筆している。その中で池田は、「私は、この種のものは書かない事にしているが、四国遍路については別である」と述べて序文を寄せているのである。そこには原因不明の皮膚病に悩まされ、薬効なくエリート官僚を辞することになった。しかし、母親の勧めで遍路に出かけて病気が治癒した想いがあったから、例外的に序文を書いたのであろう。

池田勇人、菅直人などの総理大臣経験者以外にも上流階級の遍路はあった。その一人に、明治時代に住友銀行の創始者で、別子銅山の所有者であった住友吉左衛門も遍路に出ている。しかし、それは大富豪家として大名行列並みの贅沢な遍路で、輿に乗って地面に足をつけることもなく、随行人が納経の印を受けて廻った。各地では豪勢な接待も受けている。

ところが、大阪に戻ってきた吉左衛門は知人たちに納経帳を披露したところ、納経帳は全部白紙であった。それを反省した吉左衛門は一人で質素な遍路を行った。その結果は、「あらゆる苦労や不自由さを甘んじて自分に引き受けた。帰郷して納経帳を開いた時、今度は全ての文字の筆跡は明快で、新鮮であった。印章は彼自身が戴いたものだから輝いていた」と、いわれている(アルフレート・ボーナー『同行二人の遍路』)。

昭和三十年代、後に奈良市長を務めることになる鍵田忠三郎は、心臓肥大、肺湿潤、脾臓の腫れ、痔瘻の病気を抱え、余命二ヵ月余りと医者に宣告されながらも遍路に出ている。鍵田は超肥満体のメタボリック症候群であったので歩行には人並み以上の苦労をして、悪戦苦闘の壮絶な遍路を体験している。

江戸時代には庄屋たちも遍路をしていた。明治期には財閥の大富豪も、そして現代では総理大臣になった人、市長になった人も一般庶民と同様に、身分に関わりなく平等に遍路の苦しみを味わったことであろう。幸いに池田と鍵田は病気が、快方回復した。その後池田は最高の地位である総理大臣の栄達を極め、日本経済の成長の礎を築いた。鍵田も奈良市長を務め市民生活の向上に尽力した。それ以外の人びともそれぞれに何かしらの成果を得ている。

以上、現代の遍路として五件の遍路を取り上げた。巡拝記などを読むと特異な興味深い遍路はまだ幾つかある。ここに紹介した事例は現代社会の状況を如実に表しているものと言えよう。空中からの巡拝は交通機関の発達した現代ならではの遍路である。それ以外の遍路には、それぞれの人が置かれた状況からの再起を目指し、その願いを叶えるための巡拝でもあった。八十八ヶ所を一巡しての結果は、それ相応の成果を得ている。

参考・引用文献

古文書・絵図類の史料

『今昔物語集』三（『日本古典文学大系』二五、岩波書店、一九九三年）。

『梁塵秘抄』（『日本古典文学全集』二五、小学館、一九七六年）。

『日本三代実録』（新訂増補　国史大系第四巻『日本三代実録』吉川弘文館、一九三四年、『国文国史』第八号『三代実録』大岡山書店、一九二五年）。

『保元物語』（金比羅本『日本古典文学大系』三一、岩波書店、一九六一年）。

『千載和歌集』（『新日本古典文学大系』一〇、岩波書店、一九九三年）。

『せつきやうかるかや』（天理図書館善本叢書和漢之部第五十巻『古浄瑠璃続集』八木書店、一九七九年）。

『壒嚢抄』（『日本古典全集』一〇七巻、日本古典全集刊行会、一九三六年）。

『東勝寺鼠物語』（『室町ごころ中世文学資料集』角川書店、一九七八年）。

『醍醐寺文書』（『大日本古文書』東京大学出版会、一九七一年）。

『熊野年代記』熊野三山協議会・みくまの総合資料館研究委員会、一九八九年に翻刻。

『寛政十三年改享和元年　西春西郷浦山分廻見日記』（明治大学博物館蔵）。

『小梅日記』（『和歌山県史』近世史料二、一九八〇年）。

「弘化二年巳月渡海船一件留」（『和歌山県史』近世史料一、一九七七年）。

「歳番日記」（『日本都市生活史料集成』七、港町篇Ⅱ、学習研究社、一九七六年）。

「阿淡御条目」(『徳島県史料』第二巻、一九六七年)。

『寺門高僧記』巻六(『続群書類従』第二十八輯上　釈家部　続群書類従完成会、訂正三版　一九七八年)。

『勝尾寺文書』(『箕面市史』資料編二、一九七二年)。

弘法大師　『三教指帰』(『日本古典文学大系』七一、岩波書店、一九六五年)。
世阿弥元清　『蝉丸』(『新日本古典文学大系』五七、岩波書店、一九九八年)。
賢明　『空性法親王四国霊場御巡行記』(『国文東方仏教叢書』第七巻、東方書院、一九二五年。伊予史談会『四国遍路記集』伊予史談会双書第三集、一九八一年)。
澄禅　『四国辺路日記』翻刻は近藤喜博『四国遍路研究』三弥井書店、一九八二年。宮崎忍勝『澄禅四国遍路日記』大東出版社、一九七七年。小松勝記『四国邊路日記幷四国順拝大絵図』四国八十八ヶ所三十七番岩本寺、二〇一〇年。現代語訳は柴谷宗叔著『江戸初期の四国遍路』法藏館、二〇一五年。
真念　『四国遍路道指南』(関西大学図書館蔵)翻刻は近藤喜博編著『四国霊場記集別冊』勉誠社、一九七四年。
寂本　『四国偏礼霊場記』(安楽寺蔵)翻刻は近藤喜博編著『四国霊場記集』勉誠社、一九七三年。
寂本・真念　『四国偏礼功徳記』(関西大学図書館蔵)翻刻は近藤喜博編著『四国霊場記集』勉誠社、一九七三年。
佐伯藤兵衛　『四国辺路中万覚日記』(瀬戸内民俗資料館蔵)。
玉井元之進　『四国中諸日記』翻刻は『四国辺路研究』第一二号　海王舎、一九九七年。
新井頼助　『四国順拝日記』(仮称)翻刻は広江清編『近世土佐遍路資料』土佐民俗研究会、一九六六年。
西本兼太郎　『四国中道筋日記』(西本家蔵)翻刻は『四国邉路研究叢書第二号「【資料集】四国中道筋日記」』四国邉路研究会、二〇〇三年。

松浦武四郎『四国遍路道中雑誌』（吉田武三編『松浦武四郎紀行集』中、冨山房、一九七五年）。

橘　義陳『四国八拾八箇所納経一部』（泰山寺蔵）翻刻は『四国辺路研究』第一八号、二〇〇一年。

九皐主人『四国遍礼名所図会』全五巻（久保家蔵）複製・翻刻は久保武雄、一九七二年。

細田周英『四国徧礼絵図』（神戸市立博物館蔵）。

『奉納四国中辺路之日記』（玉井家蔵）翻刻は内田九州男「資料紹介・『奉納四国中辺路之日記』」「四国遍路と世界の巡礼研究」プロジェクト、二〇〇八年。

図書・論文

秋元海十『88の祈り　四国歩き遍路１４００キロの旅』東京書籍、二〇〇四年。

浅川泰宏『巡礼の文化人類学的研究―四国遍路の接待文化―』古今書院、二〇〇八年。

安達忠一『同行二人　四国遍路たより』欽英堂、一九三四年。四国遍路旧蹟顕彰会、一九八〇年（復刻版）。

新井佐次郎「近代の秩父札所」『秩父札所の今昔』秩父札所の今昔刊行会、一九六八年。

新井とみ三『遍路図会』讃岐風俗研究所、一九四〇年。婦女界社、一九四二年（再版）。

荒木哲信『遍路秋色』金剛寺、一九五五年。

荒木戒空『巡拝案内　遍路の杖』浅井総本店、一九六二年。

アルフレート・ボーナー（Alfred Bohner）Wallfahrt zu Zweien,Die 88 Heiligen Stätten von Shikoku,Tokyo,1931.日本語翻訳は佐藤久光・米田俊秀『同行二人の遍路』大法輪閣、二〇一二年。

イアン・リーダー（Ian Reader）

Making Pilgrimages,Meaning and Practice in Shikoku. University of Hawaii Press,2005.

石村　隆　「四国遍路」昭和五十九年卒業論文資料。

伊藤延一　『四国へんろ記』古川書房、一九八五年。

井上　淳　「近世後期における四国遍路の数量的考察―「於仏木寺接待」の分析―」愛媛大学「四国遍路と世界の巡礼」研究会公開シンポジウム・研究集会　プロシーディングズ『巡礼と救済―四国遍路と世界の巡礼―』二〇〇七年。

井上純一　「三人のボーネル兄弟の日本―牧師館の子Herman Bohner（2）―」『「青島線ドイツ兵俘虜収容所」研究』(7)、二〇〇九年。

岩波書店編集部『写真集　四国遍路』岩波書店、一九五六年。

印南敏秀　「戦前の女四国遍路」岩井宏實編『技と形と心の伝承文化』慶友社、二〇〇二年。

上田雅一　『愚眼遍路』同行新聞社、一九八二年。

内田九州男　「高知県いの町(旧本川村)所在鰐口銘文の紹介と検討―八十八ヶ所成立論根拠資料の再吟味―」平成十八年度愛媛大学公開シンポジウムプロシーディングズ、二〇〇六年。後に「四国八十八か所の成立時期」と題して愛媛大学四国遍路と世界の巡礼研究会編『四国遍路と世界の巡礼』法蔵館、二〇〇七年に所収。

「資料紹介・『奉納四国中辺路之日記』」四国遍路と世界の巡礼研究会、二〇〇八年。

愛媛新報社『愛媛新報』大正十五年十月十五日、二十六日付け。

エンゲルベルト・ケンペル(Engelbert Kaempfer)『江戸参府旅行日記』（訳・斎藤信）平凡社、一九七七年。

岡崎忠雄「第一号巡拝バス旅行日記」『へんろ』昭和六十二年四月～九月(伊予鉄不動産部「へんろ」編集部)。

岡田希雄　「西国三十三所観音巡拝攷続貂」『歴史と地理』第二一巻第四号〜第二二巻第六号、一九二八年。
岡本桂典　「高知県新発見の鰐口と経筒」『いにしえ』第二号、一九八〇年。
　「土佐国越裏門地蔵堂の鰐口と四国八十八ヵ所の成立」『考古学叢書』中巻　吉川弘文館、一九八八年。
長田攻一・坂田正顕・関三雄編　『現代の四国遍路―道の社会学の視点から』学文社、二〇〇三年。
尾関行応　『四国霊場巡拝日誌』立命館出版、一九三六年。
小木新造・熊倉功夫・上野千鶴子編　『風俗　性』（『日本近代思想大系』二三、岩波書店、一九九〇年）。
小田匡保　書評「アルフレート・ボーナー著　デビット・モートン編『同行二人―四国八十八か所』」『京都民俗』第二九号、二〇一二年。
オリバー・スタットラー（Oliver Statler）
　Japanese Pilgrimage. New York.1983.
　「青い眼で見た四国遍路」（訳・山本研二）『旅』昭和四十七年四月号、一九七二年。
鍵田忠三郎　『遍路日記　乞食行脚三百里』協同出版、一九六二年。
景浦直孝　「四国遍路」『歴史地理』第二四巻第一号、一九一四年。
　「円明寺と四国遍路」『伊予史談』第三巻第二号、一九一七年。
　『伊予史精義』伊予史籍刊行会、一九二四年、一九三三年（再版）。
蟹蜘蛛　「四国八十八ヶ所同行二人」『愛媛新報』一九二六年。
喜久本朝正　『四国歩き遍路の記―法衣を白衣に替えて』新風書房、一九九四年。
木崎愛吉　『大日本金石史』（三）、一九七二年。
喜田貞吉　「四国邊土」『読史百話』三省堂書店、一九一二年。

喜代吉栄徳　「四国へんど」『歴史地理』第二二巻第一号、一九一三年。

「お摂待―四国遍路」『民族と歴史』第七巻第五号、一九二二年。

「辺路札について」『四国辺路研究』第二号、一九九三年。

「一九一〇年代＝明治末期から大正・昭和時代にかけての遍路交通事情」『四国遍路研究』第一九号、二〇〇二年。

「へんろ石セレクト21～東予篇～」『四国遍路研究』第二三号、二〇〇五年。

『中務茂兵衛と真念法師のへんろ道標並びに金昌寺中司文書』海王舎、一九八五年。

窪川町　写真集『くぼかわ今昔』一九八五年。

クワメ・ナタリー、内田九州男　「江戸時代の一、三〇八枚の史料について―伊予国阿方村越智家の遍路札―」『愛媛大学法文学論集　人文学科編』二一　一九九七年。

クワメ・ナタリー（Kouamé Nathalie）　Initiation à la paléographie japonaise : à travers les manuscrits du pèlerinage de Shikoku, 2000.『日本古文書解読入門』。

Pèlerinage et société dans le Japon des Tokugawa : Lè pelerinage de Shikoku entre 1598 et 1868, 2001.

高知県　『高知県史要』一九二四年。

『高知県史』民俗資料編　一九七七年。

小嶋博巳　「遍路と巡礼」『四国遍路と世界の巡礼』法蔵館、二〇〇七年。

小林雨峯　『四国順礼記』中央仏教社、一九三二年。

小林淳宏　『定年からは同行二人　四国歩き遍路に何をみた』ＰＨＰ研究所、一九九〇年。

小松勝記　「円明寺銅板納札について」『土佐史談』第二五六号、二〇一四年。

五来　重　『遊行と巡礼』角川書店、一九八九年。

近藤喜博　『四国遍路』桜楓社、一九七一年。

　　　　　『四国遍路研究』三弥井書店、一九八二年。

　　　　　『四国霊場記集』翻刻解説、勉誠社、一九七三年。

　　　　　『四国霊場記集別冊』翻刻解説、勉誠社、一九七四年。

　　　　　「四国霊場考」『伊予史談』第二三巻第四号、一九三七年。

西園寺源透　『巡礼記―四国から津軽へ』日本放送出版協会、一九七六年。

笹原茂朱　『四国遍路を歩く　もう一人の自分に出会う心の旅』日本文芸社、二〇〇二年。

佐藤孝子　『遍路と巡礼の社会学』人文書院、二〇〇四年。

佐藤久光　『遍路と巡礼の民俗』人文書院、二〇〇六年。

　　　　　『秩父札所と巡礼の歴史』岩田書院、二〇〇九年。

　　　　　『巡拝記にみる四国遍路』朱鷺書房、二〇一四年。

　　　　　「納札に見る四国遍路」『佛教と社会』永田文昌堂、一九九〇年。

　　　　　「四国遍路の社会学的考察」上　『密教学』第二六号、一九九〇年。

　　　　　「四国遍路の社会学的考察」下　『密教学』第二七号、一九九一年。

　　　　　「平成期における四国遍路の動向と実態」『神戸常盤短期大学紀要』第二二号、二〇〇〇年。

　　　　　「アルフレート・ボーナーの弘法大師観」『善通寺教学振興会紀要』第二一号、二〇一六年。

四国猿　「卍四国霊場巡拝記」(『二六新報』)明治三十五年(一九〇二)。
島　浪男　『札所と名所　四国遍路』宝文館、一九三〇年。
下村海南・飯島曼史　『遍路』朝日新聞社、一九三四年。
下村千秋　「四国遍路礼讃」『旅』第一四巻第三号、一九三七年。
週刊朝日編　『値段の明治大正昭和風俗史』上、朝日新聞社、一九八七年。
白井加寿志　「四国遍路の実態」『徳島の研究』第七巻民俗篇、清文堂出版、一九八二年。
ジャパン・ツーリスト・ビューロー編　『旅程と費用概算』博文館、一九三四年。
新城常三　『社寺参詣の社会経済史的研究』塙書房、一九六四年。
　『新稿　社寺参詣の社会経済史的研究』塙書房、一九八二年。
真野俊和　『旅のなかの宗教』日本放送出版会、一九八〇年。
　「書評と紹介」Ian Reader, Making Pilgrimes 『宗教研究』第七九巻第三輯、二〇〇五年。
瀬戸内寂聴　「はるかなり巡礼の道」『太陽』二二四号、一九八〇年。
川内市　『川内市史』一九七四年。
辰濃和男　『四国遍路』岩波書店、二〇〇一年。
大子町　『大子町史料』別冊九、一九八六年。
高橋始　「四国八十八箇所展相」『松山高商論集』第五号(松山高等商業学校商経研究会、一九四二年)。
高群逸枝　『娘巡礼記』朝日選書、一九八三年。岩波文庫、二〇〇四年。
　『お遍路』厚生閣、一九三八年。中央公論文庫、一九八七年。
　『遍路と人生』厚生閣、一九八四年。

武市佐市郎『土佐考古史』土佐史談会、一九一九年。

武田和昭『四国辺路の形成過程』岩田書院、二〇一二年。

田中慶秀『癒された遍路』朝日カルチャーセンター、二〇〇二年。

谷村俊郎『札所の旅―四国八十八ヵ所―』講談社、一九七二年。

種田山頭火「四国遍路日記」『種田山頭火　人生遍路』日本図書センター、二〇〇二年。

月岡祐紀子『平成娘巡礼記』文藝春秋社、二〇〇二年。

デビット・モートン(David C. Moreton)

Alfred Bohner Wallfahrt zu Zweien Die 88 Heiligen Stätten von Shikoku.Herausgegeben und Kommentiert von David C.Moreton,2011,Deutsland.

Alfred Bohner, Two on A Pilgrimage. The 88 Holy Places of Shikoku（Translated by Katharin Merrill Transcribed,edited and annotated by Davide C.Moreton,2011,Germany)

Hachijūhakkasho Shikoku Reigenki Zue—modern Japanese and English translation—.Translated and edited by Katuya Yamane,Keiko Chikakiyo and David C.Moreton,Tokusima,Japan,2012.　繁田空山『八十八箇所四国霊験記図会』翻訳と編集、山根勝哉、近清慶子、ディビット・モートン、教育出版センター、二〇一二年。

Transted and edited by Katsuya Yamane, Keiko Chikakiyo, and David C. Moreton.Selected Stories from the Shikoku Reigen Kiōki. Tokusima,Japan. 2014. 翻訳・編集：山根勝哉、近清慶子、モートン常慈『四国霊験奇応記』から選択された物語』　教育出版センター、二〇一四年。

「フレデリック・スタール（お札博士）と四国遍路」愛媛大学「四国遍路と世界の巡礼」研究会、「現代の巡礼

―四国遍路と世界の巡礼―」公開シンポジウムプロシーディングズ、二〇〇六年。
「昭和初期の外国人遍路：ドイツ人のアルフレッド・ボーナー」愛媛大学「四国遍路と世界の巡礼」研究会、国際シンポジウムプロシーディングズ、二〇〇九年。
「西洋人の目で見た四国遍路―大正中期から昭和初期まで―」愛媛大学「四国遍路と世界の巡礼」研究会編『巡礼の歴史と現在―四国遍路と世界の巡礼』岩田書院、二〇一三年。
同行新聞社　『同行新聞』昭和五十二年十月十一日号、一九七七年。
土佐文雄　『同行二人―四国霊場へんろ記―』高知新聞社、一九七二年。
富田斅純　『四国遍路』世相軒、一九二六年。
土陽新聞社　『土陽新聞』明治十九年五月九、十一、十二日付け、明治二十三年五月二十七日付け、明治三十四年二月二十日付け。
名古屋市　『名古屋叢書』第三巻、一九六一年。
新居浜史談会　『新居浜史談』第二五八号、第二五九号、一九九七年。
西川阿羅漢　『歩く四国遍路千二百キロ―ある定年退職者の三十一日の旅』現代書館、一九九九年。
西端さかえ　『四国八十八札所遍路記』大法輪閣、一九六四年。
丹生屋東岳　「ボーネル教授の四国遍路研究」『新興』第一一号、一九二八年。
野田義文　「遍路今昔」『遍路　四国霊場八十八カ所』講談社、一九八七年。
矩口勝広　「四国八十八ヵ所へんろ道」『中央公論』昭和四十六年六月号、一九七一年。
バジル・ホール・チェンバレン(Basil Hall Chamberlain)
Things Japanese,Being Notes on various subjects connected with Japan, For the use of Travellers and

others, Sixth Edition Revised,London & Japan,1939.『日本事物誌』2（訳・高梨健吉）平凡社、一九六九年。
A Handbook for Travellers in Japan,Forth Edition Revised and Augmented,London,1894.
Notes on Some Minor Japanese Religious Practices, Journal of the Anthropological Institute of Great Britain and Ireland, Vol.22,1893.

早坂　隆　『僕が遍路になった理由（わけ）―野宿で行く四国霊場巡りの旅』連合出版、二〇〇〇年。

原秀四郎　「八十八ヶ所の研究に就て」『有聲』第三二号、一九〇九年。

平井玄恭　「山本玄峰の四国遍路」『大法輪』昭和五十四年四月号、一九七九年。

平尾道雄　『近世社会史考』高知市立市民図書館、一九六二年。
「四国遍路と一考説」『日本歴史』第一六五号、一九六二年。

平幡良雄　「四国霊場の心に残る人々」『大法輪』昭和五十四年四月号、一九七九年。

広江清編　『近世土佐遍路資料』土佐民俗会、一九六六年。

広川勝美編　『遍路―彼岸に捨てられたもの―』創世社、一九七八年。

広島市　『新修広島史』第四巻、文化風俗編、一九五八年。

武陽隠士　『世事見聞録』岩波書店、一九九四年。

二神能基　「「ひきこもり」を連れて四国遍路」『文藝春秋』平成十六年三月号、二〇〇四年。

星野英紀　『四国遍路の宗教学的研究―その構造と近現代の展開―』法蔵館、二〇〇一年。
「近代四国遍路と交通手段―徒歩から乗物利用へのなだらかな動き」『大正大学大学院紀要』第二四号、二〇〇〇年。

堀之内芳郎　『喜寿の遍路日記―同行二人四国遍路八十八ヵ所巡礼』朱鳥社、二〇〇二年。

堀場清子　「高群逸枝・一切愛を求めて」『大法輪』昭和五十四年四月号、一九七九年。
ポール・リーチ(訳・福島瑞江)「外人遍路―お四国の三人と私」『日本の美術』第二三六号、一九八五年。
本川村　『本川村史』一九八〇年。
『本川村史』第二巻―社寺・信仰編、一九八九年。
前田　卓　『巡礼の社会学』ミネルヴァ書房、一九七一年。
「遍路する人びと―時代別にみた遍路の移り変わり―」淡交社編集部編『四国八十八ヵ所の旅』淡交社、一九九三年。
松尾剛次　「四国遍路八十八札所の成立」『宗教研究』第七六巻第二輯、二〇〇二年。
松田富太郎　『四国八十八ヶ所霊場巡拝記』私家版、一九六三年。
松山高等学校同窓会
松山高等学校創立六十五周年記念『真善美』一九八四年。
松山高等学校創立七〇周年記念『暁雲こもる』一九九〇年。
三河新四国霊場会編　『三河新四国霊場案内記』一九八三年。
宮尾しげを　『画と文　四国遍路』鶴書房、一九四四年。
宮崎忍勝　『四国遍路　歴史とこころ』朱鷺書房、一九八五年。
宮崎建樹　『四国遍路ひとり歩き同行二人』へんろみち保存協力会、一九九〇年。
宮本常一　「土佐寺川夜話」『忘れられた日本人』未来社、一九六〇年。
村上　護　『原本現代訳　四国徧礼霊場記』教育社、一九八七年。
森　正人　『四国遍路の近現代』創元社、二〇〇五年。

森田義明・折茂博編　旧制高校叢書　松山高校編『瀬戸の島山』校史出版、一九六六年。

安田寛明『四国遍路のすすめ』私家版、一九三一年、二〇一〇年(復刻版)。

山田正雄『黍田村に生きる人々』神戸新聞出版センター、一九八四年。

横山良一「お遍路ポップ編」『アサヒグラフ』八月十三・二十日合併号、朝日新聞社、一九九九年。

吉田卯之吉編『四国八十八ヶ所霊場出開帳誌』四国八十八ヶ所霊場会、一九三八年、二〇〇一年(復刻版)。

和田性海『聖跡を慕ふて』高野山出版、一九五二年。

新聞・冊子類

海南新聞、大阪毎日新聞、大阪朝日新聞、朝日新聞、読売新聞、毎日新聞、産経新聞。

『へんろ』(伊予鉄不動産部「へんろ」編集部、月刊)、月刊『へんろ』(「ふぃっつ」。後に「シンメディア」に社名変更)。

あとがき

四国遍路の研究は明治後期にその重要性が指摘され、大正期から昭和初期までは地元四国の郷土史家、民俗学者などによって進められてきた。その代表は愛媛県内の研究者たちが結成した「伊予史談会」の面々によるものであった。その成果は会報誌『伊予史談』に掲載されている。そのために、研究内容は四国地域や研究者の領域に留まって、広く知られることはなかった。

戦後の四国遍路研究も限られた分野の個人の研究者に委ねられてきた。幸いにも近藤喜博、五来重、宮崎忍勝、前田卓などの研究が単行本として刊行されたことで、識者に広く知られるようになり、関心がもたれるようになった。いわば四国遍路の研究は一個人の研究者の力量によるものであった。

ところが、近年の遍路研究は、従来の個人研究に加えてグループによる共同研究が盛んになってきている。平成三年（一九九一）に早稲田大学の社会学研究者たちによる「道空間研究会」（平成十二年に「道空間研究所」に改組再編される）が発足し、翌年には関西在住の巡礼研究者による「巡礼研究会」も発足する。鳴門教育大学の研究者たちによる共同研究、そして平成十二年には愛媛大学に「四国遍路と世界の巡礼」研究会（平成二十七年に「愛媛大学法文学部附属四国遍路・世界の巡礼研究センター」に発展）が発足、愛媛県生涯学習センターなどの研究もある。それぞれの共同研究からの成果は出版刊行されている。最も新しい動きとしては、平成二十六年には高野山大学密教文化研究所内に「巡礼遍路研究会」も発足している。

共同研究の利点は多くの研究者が集まり、研究領域を幅広くすることができる点にある。その上、研究費用の捻出、作業の迅速性などの点でメリットがあり、講演会や研究発表会を開催することもできることである。

共同研究の一つである愛媛大学の「四国遍路と世界の巡礼」研究会は、歴史学、文学、社会学の研究者を中心に発足した。同研究会は平成十五年から毎年講演会、研究発表会を開催している。その研究成果は毎年度の報告書としてまとめられるとともに、『四国遍路と世界の巡礼』（法蔵館　二〇〇七年）、『巡礼の歴史と現在―四国遍路と世界の巡礼―』（岩田書院　二〇一三年）として刊行されている。

「四国遍路と世界の巡礼」研究会の研究成果の一つとして、内田九州男による資料紹介・『奉納四国中辺路之日記』（二〇〇八年）は注目される。内田は二〇〇七年に伊予市中山町の玉井家文書の未整理の中から『奉納四国中辺路之日記』を発見した。四国遍路の案内書として最も古いのは真念が貞享四年（一六八七）に著した『四国邊路道指南』であった。しかし、京都・智積院の澄禅の巡拝記『四国遍路日記』には、「世間流布ノ日記」とあり、当時案内書が出まわっていたと考えられる。『奉納四国中辺路之日記』が、真念の案内書に先行するのではないかと言う点で注目される。その詳しい分析、考察は今後期待されるところである。

四国遍路は外国人からも関心をもたれてきた。それは第五章で詳しく述べた。研究以外にも映像の撮影や遍路実践も盛んになってきた。上田雅一やオリバー・スタットラーによる映像製作を始め、近年ではフランス人女性の映像作家エミリ・ベルトは映画の撮影を試み、ヨーロッパに紹介しようとしている（『朝日新聞』平成二十六年四月三日付け）。韓国人女性の崔象喜《チェサンヒ》は約九三〇〇人いる先達の中で、外国人女性として初めての先達となっている（『朝日新聞』平成二十五年十二月四日付け）。四国遍路が国際的に知られるようになり、「世界文化遺産」への登録を目指す運動も始まっている。

筆者は本書を執筆するにあたり、「はしがき」で述べたようにこれまでの社会学、民俗学的な視点に留まらず、原点に立ち返って先学の研究を参照し、四国遍路を幅広く捉えようとした。その一つのきっかけは、ドイツ人、アルフレート・ボーナーの残した『同行二人の遍路』を翻訳したことであった。ボーナーはドイツ人ながら日本語の読み書きに堪能で、古文書まで読んで江戸時代に発行された案内書の内容を時代別に比較している。その上、様々な日本文化に対する博学さを持っていた。その能力に驚かされた。それを教訓に、遍路の歴史的視点や言語的な解釈など、筆者がこれまでに触れることがなかった領域にも踏み込んだ。執筆に当たっては先学の業績や、近年の新たなる研究に学ぶことが非常に多かった。

本書の構成は、既に発表したものに加筆したものと、新たに書き下ろしたものから成り立っている。

初出一覧

第一章　『遍路と巡礼の社会学』人文書院　二〇〇四年
第二章　『遍路と巡礼の社会学』
第三章　書き下ろし
第四章　『巡拝記にみる四国遍路』朱鷺書房　二〇一四年
第五章　第一節　書き下ろし
　　　　第二節　『同行二人の遍路』の解説　大法輪閣　二〇一二年
第六章　第一節　『遍路と巡礼の社会学』
　　　　第二節　書き下ろし

第三節　書き下ろし
第四節『遍路と巡礼の社会学』
第七章　第一節『遍路と巡礼の民俗』人文書院　二〇〇六年
第二節『遍路と巡礼の社会学』
第三節『遍路と巡礼の社会学』
第四節　書き下ろし

（「書き下ろし」以外は大幅に修正、加筆した）

筆者は平成十六年に『遍路と巡礼の社会学』を世に出した。それから十余年、微力ながらも研究を進展させることができたのは、先学を含む多くの遍路研究者や札所住職のご協力のお蔭である。ここに厚く感謝の意を表する。四国遍路の実相は幅広く、複雑でもある。その実相は時代を超えて受け継がれる普遍的な要素と、時代によって変化する側面もある。それらに対して多くの研究者は様々な視点で取り組んできた。今後も新たなる研究が起こることであろう。

本書を平成二十七年五月に亡くなった母・チヱの墓前に捧げたい。母は学問とは無縁であったが、五人兄姉の末子であった筆者を温かく見守ってくれた。母の慈愛に感謝し、九十九歳の白寿で浄土に旅立った母の冥福を念じたい。

最後に、出版にあたっては、一人で精力的に奮闘する岩田書院にお世話になった。岩田博社長とは三度目のご縁であり、ここに厚く感謝を申し上げます。

合掌

平成二十八年四月

京・洛西にて　著者

著者紹介

佐藤 久光（さとう ひさみつ）

1948年秋田県生まれ。

大谷大学大学院博士課程修了。

種智院大学専任講師、助教授、教授、退職。

その間91年から95年まで関西大学経済・政治研究所嘱託研究員。

著者に『遍路と巡礼の社会学』（人文書院）、『遍路と巡礼の民俗』（人文書院）、『チベット密教の研究』（共著　永田文昌堂）、『秩父札所と巡礼の歴史』（岩田書院）、『巡拝記にみる四国遍路』（朱鷺書房）、共訳著に『同行二人の遍路』（アルフレート・ボーナー著）など。

四国遍路の社会学 —その歴史と様相—

2016年（平成28年）6月　第1刷　300部発行　　**定価［本体6800円＋税］**

著　者　佐藤 久光

発行所　有限会社岩田書院　代表：岩田　博　　http://www.iwata-shoin.co.jp

〒157-0062 東京都世田谷区南烏山4-25-6-103　電話03-3326-3757 FAX03-3326-6788

組版・印刷・製本：新日本印刷

ISBN978-4-86602-956-6 C3039 ¥6800E

コピーOK